Dr HENRI PERRAUDEAU

SAINT-OUEN

DEPUIS LA RÉVOLUTION

JUSQU'A L'ANNÉE TERRIBLE

D'APRÈS LES DOCUMENTS ORIGINAUX

Ouvrage orné de gravures hors texte

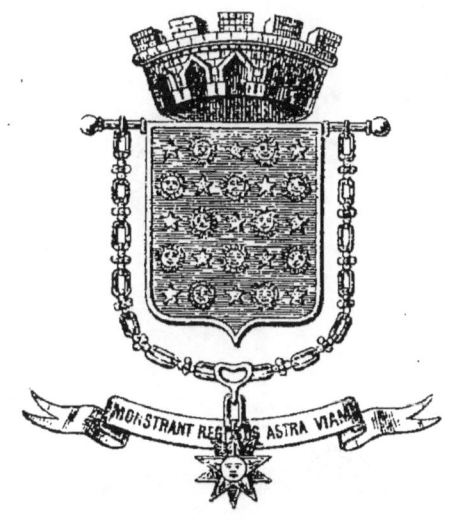

PARIS
LIBRAIRIE ANCIENNE ÉDOUARD CHAMPION
ÉDITEUR
5, QUAI MALAQUAIS, 5

SAINT-OUEN

DEPUIS LA RÉVOLUTION
JUSQU'A L'ANNÉE TERRIBLE

DU MÊME AUTEUR
en vente à la librairie Champion :

LE MARQUIS DU PLANTY

Médecin de la Faculté de Paris
Maire de Saint-Ouen

(1808-1876)

d'après les documents originaux.

1 volume in-18 de 150 pages. . . . . **3 fr.**

SAINT-OUEN
PENDANT LA RÉVOLUTION

d'après les documents originaux.

Ouvrage honoré d'une souscription
par le Conseil général de la Seine
et par le Conseil municipal de Saint-Ouen.

1 volume in-8 de 200 pages. . . . . **3 fr. 50**

Dr HENRI PERRAUDEAU

SAINT-OUEN
DEPUIS LA RÉVOLUTION
JUSQU'A L'ANNÉE TERRIBLE

D'APRÈS LES DOCUMENTS ORIGINAUX

Ouvrage orné de gravures hors texte

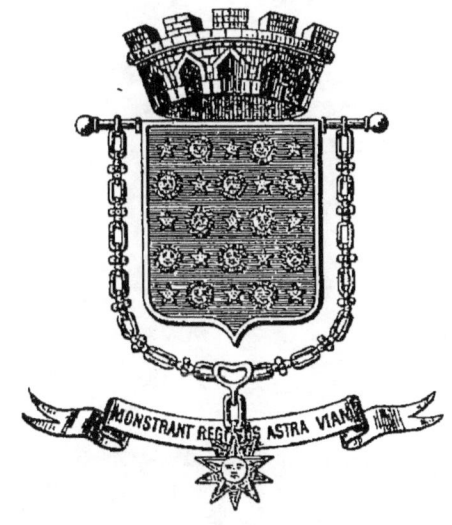

PARIS
LIBRAIRIE ANCIENNE ÉDOUARD CHAMPION
ÉDITEUR
5, QUAI MALAQUAIS, 5

PRÉFACE

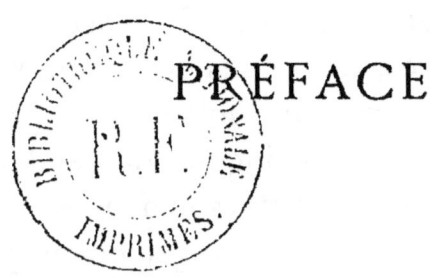

Le bienveillant accueil réservé par la population audonienne, les pouvoirs publics et même la grande presse à mon Histoire de Saint-Ouen *pendant* la Révolution, m'a encouragé à poursuivre l'étude des questions locales et à réunir, dans un nouveau volume, les différents matériaux que, depuis plusieurs années déjà, j'avais mis de côté, au hasard des recherches documentaires.

Cette Histoire de Saint-Ouen *depuis* la Révolution, est la suite logique de la précédente.

Pour la composer, j'ai employé les mêmes procédés d'investigation que ceux dont je m'étais primitivement servi, mettant surtout à profit les sources manuscrites des Archives de la Seine et des Archives de la Mairie de Saint-Ouen. J'ai pu les explorer abondamment et tout à loisir, grâce à l'obligeance des personnes qui en ont la garde et que je ne saurais trop remercier.

A côté de ces grands centres d'information où j'ai pris le meilleur de ce travail, j'ai été heureux de trouver quantité de renseignements complémentaires, soit dans les papiers de la famille Lubeck, mis une fois encore à ma disposition par la très distinguée descendante du docteur-marquis du Planty, soit dans les notes de feu Léopold Pannier, fort obligeamment prêtées par son fils M. Jacques Pannier, soit enfin dans certaines familles audoniennes et en particulier près de Mme Bourdin, dont la verte vieillesse n'a d'égale que son amabilité à raconter les événements dont elle a été le témoin attentif.

Je prie les uns et les autres de recevoir, avec mes remerciements, l'assurance de toute ma reconnaissance.

A ces documents, à ces renseignements, utilisés exclusivement pour écrire l'histoire de l'administration municipale et de la vie communale, j'ai dû ajouter quelques imprimés, pour faire le récit des événements historiques qui se sont déroulés à Saint-Ouen, dans la première moitié du siècle, et dont on ne trouve aucun écho dans les registres administratifs. Là encore je me suis efforcé de ne consulter, autant que possible, que les documents contemporains des faits, laissant le plus souvent de côté les ouvrages postérieurs. Malgré leurs mérites incontestables, ils ne m'auraient servi qu'à rééditer des choses déjà connues.

J'ai préféré feuilleter la collection des journaux de l'époque et principalement le *Moniteur universel*, lequel, malgré ses attaches officielles, raconte au jour le jour, sans trop chercher à les embellir ou à les dénaturer, les faits tels qu'ils ont dû se passer.

Grâce à ces chroniques périodiques, j'ai essayé de reconstituer, dans leur ensemble, les événements sensationnels dont le souvenir est maintenant presque complètement effacé, et dont beaucoup d'Audoniens ignoraient même l'existence, à en juger par les confidences de personnes, instruites pourtant, à qui j'ai eu l'occasion d'en parler.

Si la plupart connaissaient, de nom tout au moins, la Déclaration de Saint-Ouen, aujourd'hui centenaire, elles étaient en revanche absolument ignorantes du séjour de Louis XVIII dans la localité, soit à l'époque de la signature de ce document, le 2 mai 1814, soit postérieurement à cette date, quand des raisons où la politique n'avait rien à voir cette fois, l'appelèrent à y venir passer des jours plus agréables.

Pour écrire cette dernière page, j'ai parcouru les mémoires des personnages qui jouèrent un rôle dans cette aventure amoureuse, et dont le témoignage peut être considéré, semble-t-il, comme de bonne foi.

Je devais aborder ce sujet, hors-d'œuvre assurément dans l'histoire de la vie municipale, mais se rattachant intimement à l'histoire générale de la commune. Il ne présente pas, il est vrai, un intérêt comparable à celui qui ressort de l'étude approfondie des faits et gestes des différentes personnalités ayant présidé, sous des régimes politiques divers, aux destinées de la commune.

J'ai tâché de mettre en évidence la physionomie propre de chacun des maires qui, avec plus ou moins de bonheur, plus ou moins d'autorité, ont géré les affaires communales, me basant exclusivement, dans mes appréciations, sur des documents manuscrits, sans aucun parti pris de ma part.

Cette indépendance dans les jugements sur les hommes et leurs actes, est l'une des raisons qui m'ont fait arrêter l'Histoire de Saint-Ouen à l'Année terrible.

Le souvenir de telle ou telle personnalité est encore trop récent dans les mémoires; beaucoup même de ceux qui ont joué un rôle plus ou moins important dans nos annales communales vivent encore; rappeler ce rôle et surtout en faire la critique pourrait peut-être susciter des polémiques que l'historien ne doit pas connaître :

L'arbre de vérité ne croît que sur la tombe

a dit le poète.

Je laisse donc nos contemporains satisfaits d'eux-mêmes, et avec toutes leurs illusions sur la beauté de leur gestion administrative. Il appartiendra à un autre de dire, plus tard, en quoi et comment ils ont pu parfois se tromper.

SAINT-OUEN

DEPUIS LA RÉVOLUTION

CHAPITRE PREMIER

Belles maisons de Saint-Ouen. — Leurs hôtes. — J.-B. Poirié. — Vente de la propriété Necker. — Bornage des terrains. — Bachotage. — Presbytère. — Écoles. — Question scolaire. — Budget. — Vaine pâture. — Protestation Crétu. — Réparations communales. — Cimetière. — Proposition Thierry. — Garde champêtre. — Taxes municipales. — Cadastre. — Maison d'arrêt.

Les premières années du XIXe siècle ne sont pas des années palpitantes d'intérêt pour l'histoire de Saint-Ouen. La vie municipale va se trouver réduite à sa plus simple expression, pendant toute la durée de l'Empire, et la commune ne verra pas les bénéficiaires du gouvernement impérial venir étaler le faste de leur grandeur éphémère, dans ses « belles maisons »[1] si riches cependant en souvenirs histo-

---

[1]. Piganiol de la Force, *Description historique de Paris et de ses environs*, t. IX, p. 453.

riques, si belles encore et si admirablement situées dans leur paysage de verdure [1].

Je ne citerai que pour mémoire, le séjour, ou plutôt le passage à Saint-Ouen, du comte Vincent Potocki, général de cavalerie, grand chambellan du royaume de Pologne qui, le 1er mai 1811, acquerra, par héritage, le château du duc de Nivernais, dont la propriété avait été morcelée par des ventes successives. Il essaiera d'entrer en possession de la totalité du parc et de ses dépendances, en achetant à un sieur Thierry, une grande partie des terres de l'ancien domaine seigneurial qui en avaient été séparées. Il n'en jouira que quelques années seulement, en attendant de céder ses droits à Louis XVIII par acte notarié daté du 9 mars 1820 [2].

Quant à la comtesse de Guibert, veuve inconsolable de la perte de son époux tué à la bataille d'Aboukir, elle occupera ses loisirs à composer des œuvres littéraires, à orner de monuments commémoratifs le jardin de l'ancien hôtel Soubise, qu'elle habita de 1793 à 1825. Mais sa maison endeuillée restera à tout

---

1. Ces maisons étaient au nombre de trois principalement :

1° Le château construit par Le Pautre pour M. de Seiglière de Bois-Franc, chancelier du duc d'Orléans frère de Louis XIV, puis cédé au duc de Gesvres et habité en dernier lieu par le duc de Nivernais. A sa mort, le 7 ventôse an VI, il passa aux mains de différents aventuriers avant d'appartenir au comte Potocki.

2° L'ancien hôtel Soubise agrandi par le maréchal de Rohan, vendu à sa mort, en partie démoli en 1789 et acheté en 1793 par Louise de Boutinon Courcelles qui l'habita jusqu'en 1825.

3° La propriété Necker dont Louis-Étienne Ternaux devint acquéreur en 1802.

Pour plus de détails, voir mon *Histoire de Saint-Ouen pendant la Révolution*.

2. Archives de la Seine : *Domaines*, carton 13.152.

jamais fermée aux réceptions mondaines, alors que celle du comte Potocki s'ouvrira bien tard pour se fermer bien vite [1].

Il nous faudra attendre jusqu'à l'année 1832, où nous verrons un héros de l'épopée napoléonienne, le maréchal Soult, duc de Dalmatie, venir se reposer « pour le rétablissement de sa santé » dans le château de Necker, momentanément délaissé par le baron Ternaux et loué pendant son absence, par sa sœur Mme Chaulin à la duchesse de Dalmatie [2].

Mais les grandes fêtes de l'Empire n'auront aucun écho à Saint-Ouen, et le bruit des victoires impériales n'y aura de retentissement, que par les départs plus ou moins nombreux, ou plus ou moins volontaires des soldats dont l'Empereur avait un continuel et incessant besoin.

Les registres municipaux qui mentionneront la détresse de la population et les exactions sans nombre qu'elle aura à subir de la part des alliés, lors de la première et de la deuxième invasion, qui manifesteront sa joie lors de la naissance du duc de Bordeaux, et qui, quelques années plus tard fêteront

---

1. *Bibliographie nouvelle des contemporains*, 1825, t. VIII, p. 403. La comtesse Louise-Alexandrine de Guibert est l'auteur de *Margaretta, comtesse de Rainsferd* (2 volumes) publiés en 1797. Elle a encore traduit de l'anglais *Federetta*, en 1806 et donné en librairie : *Les leçons de la nature*, en 1806.

La Bibliothèque nationale conserve une curieuse collection de gravures dessinées par elle. Elles représentent sa maison de campagne à Saint-Ouen en 1812, le petit monument érigé en l'honneur de Fortuné Pluvié Guibert, aide de camp de sa majesté impériale et royale tué à la bataille d'Aboukir; une colonne de marbre noir élevée à l'auteur de l'essai général de la tactique, par sa veuve; un autel à l'hymen, à l'amour et à l'amitié, pour le mariage de sa fille.

2. *Le journal du Commerce*, 23 août 1832.

l'avènement de la Monarchie de Juillet, ces mêmes registres restent muets sur Napoléon, ses fêtes, ses victoires, ses anniversaires.

Ils relatent seulement les actes de la vie municipale, d'où toute initiative semble bannie pendant un quart de siècle. Elle ne vaudrait pas même la peine d'être racontée, n'étaient certains événements historiques s'y rattachant plus ou moins.

Sous le Consulat et l'Empire elle ne manifestera guère son existence, que par l'accomplissement des actes administratifs qu'enregistrera le débonnaire J.-B. Poirié, maire toujours soumis aux injonctions préfectorales et dévoué à tous les régimes politiques sous lesquels il sera appelé à servir.

Un de ses premiers actes fut de procéder, en l'année 1802, aux bornages des propriétés communales.

Cette opération commencée en l'an VIII, sur les réclamations des propriétaires intéressés, avait été faite avec toutes les garanties légales [1].

Elle fut reprise en l'an XI, à l'instigation d'Étienne-Louis Ternaux, demeurant à Paris, 17, place des Victoires nationales, qui, le 6 octobre 1802 (12 vendémiaire an XI), avait acheté la propriété de Necker dont nous avons fait l'historique et raconté les vicissitudes sous la période révolutionnaire [2].

Lors de la mise en vente elle comprenait :

Une grande maison située au village de Saint-Ouen près l'Église, composée d'une grande grille, avant-cour, cour,

---

1. Archives de la Seine : *Minute de la justice de paix du Canton de Clichy*, Carton 129.
2. Dr H. Perraudeau, *Saint-Ouen pendant la Révolution*, p. 99.

basse-cour, corps de logis, écuries, remises et autres bâtiments et édifices, jardin, terrasse et parc, le tout clos de murs, tenant à droite à des terres labourables, à gauche à la rue neuve des châteaux et à une ruelle qui conduit à la rivière, par derrière à la rivière, la berge entre et par devant le chemin qui conduit de Saint-Ouen à Saint-Denis... En face de la grille d'entrée est une avenue de 2 rangées d'arbres de chaque côté... commençant sur le chemin de Saint-Ouen à Saint-Denis où elle forme une demi-lune et finissant au grand chemin pavé de Saint-Denis à Versailles où elle forme une petite demi-lune bordée des deux côtés d'un fossé... Une glacière située au village de Saint-Ouen rue des Droits de l'Homme, lieu dit le Château [1].

D'autres terrains, avoisinant la propriété, jadis plantés en vigne, achetés à différents propriétaires, entre autres à Descoins, Trouillet, Eustache-Nicolas et François Bourdin, J.-L. Cornier, Sébastien Boudier, Jacques Maigret, Liouville, etc., et aménagés par Necker, étaient également mis en vente.

Comme cette propriété avait été décrétée bien d'émigré en 1793 et était demeurée sous séquestre jusqu'en l'an V, que des terrains l'avoisinant avaient été vendus, et que certains acquéreurs avaient eu le geste plutôt large dans l'attribution des biens acquis, il était nécessaire de procéder à un bornage mathématique, pour éviter toutes réclamations ultérieures [2]. En conséquence, le 8 brumaire et le 24 frimaire an XI, il fut procédé « à la plantation des bornes, à l'amiable, en présence du Maire J.-B. Poirié, entre les propriétés des citoyens Louis Ternaux et Sébastien Delacroix

---

1. Étude Goupille, 11 rue Louis-le-Grand. Vente de la propriété Necker.
2. Archives de la Seine : *Sommier des biens et revenus des émigrés* Reg. 7, p. 66.

et différents propriétaires limitrophes de son avenue[1] ».

L'année d'après, en 1803, la commune eut à compléter le règlement du bachotage élaboré en 1798.

Les propriétaires de bateaux, dont les noms importent peu à la postérité, furent mis en demeure, le 21 fructidor an XII, de se conformer au nouveau règlement municipal. « Nous leur avons marqué à tous la place pour garer leurs bateaux la nuit, celle du Port près le bacq du Moulin, et enjoint de les fermer avec chaînes et cadenas solides »[2].

Ainsi amarrés, ils étaient sûrs de ne pas aller à la dérive, de ne pas gêner la navigation qui se faisait principalement, hier comme aujourd'hui, sur le bras du fleuve le plus rapproché du village, et enfin, en cas de perte ou de contestation, d'être facilement reconnaissables, puisque chacun d'eux reçut également un numéro d'ordre.

Quelques jours plus tard, le 28 fructidor, l'attention du Conseil fut attirée par l'autorité préfectorale, sur l'utilité qu'il y aurait « d'aviser aux moyens de pouvoir acquérir la maison presbytérale, pour servir de logement au prêtre desservant » que le gouvernement impérial voulait, en conséquence de la proclamation du Concordat, le 18 avril 1802, installer convenablement, sinon confortablement, dans le vieil immeuble communal, vendu une première fois comme bien national, le 16 brumaire an V[3].

Depuis cette époque, il avait plusieurs fois changé de propriétaires, et une partie de l'immeuble, la mai-

---

1. Archives de la Mairie : *Délibérations*, Reg. I.
2. Archives de la Mairie : *Délibérations*, Reg. I.
3. Archives de la Seine : *Table alphabétique des vendeurs*, Q. 896.

son dite vicariat, était louée à la commune pour la somme de 200 francs par an, et servait de logement à l'instituteur et à l'institutrice[1]. Le propriétaire d'alors, Pierre Majorel, fonctionnaire retraité de l'Enregistrement, était décidé à le vendre avec toutes ses dépendances pour la somme de cinq mille francs.

Averti officiellement de l'opération, excellente à tous points de vue, qui se présentait, le Conseil, grâce à la pusillanimité du maire, ne sut pas profiter de la situation. Il allégua des raisons budgétaires pour ne pas s'exécuter : « comme d'après l'aperçu des comptes, la commune n'a en sa possession aucun fonds disponible pour pouvoir avec iceux, faire cette acquisition. » La question fut donc rejetée et le projet d'achat ajourné.

Le Conseil, dont l'imprévoyance semble avoir été grande dans la circonstance, ne se donna même pas la peine de pressentir les pouvoirs publics sur la subvention qui aurait pu lui être allouée, pour faire l'acquisition demandée. Il se contenta de mettre la question à l'ordre du jour et de charger une commission d'étudier le projet. Il exprima toutefois ses regrets de ne pas avoir immédiatement les fonds nécessaires pour acheter la propriété, « attendu qu'il eût été heureux, non seulement de fournir un logement au desservant, mais encore d'y établir une sacristie et d'y installer la mairie »[2].

Cette dernière occupait dans la maison même du maire, une modeste chambre louée à la commune pour

---

1. Archives de la Mairie : *Délibérations*, Reg. I.
2. Archives de la Mairie : *Délibérations*, Reg. I.

120 francs par an, dans laquelle étaient les services municipaux.

Quant aux écoles communales de garçons et de filles, aménagées sous la Révolution, la première dans la tribune de l'église, la seconde dans l'ancienne sacristie, elles étaient logées dans un bâtiment contigu, dépendant du presbytère, moyennant le prix annuel de 200 francs.

En cette fin d'année 1804, elles se trouvaient l'une et l'autre sans titulaire.

Cette situation anormale émut le Conseil qui se réunit le 10 frimaire an XIII « à l'effet de fixer son choix pour la nomination d'un instituteur communal dont la place était vacante depuis plusieurs mois » et qui, justement, était sollicitée par un instituteur parisien.

L'occasion était bonne à saisir; pour une fois le maire ne la laissa pas échapper. Tout fier de la décision qu'il allait prendre, le Conseil crut devoir la justifier par des considérations grandiloquentes dans le goût du jour :

« Considérant que son devoir est de faire tout ce qu'il est à son pouvoir pour faire une nomination qui puisse faire le bonheur de la génération présente et future » le Conseil fait droit à la demande de M. Pierre-Marie Cottet, âgé de 32 ans, ayant déjà rempli les fonctions de précepteur dans les écoles secondaires de Paris et autres maisons d'éducation depuis plusieurs années, et qui à l'appui de sa demande fournit : « les certificats qui attestent sa moralité et sa capacité [1]. »

---

1. Archives de la Mairie : *Délibérations*, Reg. I.

Comme ses prédécesseurs, il allait être logé gratuitement dant la maison dite « des Écoles et Vicariat ». Sa femme, Mme Suzanne Mandeville, devait « enseigner les enfants du sexe féminin, dans une salle séparée, sous la surveillance de son mari ».

En même temps on élabora un règlement municipal scolaire fixant : la rétribution mensuelle à payer par les parents des élèves, le nombre des enfants à admettre gratuitement, les heures d'ouverture et de fermeture des classes, les jours de repos, les matières de l'enseignement.

Tout était soigneusement prévu. La morale y trouvait elle-même son compte, puisqu'il avait été spécifié que « l'institutrice recevra les fillettes au moins cinq minutes avant les garçons »[1].

Nous devons supposer que les choses allaient se passer convenablement et en bon ordre, l'école étant sous la surveillance du maire et de l'adjoint chargés de l'exécution du présent règlement[2].

Le maire était J.-B. Poirié, l'adjoint Vallet; les conseillers se nommaient : Lebert, J.-N. Varlet, Vaillant, H. Compoint, La Croix, François Bourdin[3].

Quant au secrétaire greffier, rédacteur du procès-verbal de la séance, c'était toujours l'inamovible Henry, qui avait ajouté à sa fonction, celle de percepteur des contributions pendant les années IX et X de l'ère républicaine, en attendant de devenir conseiller municipal et de finir dans la misère.

---

1. Archives de la Mairie : *Délibérations*, Reg. I.
2. Voir aux pièces justificatives : *Le Règlement scolaire élaboré par le conseil.*
3. Archives de la Mairie : *Délibérations*, Reg. I.

Il avait succédé au sieur Crétu, percepteur de l'an VIII, successeur lui même du sieur Poirié fils, percepteur en V et VI, et il avait assumé la tâche particulièrement ingrate et ardue en l'an XIV, le 9 nivôse, de donner un état approximatif des ressources communales et de faire approuver en bloc, par le Conseil, les comptes de ses prédécesseurs et les siens propres.

Le Conseil n'y regarda pas de trop près, mais eût-il voulu exercer un droit de contrôle réel, qu'il n'y aurait rien vu et probablement rien compris.

Notre premier budget communal sur lequel je ne risquerai aucune explication, fut envoyé tel quel aux autorités supérieures « avec les comptes et les pièces à l'appui », après avoir été approuvé par J.-B. Poirié et les conseillers présents.

Le budget était assez maigre et se réduisait, tant en recettes qu'en dépenses, à deux mille et quelques centaines de francs [1]. Les recettes provenaient pour une part, des centimes additionnels, des contributions foncières, mobilières et somptuaires, alloués par l'État ou le Département. Elles étaient encore constituées par le produit des biens communaux dont le total en l'année 1806, atteignait la somme de 1.500 francs en chiffres ronds. Il était en outre, alimenté, mais faiblement, par les rares amendes infligées aux délinquants et par certaines taxes municipales, comme celle provenant des droits de stationnement des bateaux sur la rivière de Seine.

Quant aux dépenses communales, elles se bornaient,

---

[1]. Voir aux pièces justificatives, *le budget communal*.

pour l'instant, à la location de la maison commune et des écoles, à l'abonnement au bulletin des lois, au paiement partiel ou intégral du traitement des fonctionnaires communaux : curé, instituteur, receveur municipal, secrétaire-greffier, afficheur, tambour, horloger municipal, sans oublier le sonneur de la cloche « le matin, à midi, et le soir »[1].

Sur un total de 2.253 francs de dépenses, les frais de voirie ne comptaient que pour la modeste et insuffisante somme de 200 francs, ce qui laisse à supposer dans quel état d'entretien pouvaient se trouver « les chemins, rues, abreuvoirs et plantations publics ».

Ces recettes et dépenses ne devaient former un tout sérieux et présentable qu'en l'année 1806, où, à la date du 10 mai, le receveur municipal Henry, présente un budget comprenant au chapitre des recettes la somme de 2.272 fr. 78 et au chapitre des dépenses celle de 2.253 fr. 87 prévue pour l'année 1807[2].

L'événement heureux qui avait contribué à arrondir le chapitre des recettes de notre premier budget communal, était la location de la vaine pâture, dont le cahier des charges fut établi une première fois le 4 octobre 1806 et l'adjudication faite le même jour.

On donnait le nom de vaine pâture, à un ensemble de terres et de prés qui avaient été attribués à la commune de Saint-Ouen par la caisse d'amortissement. Ces biens communaux provenaient de sources différentes et avaient une superficie de onze hec-

---

1. Archives de la Mairie : *Délibérations*, Reg. I.
2. *Ibid.*

tares, soixante et un ares, soixante-cinq centiares [1].

Ils formaient pour l'instant quatre lots dont les plus importants, composés de terres « en prairies naturelles ou labourables » étaient situées sur le terroir de Saint-Ouen, au lieu dit « La Jonchée du ciel, » tenant du côté du levant à la ferme de Saint-Ouen, du couchant à plusieurs et aux héritiers Jean-Louis Lebert, du midi à Mme de Levis et du nord au chemin qui conduit à la rivière de Seine.

« Le 4e et dernier lot comprenant 2 pièces de deux hectares cinq ares en terres labourables » était situé au lieu dit « Le chemin de la Révolte », « traversé par ce chemin et celui des Carreaux, tenant au couchant au chemin de Saint-Cloud [2]. »

Le cahier des charges du bail de la vaine pâture, arrêté et signé par le maire J.-B. Poirié en la mairie de Saint-Ouen, le 10 septembre 1806, comprenait dix articles : « Le bail sera de 3, 6 ou 9 années au choix respectif de l'adjudicataire ou de la commune, en s'avertissant six mois à l'avance. L'adjudicataire entrera en jouissance à compter du jour de Saint-Martin d'hyver prochain... il sera tenu de labourer, fumer, cultiver, ensemencer... il ne pourra céder son droit au dit bail sans le consentement par écrit du maire... Le prix sera payé en deux termes égaux... »

Les règles générales du cahier des charges et l'annonce de l'adjudication aux enchères, furent affichées dans la commune de Saint-Ouen, un mois avant la date de l'opération fixée au 4 octobre 1806... « Au

---

1. Archives de la Seine : *Biens communaux*, carton O-2.
2. Archives de la Seine : *Biens communaux*, carton O-2.

jour indiqué par l'affiche, le maire étant dans la salle communale, a adjugé après l'extinction du quatrième feu, au sieur Thomas Chevalier, marchand-boucher dans cette commune, le 1er lot, moyennant la somme de 780 francs. Le 2e lot a été adjugé à Bon Compoint pour 205 francs; le 3e lot à François Bourdin pour la même somme; le 4e lot encore à Bon Compoint pour 220 francs[1]. »

Par la suite et très rapidement, le sieur Chevalier devint le seul adjudicataire de la vaine pâture.

C'était un homme rusé et adroit, habitant la commune depuis l'année 1803 seulement. Il avait ouvert, avec l'approbation préfectorale, « un échaudoir et un étal » pour la vente de la viande de boucherie[2].

Pendant des années, il restera le seul boucher de la commune et s'arrangera de façon à rendre son commerce des plus prospères, tout en faisant diminuer sensiblement son prix de fermage, et en obtenant continuellement le renouvellement de son bail de location.

En 1824 il était encore et toujours adjudicataire, sans qu'il y eût jamais eu de nouvelle adjudication.

Cette façon de procéder avait été maintenue en vigueur pendant si longtemps pour deux raisons principales, avouées officiellement tout au moins, la première par raison d'économie pour la commune, afin d'éviter des frais d'adjudication toujours assez élevés; la seconde par crainte de ne pas trouver un débiteur sérieux.

---

1. Archives de la Seine : *Biens communaux*, carton O-2.
2. Archives de la Mairie : *Délibérations*, Reg. I.

. Telle était la raison donnée par le Conseil, pour justifier sa ligne de conduite et la faveur dont jouissait le sieur Chevalier; mais, telle n'était pas l'opinion d'un personnage peu conciliant par tempérament, nommé Crétu, serrurier de son métier, et qui ne manquait jamais aucune occasion de chercher noise à son semblable.

Un jour, ne se possédant plus, Crétu exhala toute sa bile au sous-préfet de Saint-Denis, en lui signalant ce qu'avait d'anormal et d'abusif la façon de faire du Conseil, laquelle, en somme, lésait ses intérêts.

Le 14 mars 1824, il écrit la lettre suivante dont je respecte l'orthographe et qui montre bien toute sa mauvaise humeur[1] :

A Monsieur Lemaître Des Requaîtes
Souprefet De l'arrondissement de Saint-Denis
département de la Seine.

Le Sieur Gabriel Dorothée Crétu cultivateur propriétaire à Saint-Ouen, vous Espoze que monsieur le maire cepropoze d'accorder un nouveaux baille Delavaine pature de cette Commune; y lia a peut pres 15 à 16 année deux personne offrirent l'un 600,[h] et l'autre 800,[h] par année de cette pature et quatre des principaux habitans pour Caution Monsieur Lemaire prefera deladonner pour trois cens frans aus[r] chevaillier Boucher à Saint-Ouen depuis cette Epoque, il aparû quelle faisait partie de lachalandage du fons deboutique. En 1816 alavante de ce fons une prolongation fut accordé pour cinq année ce font ayant été revendu en 1823, nouvelle demande de prolongation sanpublicité.

Monsieur Leroi de Chavigny Souprefet ayant Examiné qu'un baille de 15 à 16 année étaitassé longt et que 15 à

---

1. Archives de la Seine : *Administration communale*, carton O-2.

16 an méritait une nouvelle adjudication refuza la prolongation.

J'aprans que cette demande en 1824 est renouvelé Cest ce qui moblige comme interessé de vous adressé mareclamation étonné devoir plus de mille moutons sur mes propriétés herrant et devastant nuit et jour. Je pris liberté de faire mes represantation à Monsieur Lemaire en lui ajoutant la perte que cest mouton me causait par leurs paturage denuit. Monsieur Lemaire mafit reponce par une Lettre que Jay en ma possesion que le boucher avait La permission de maitte sùr mes propriété autant de mouton quil voudrais. J'aitoujour re gardé cette permission comme portant prejudice à nos propriété.

Monsieur,

Je demande que la Locquation delavaine pature de la Commune de Saint-Ouen soit affiché et placardé et mis à lanchaire rondue publique que le procès verballe porte lenombre et un Seulle trouxpaux de 2 a trois cens baîte comme notre teroire cetrouve chargé de vigne en plante potagaire de toutes saizons nayant que 400 harpant de terre Enpature et dispercé nayant qu'un Garde Chapaître pour le surveillier et qu'ils se conforme aux hordonnance du royaume sur lapature vous ferez Justice.

Je suis, Monsieur le Souprefet, votre dévoué administré.

G.-D. CRETU

Cultivateur à Saint-Ouen.

Le 4 mars 1824.

G.-D. Crétu, dont j'ai longuement parlé dans mon *Histoire de Saint-Ouen pendant la Révolution* et dont le rôle ne s'était pas uniquement borné, comme bien l'on pense, à cette tardive et virulente lettre de protestation, dénonçait un abus incontestable et il le faisait avec sa brusquerie habituelle et son habituelle négligence des règles de la grammaire.

Sa protestation eut le succès qu'il souhaitait, puisque le 14 mai de cette même année, le bail de la vaine pâture fut adjugé au sieur Delalande « pour la somme de six cents francs par an »[1].

Pour l'instant, en cette année 1806, le résultat immédiat de l'adjudication, fut de fournir au budget de la commune une partie des fonds dont elle avait grand besoin, de façon à pouvoir faire face à ses obligations et exécuter quelques réparations, soit au « chemin qui conduisait à l'abreuvoir » et dont les pavés avaient été arrachés par les flots de la Seine, « lors de l'inondation de l'hiver dernier », soit encore au clocher de l'église, en fort mauvais état, et dont « les tuiles et chéneaux de plomb » étaient mis à mal, non seulement par les intempéries des saisons mais encore par des personnes, des gamins je suppose, allant là-haut exécuter des exercices périlleux et surtout dommageables à l'édifice. Une porte fut aussitôt mise au clocher et les acrobaties aériennes cessèrent comme par enchantement.

Dans cette même année 1806, le Conseil reçut des ordres pour chercher un endroit afin d'établir un nouveau cimetière « hors l'enceinte de la commune »[2].

Il était situé « depuis un temps immémorial » à gauche de l'église, en surélévation de deux mètres au-dessus de la pelouse qui la précédait.

Le choix du maire s'arrêta sur un terrain sis au lieu dit : « le chemin de Landy », appartenant présentement à la Légion d'honneur et ci-devant à l'émigré

---

1. Archives de la Mairie : *Délibérations*, Reg. I.
2. Archives de la Mairie : *Délibérations*, Reg. I.

Choyon-Lacombe dont nous avons eu l'occasion de parler [1].

Malgré les instances préfectorales et l'avis favorable du maire, qui avait fait preuve de bonne volonté et d'une certaine habileté, en convoitant un bien national que la commune aurait pu acquérir à bon compte, l'opinion du Conseil fut qu'il n'y avait pas lieu de déplacer le cimetière « attendu que sa position était des plus propres pour ce à quoi il est destiné, que depuis un temps immémorial il est placé dans le même endroit qui est bien plus à portée pour ce dont il s'agit, qu'il est très aéré, situé au Nord du village, au bord de la Seine, clos de murs, éloigné des maisons d'habitation, d'une étendue plus que suffisante... qu'aucuns propriétaires voisins ou autres n'ont jusqu'à ce jour adressé des plaintes à ce sujet [2]. »

Sur cette question encore, la préfecture se heurta à un mauvais vouloir bien arrêté du Conseil. Le maire en fut pour ses frais de déplacement et de recherches, puis, finalement se rangea à l'avis commun.

Comme toujours, il ne dirigea pas l'opinion de ses collègues; il préféra la subir, faire chorus avec eux et se montrer l'ennemi des nouveautés pouvant changer la physionomie de la commune.

Ils refusèrent ensemble l'année d'après, en 1807, mais avec juste raison cette fois, d'accéder au désir d'un certain M. Thierry, alors propriétaire du château de feu le duc de Nivernais, depuis le 21 pluviôse an XII [3].

---

1. Dr H. Perraudeau, *Saint-Ouen pendant la Révolution*, p. 110.
2. Archives de la Mairie : *Délibérations*, Reg. I.
3. Archives de la Seine : *Domaines*, carton 13.152.

Pour agrandir son domaine, et dans un but de spéculation à peine déguisé, il « demande la suppression, à son profit, du chemin de terre qui va du canton du Closeau, longe son parc pour se rendre à la Seine, plus du sentier de souffrance qui traverse la prairie communale pour se rendre du bord de la Seine au village de Clichy »[1].

En réalité, M. Thierry ne demandait rien moins que d'isoler complètement le village de Saint-Ouen de celui de Clichy, en voulant acquérir le chemin de halage qui le mettait en relation directe avec cette commune. Les offres qu'il faisait par ailleurs en terrain et en argent, à titre de compensation, parurent insuffisantes, et sa proposition fut rejetée avec tous les honneurs qu'elle méritait.

La modique somme de 2.500 francs, offerte en tout et pour tout, n'eût pas enflé beaucoup le budget de la commune et ne lui eût pas permis d'améliorer la situation du garde champêtre, le sieur Raget, situation critique s'il en fut jamais.

Ce défenseur de l'ordre public n'était pas investi d'une fonction officielle, et tout en rendant des services incontestés à la commune, il ne dépendait pas d'elle et n'émargeait pas au budget. En principe, seuls les principaux intéressés, c'est-à-dire les propriétaires dont il gardait les terres, devaient l'indemniser; en réalité il était trop souvent payé en monnaie de singe.

Il recevait « pour son salaire une rétribution annuelle de trente-cinq centimes par chaque arpent de

---

[1]. Archives de la Mairie : *Délibérations*, Reg. I.

terre situé sur le terroir » de Saint-Ouen de la part des cultivateurs [1]. Ceux de la commune s'acquittaient bien de leur dette en général, mais les autres, les étrangers, refusaient de s'exécuter.

Malgré les poursuites qu'il avait été autorisé à exercer contre eux, il serait mort de faim si, le 9 mai 1809, le Conseil, reconnaissant l'utilité de ses services, n'en eût fait un fonctionnaire communal recevant, comme tel, un traitement annuel de 350 francs.

Cette somme devait être en partie prélevée sur les droits de location de la vaine pâture, et en partie constituée par une diminution de l'indemnité de logement accordée au desservant de la paroisse.

Ce dernier trouva mauvais le procédé municipal et protesta aussitôt dans une longue lettre, contre la retenue qui lui était faite. Finalement, n'obtenant pas gain de cause, il quitta la commune [2].

Le salaire du garde champêtre constitué de la façon que nous venons de voir, assurait son avenir, mais le travail à fournir devait s'en ressentir immédiatement.

A la foire du 24 août 1809 et jours suivants, il fut chargé de veiller à l'exécution de l'ordonnance municipale du 12 mai dernier, prévoyant des droits de place et de langueyage à percevoir sur les porcs, calculés à raison de 25 centimes « pour chaque porc mâle ou femelle qui serait exposé en vente dans cette commune » [3]. Les choses se passaient d'ailleurs ainsi « dans les foires et marchés des pays circumvoisins ».

---

1. Archives de la Mairie : *Délibérations*, Reg. I.
2. Archives de la Seine : *Administration communale*, carton O-2.
3. Archives de la Mairie : *Délibérations*, Reg. I.

L'examen des animaux mis en vente était une mesure hygiénique destinée à « reconnaître la saineté d'iceux » et à empêcher de vendre et de livrer des marchandises insalubres, vulgairement dites « ladres ». Un homme connaisseur dans cette partie était spécialement commis par le maire, le 15 août de chaque année, pour langueyer les porcs, « les visiter et garantir à ses risques et périls la saineté des animaux ». Aucun d'eux ne devait être mis en vente sans avoir subi cet examen sanitaire.

Des marchands ayant émis la prétention de continuer les erreurs du passé, et de soustraire leurs animaux au contrôle municipal, le garde champêtre fut chargé de les rappeler à l'ordre, et « de prendre des mesures pour réparer ces abus, comme aussi d'assurer un petit revenu à la commune... »[1].

La sécurité publique y trouvait son compte et le budget également.

Les droits municipaux furent étendus et appliqués à tout commerce forain. Pour les « jeux de bague » il allait être perçu un droit de 2 francs ; un de 25 centimes, par mètre carré occupé par les marchands de vin ambulants ou limonadiers, « par orchestre de musique et par mètre carré occupé par les danseurs ». Chaque marchand vannier devait payer 10 centimes par jour. Les merciers, bijoutiers, bimbelotiers, fruitiers, maraîchers 25 centimes.

Les revendeurs de pâtisserie, les tenanciers de petits jeux non prohibés et autres trafics non prévus, étaient redevables à la commune d'un droit de 10 centimes.

---

1. Archives de la Mairie : *Délibérations*, Reg. I.

La perception des taxes municipales mise en adjudication était donnée à bail, et le prix devait en être versé dans la caisse du receveur municipal comme celui de la vaine pâture.

Le budget communal, s'enrichissant grâce à ces mesures administratives, permit d'apporter quelques améliorations locales aux nombreux besoins de la commune.

En l'année 1810 nous voyons figurer au chapitre des dépenses « l'acquisition de sceaux (sic) à incendie » « pour la somme de cent-vingt francs »; cette acquisition, embryon d'un service municipal, contre le feu, était motivée par la trop grande facilité que présentaient les toits de chaume à devenir la proie des flammes[1].

Elle allait être suivie d'une réforme beaucoup plus importante et aussi plus onéreuse, lorsque enfin le Conseil se décida à mettre en viabilité les chemins communaux qui laissaient fort à désirer.

Mais comme les fonds disponibles étaient limités et les travaux à exécuter nombreux et urgents, il fut décidé le 10 mai 1810 qu'ils ne seraient pas donnés à l'adjudication, mais exécutés en régie « sous la direction du maire », lequel avait une compétence spéciale sur la matière, en sa qualité de maître maçon.

Ainsi compris, « les travaux seraient exécutés non seulement plus économiquement, mais encore plus solidement » dans les rues qui en avaient particulièrement besoin, comme la rue de la Liberté, la rue des Bains, la rue des Droits-de-l'Homme, etc.[2].

---

1. Archives de la Mairie : *Délibérations*, Reg. I.
2. Archives de la Mairie : *Délibérations*, Reg. I.

Nous ferons remarquer en passant, que la dénomination révolutionnaire de certaines voies publiques était toujours en honneur, administrativement parlant tout au moins, et qu'il en sera ainsi dans la commune pendant toute la durée de l'Empire.

Le Conseil s'occupait en outre de ramener certaines rues, comme la rue de Paris et la rue du Landy, à leur largeur réglementaire de 9 mètres, que des cultivateurs n'avaient pas hésité à réduire à 4 mètres, dans certaines parties de leur tracé, en poussant leurs labours un peu trop en avant sur le domaine public, ce qui, par ailleurs, était préjudiciable à la circulation : « deux charriots ne pouvaient plus passer de front sans voir l'un d'eux exposé de s'enfoncer jusqu'au moyeu [1]. »

Une révision du cadastre s'ensuivit, il en résulta que les propriétaires riverains, qui s'étaient taillé la part trop belle et surtout trop large, et dont certains, pour rendre la prise de possession plus sûre, avaient planté « une haie d'accacias sur les terres anticipées », se virent obligés « de remettre immédiatement après la récolte de 1811, le terrain qu'ils ont anticipé et à leurs frais, pour éviter à la commune les dépenses que cela pourrait occasionner » [2].

Cette sage et prudente façon de faire, permit de réaliser quelques économies et de consentir certaines largesses au budget de la fabrique, que nous voyons mentionner pour la première fois, le 20 juillet 1811.

Ses très modiques ressources, constituées par le

---

1. Archives de la Mairie : *Délibérations*, Reg. I.
2. *Ibid.*

produit des quêtes, stalles, chaises et oblations, s'élevaient annuellement à 400 francs environ et « n'étaient pas suffisantes pour procurer une existence honnête » au curé ou desservant. Un supplément de traitement de 360 francs lui fut voté, en même temps que furent arrêtés les traitements des chantres, du suisse et du bedeau.

Les membres du Conseil votèrent même, le 10 mai 1812, une légère dotation de 23 francs destinée à l'hôtel impérial des Invalides, qui ne devait pas manquer de clients à cette époque de notre histoire.

Les services municipaux s'étaient quelque peu améliorés et, malgré tout, le chapitre des dépenses ne dépassait pas celui des recettes.

En 1812 la situation budgétaire était même excellente. On constata, le 10 mai 1813, qu'elle comprenait en recettes la somme de 3.558 fr. 92 et en dépenses celle de 2.336 fr. 40. Il restait donc en caisse de disponible la somme de 1.222 fr. 51[1].

Elle allait servir à la création d'une maison d'arrêt sur la place publique, votée séance tenante, « parce que cette commune, voisine de la capitale, son terroir étant de cultures variées en fruits et légumes, se trouve plus que toutes autres exposée au maraudage par les habitants des faubourgs qui se répandent journellement dans la plaine, que très souvent il s'en trouve qu'il faut punir corporellement, notamment dans les jours de foire, mais que cette commune est privée d'une chambre d'arrêt, le Conseil est d'avis qu'elle soit établie sur la place publique... laquelle

---

1. Archives de la Mairie : *Délibérations*, Reg. I.

servirait en même temps de corps de garde, quand la troupe séjourne dans la commune... et quand on arrête des malfaiteurs pendant la nuit on aurait au moins un endroit pour les déposer jusqu'au lendemain, pour les mettre entre les mains des gendarmes[1]... »

Cette maison d'arrêt, longue de 4 mètres, large de 3, comprenait un sous-sol creusé dans toute son étendue, séparé par un plancher de l'étage supérieur réservé au logement du corps de garde.

Que se passera-t-il par la suite dans le sous-sol de la nouvelle construction ? Peu de choses intéressantes assurément, si on juge par le séjour forcé de ses habitants. Il en sera de même quelquefois à l'étage supérieur qui va bientôt servir de permanence à la garde nationale. Nous aurons l'occasion de voir parfois nos fonctionnaires miliciens, en principe gardiens de l'ordre, être les premiers à donner le mauvais exemple de désobéissance aux lois, sous l'influence de trop copieuses et trop fréquentes libations.

Avant d'aborder l'importante et héroï-comique histoire de la garde nationale, je dois parler des événements extra-municipaux dont notre commune va être le témoin, d'abord amusé puis attristé, enfin indiscret à la suite de l'arrivée, du départ, et plus tard du séjour, de Louis XVIII à Saint-Ouen.

---

1. Archives de la Mairie : *Délibérations*, Reg. I.

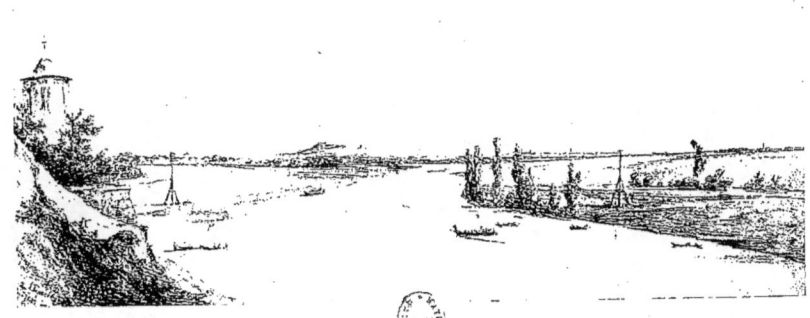

LA TRAVERSÉE DE LA SEINE A SAINT-OUEN EN 1823

Elle se faisait surtout à l'aide d'un bac relié par une corde à un fil de fer tendu entre deux pylônes, sous la conduite d'un batelier autorisé à transporter 14 personnes au maximum.

(*Dessin de Francia, Lith. de Sautex, 1823.*)

CHAPITRE II

1814. — Combat des Batignolles. — Louis XVIII. — Son arrivée. — Ses réceptions. — La Déclaration de Saint-Ouen. — Son départ. — Le cortège. — Séjour des alliés. — Les Brunswickois. — La note à payer. — Dénuement des habitants. — Garde nationale. — Lettre de Poirié. — Questions municipales. — Restauration de l'Église. — Présent royal. — Fêtes à l'occasion du baptême du duc de Bordeaux. — La poste. — Revision des biens communaux.

Nous avons dit que l'Empire aux jours de sa splendeur, n'avait eu aucun écho sérieux dans la commune, en dehors des mesures administratives prises sous l'influence du gouvernement. Il n'en fut pas tout à fait ainsi de sa chute.

La belle mais malheureuse campagne de France, où les éclairs de génie de l'Empereur et la vaillance admirable de ses troupes se heurtèrent à des forces alliées formidables, et à la défection de quelques-uns de ses généraux, eurent dans la commune de Saint-Ouen, un premier retentissement lors des batailles qui se livrèrent dans la banlieue nord-ouest de Paris, entre Saint-Ouen, les Batignolles et la barrière de Clichy, cette dernière à jamais célèbre par la résistance héroïque du maréchal Moncey. Quelques heures avant le fatal dénouement, les habitants virent passer les Prussiens de Blücher qui de la Plaine Saint-Denis se dirigeaient vers Clichy et l'Étoile.

Sur les confins de la commune, le 30 mars 1814, un sanglant combat eut lieu au village des Batignolles entre l'armée russe du général Langeron, émigré français passé au service de la Russie, et les divisions des ducs de Raguse et de Trévise [1]. Résistance inutile, puisque le lendemain, 31 mars 1814, les alliés entraient dans Paris.

Le 3 avril, le Sénat se hâta par un décret, de déclarer Napoléon et ses descendants déchus du trône de France, et s'empressa au nom du gouvernement provisoire, après l'abdication du 11 avril, de l'offrir, sous réserve de l'acceptation d'une charte constitutionnelle, à Louis-Stanislas-Xavier de France, comte de Provence, qui, le 24 avril, débarquait à Calais, où se voit toujours la colonne commémorative de cet événement.

Il s'achemina à petites journées vers la capitale, après avoir passé à Boulogne, Abbeville, Amiens et enfin Compiègne. Il séjourna trois jours dans cette dernière ville avant d'arriver à Saint-Ouen, où il devait s'arrêter quelques heures, pour des raisons politiques, dans le château des ducs de Gesvres et de Nivernais, alors propriété du comte Vincent Potocki depuis le 1er mai 1811, ami personnel de l'empereur Alexandre [2].

---

1. Abbé Lecanu, *Histoire de Clichy-la-Garenne*.
2. Baron de Vitrolles, *Mémoires et relations politiques publiées par Eugène Forgues*, t. II, p. 168.

Le cérémonial de l'arrivée et du séjour de Louis XVIII à Saint-Ouen, comme celui de son départ de la commune, avait été réglé dans tous ses détails par le marquis de Dreux-Brézé, grand maître des cérémonies de France[1].

La veille de l'arrivée du roi, le dimanche 1er mai 1814, le *Moniteur universel* annonçait la venue de Louis XVIII : « Le roi arrivera demain lundi à Saint-Ouen. Sa Majesté y recevra à 7 heures du soir les députations des corps de l'État; elle y couchera et le lendemain mardi S. M. partira à 10 heures du matin de Saint-Ouen avec son cortège, pour faire son entrée dans Paris. »

En conséquence de cet avertissement, les députations des corps de l'État, MM. les maréchaux de France et colonels généraux, les ministres provisoires, le général en chef de la garde nationale et ses officiers généraux avaient été invités à se rendre à Saint-Ouen « où le Roi s'arrêtera quelques instants, et où ils seront présentés par le grand-maître des cérémonies, qui se rendra à cet effet auprès du roi ».

Après la réception, chacun des corps constitués devait retourner à Paris.

Le protocole avait donc tout prévu pour l'arrivée du roi à son retour de Compiègne, où des fêtes splendides avaient été données en son honneur, et où la veille de son départ, il avait eu une longue entrevue avec l'empereur de Russie.

A cinq heures moins un quart, le lundi 2 mai 1814, il arriva aux limites du département de la Seine, tra-

---

1. *Le Moniteur universel*, 1er mai 1814, p. 479.

versa Stains tout en liesse, puis Saint-Denis, où il reçut les hommages des autorités civiles et militaires, et enfin arriva « à six heures moins un quart au château de Saint-Ouen ».

La voiture, « un vieux landau jaune, à pompe et à fourchette », était précédée et suivie depuis Compiègne, par des détachements de cavalerie et entourée de plusieurs maréchaux, parmi lesquels on remarquait le maréchal Moncey et le maréchal Ney »[1].

Le Conseil général de la préfecture de la Seine, les maires, les adjoints, les juges de paix, les membres des conseils généraux et le clergé des communes environnantes, s'étaient réunis pour recevoir Louis XVIII.

La population entière du canton s'était portée au-devant du roi dans l'espoir de voir son souverain. « Lorsque Sa Majesté a quitté Saint-Denis pour se rendre à Saint-Ouen où elle devait coucher, ajoute le *Moniteur universel*, c'était un coup d'œil bien attendrissant de voir ces bons villageois s'en retourner dans leurs foyers, heureux d'avoir contemplé les traits de leur souverain. »

Ce devait être touchant, assurément, si l'on en juge d'après ces quelques lignes, mais n'oublions pas que le *Moniteur* était le journal officiel et comme tel déjà attaché à la fortune du nouveau César.

Quoi qu'il en soit de cette chevauchée épique et de cette marche triomphale, Louis XVIII était bien à Saint-Ouen le lundi 2 mai 1814, à six heures moins un quart du soir.

Il était accompagné de sa nièce, la duchesse d'An-

---

1. *Le Moniteur universel*, 2 mai 1814, p. 490.

goulême, que saluèrent, sitôt sa descente de voiture, « vingt-quatre jeunes filles parisiennes qui avaient été choisies pour aller complimenter la fille de Louis XVI »[1].

Pendant la durée des réceptions qui commencèrent immédiatement, et se prolongèrent fort tard, elle se tint debout derrière le roi assis au milieu du salon.

Un témoin oculaire qui fut aussi un acteur de la première heure, le baron de Vitrolles, nous trace ce portrait de Louis XVIII, au retour de l'exil :

Sa tête conservait un air de jeunesse... Il était vêtu d'un habit bleu tout simple, à boutons d'or fleurdelisés, sans autre distinction que les épaulettes... Il portait à sa boutonnière la croix de Saint-Lazare...

Dans le grand salon où se tenaient le roi, sa nièce et les différents membres de la famille royale, le service d'ordre était fait par la garde nationale, conjointement avec la garde d'honneur et la gendarmerie de Paris.

Tous les corps de l'État et les grands personnages que nous avons énumérés, furent admis à « offrir leurs hommages à Sa Majesté ».

Le Sénat, qui s'était abstenu d'accourir à Compiègne et que Louis XVIII ne portait pas dans son cœur, à cause de cette fameuse Déclaration qu'il voulait lui imposer et dont la signature devait précéder son retour dans la capitale, lui fut présenté par son président Talleyrand, prince de Bénévent.

---

[1]. Baron de Vitrolles, *Mémoires et relations politiques*, t. II, p. 169.

A cette occasion le ministre des Affaires étrangères prononça un discours où l'art de parler pour ne rien dire est porté à sa perfection. N'empêche que « Sa Majesté a daigné témoigner qu'elle était sensible à l'expression des sentiments du Sénat et qu'elle agréait avec satisfaction ses vœux et ses hommages »[1].

Talleyrand présenta alors la Déclaration à la signature du roi. L'affaire n'alla pas toute seule. Louis XVIII, habile à ergoter, se récria sur certains termes de ce document. Les heures s'écoulaient et la nuit était déjà arrivée, que le prince de Bénévent n'avait pas encore obtenu la signature désirée.

L'empereur Alexandre qui, sur les conseils de Talleyrand, s'était rendu la veille à Compiègne pour convaincre Louis XVIII de l'utilité de cette déclaration constitutionnelle et en arrêter les termes, informé des résistances du roi, fit immédiatement remettre au ministre des Affaires étrangères l'*ultimatum* suivant : Si la Déclaration n'est pas publiée ce soir, telle qu'elle a été convenue, *on* n'entrera pas demain à Paris.

Bien des choses ont été écrites sur l'origine de cette Déclaration. On a dit qu'elle avait été imposée au roi par les cabinets étrangers et que le prince de Talleyrand en avait dicté les formules.

Capefigue n'admet pas cette façon de dire et affirme « que la Déclaration de Saint-Ouen fut le résumé des pensées, des principes de toute la vie de Louis XVIII. Elle fut une concession libre, spontanée du roi pour renouer la chaîne des temps[2]. »

---

1. *Le Moniteur universel*, 3 mai 1814, p. 490.
2. Capefigue, *Madame du Cayla et les Salons du boulevard Saint-Germain sous la Restauration*, p. IX.

La résistance opposée par le roi à mettre sa signature au bas de ce document, nous paraît en désaccord avec cette opinion, que contredit encore l'intervention énergique de l'empereur de Russie qui triompha rapidement des derniers obstacles, après quelques modifications dans la rédaction.

Le prince de Talleyrand et le baron de Vitrolles firent les retouches insignifiantes demandées par le roi, au document connu dans l'histoire sous le nom de Déclaration de Saint-Ouen, prélude de la Charte constitutionnelle qu'il devait octroyer le 4 juin, et à deux heures du matin « l'œuvre étant achevée » le roi daigna y apposer sa signature [1].

M. de Blacas la remit au baron avec ordre de la faire imprimer immédiatement. « Je quittai Saint-Ouen à 2 heures du matin ; à 7 heures, la Déclaration royale paraissait dans le *Moniteur* et bientôt après, elle était affichée sur les murs de Paris [2]. »

Louis XVIII se souvint d'Henri IV : Paris valait bien une Déclaration.

Longuement interrompue par cet incident, la série des présentations continua avec celle des discours.

Le chevalier de l'Horne parla au nom du corps législatif. « Son excellence le grand maître de l'Université » au nom de la cour de cassation, de la cour royale, de la cour des comptes, de toutes les cours et de tous les courtisans.

Après les discours eurent lieu les conversations particulières. Elles se tinrent pendant et après le ban-

---

1. Baron de Vitrolles, *Mémoires et relations politiques*, t. II, p. 171.
2. Voir aux pièces justificatives, *Le texte de la Déclaration de Saint-Ouen*.

quet et enchantèrent Louis XVIII. « Sa Majesté après avoir reçu les hommages de ces diverses députations et les avoir accueillies avec une extrême bienveillance, a daigné s'entretenir longtemps avec la majeure partie des membres dont elles étaient composées [1]. » Ils parlèrent tant et si bien, qu'à onze heures du soir les présentations et les conversations étaient à peine terminées.

Et cependant Louis XVIII, qui n'était plus de première jeunesse, et que tourmentait un accès de goutte inopportun, avait besoin de ménager ses forces pour la grande et solennelle fête du lendemain : l'entrée dans sa bonne ville de Paris, que le *Moniteur*, toujours bien informé, raconte ainsi [2] :

« Aujourd'hui 3 mai, à 10 heures du matin, par un temps splendide, Sa Majesté est partie de Saint-Ouen... Un nombre immense d'habitants de Paris, des campagnes voisines et des départements environnants s'étaient réunis sur le passage de Sa Majesté et préludaient au concert d'acclamations et d'hommages qu'elle allait entendre s'élever de tous les points de la capitale. »

A cette occasion on n'oublia pas de ressusciter une vieille coutume, fort appréciée sans doute de la multitude, laquelle consistait « à faire jeter au peuple de petites monnaies d'or et d'argent à l'effigie du souverain » [3].

40.000 ou 50.000 pièces allaient être distribuées pendant le défilé du cortège, organisé conformément

---

1. *Le Moniteur universel*, 2 mai 1814, p. 487.
2. *Le Moniteur universel*, 3 mai 1814, p. 491.
3. Baron de Vitrolles, *Mémoires et relations politiques*, t. II, p. 173.

au cérémonial arrêté par le grand maître des cérémonies.

Un détachement de la garde nationale à cheval, et un détachement des troupes de ligne à cheval ouvraient la marche. Suivaient deux voitures pour les ministres provisoires ; M. l'archevêque de Reims, grand aumônier de France, M. le duc de Duras, premier gentilhomme de la chambre du roi ; M. le comte de Blacas, grand maître de la garde-robe du roi et le grand maître des cérémonies de France, dans la même voiture.

La voiture du roi dans laquelle se trouvaient Sa Majesté et Madame la duchesse d'Angoulême, M. le prince de Condé et M. le duc de Bourbon.

S. A. R. Monsieur, à cheval, à la portière de droite de la voiture du roi, était accompagné d'une partie des maréchaux de France et des colonels généraux.

S. A. R. Mgr le duc de Berry était également à cheval à la portière de gauche, accompagné d'une partie de MM. les maréchaux de France et colonels généraux.

M. le duc de Grammont et M. le duc de l'Havré, comme capitaine des gardes de Sa Majesté se tenaient également à la portière de la voiture du roi.

M. le ministre provisoire de la Guerre et M. le général en chef de la garde nationale étaient dans le groupe des maréchaux de France, à portée de S. A. R. Monsieur, et de S. A. R. Mgr le duc de Berry.

M. le maréchal Berthier marchait en avant de la voiture du roi avec une partie de MM. les officiers généraux.

M. le maréchal Moncey, premier inspecteur général

de la gendarmerie, marchait derrière la voiture de Sa Majesté avec une partie de MM. les officiers généraux. Suivaient une nombreuse file de voitures pour les dames de Madame la duchesse, les officiers de la maison du roi et les princes; des détachements de troupes de ligne, de garde nationale et de gendarmes fermaient la marche [1].

Telle était la composition du cortège royal qu'il fut donné à la population de Saint-Ouen de contempler, dans la matinée du 3 mai 1814, se dirigeant lentement et en bon ordre par l'avenue de Saint-Ouen et les boulevards extérieurs, soigneusement arrosés et balayés la veille, jusqu'à la barrière Saint-Denis où Louis XVIII fut reçu par le « Préfet de Seine à la tête du corps municipal », le préfet de police, M. le baron de Chabrol, et où furent présentées au roi les clefs de la ville de Paris, par le doyen des maires de la capitale.

Le cortège se rendit à travers les rues pavoisées et décorées à Notre-Dame, puis au château des Tuileries, où le roi arriva vers les six heures du soir.

Tout s'était bien passé sous un radieux soleil de mai.

« La journée avait été d'une beauté parfaite, le temps était pur et serein [2]. »

Avant de voir ce même Louis XVIII acquérir le château d'où il était parti en triomphateur et qu'il fera démolir pour se venger, dit-on, de la violence qui lui avait été faite lors de la signature de la Déclaration

---

1. *Le Moniteur universel*, 3 mai 1814, p. 495.
2. *Ibid.*

de Saint-Ouen, la commune allait savoir ce que lui coûterait la domination étrangère des troupes alliées qui y séjournèrent en 1814 et en 1815, et contre laquelle le maire J.-B. Poirié ne voulut ou ne put rien faire.

Le premier séjour des alliés à Saint-Ouen devait être d'assez courte durée et partant les vexations et les dégâts qu'ils commirent peu nombreux. Mais la grande raison de leur modération relative fut la création par « les autorités supérieures » sitôt l'invasion du territoire français, d'un corps de garde destiné à maintenir l'ordre, et dont la dépense fut en partie supportée par le maire. Pour les trois premiers mois de 1814 elle s'éleva à la somme de 45 francs. Elle comprenait principalement les frais de chauffage, d'éclairage, d'astiquage des fusils, et aussi les frais de logement [1].

Les amateurs de détails apprendront qu'il fut fourni « deux stères de bois, deux paquets de chandelles et trente bottes de paille », ces dernières destinées au couchage des hommes.

En 1815, les choses ne se passèrent pas aussi simplement ni aussi économiquement, et la commune connut, dans toute l'acception du mot, les horreurs de l'invasion.

D'abord elle revit passer avec effroi les Prussiens de Blücher, furieux d'avoir vu Napoléon lui échapper à Waterloo. Il s'acharnait à sa poursuite, en se dirigeant à marches forcées vers la Malmaison où s'attardait imprudemment et inutilement le grand vaincu.

Puis en vertu de la convention militaire signée à

---

1. Archives de la Mairie : *Délibérations*, Reg. I.

Saint-Cloud, le 3 juillet 1815, approuvée par Blücher, et Wellington, décidant du sort des communes suburbaines, Saint-Denis, Saint-Ouen, Clichy et Neuilly furent remis aux alliés le 4 juillet [1].

℟ Ce furent les troupes du duché de Brunswick, détachées du corps d'armée de Blücher, qui prirent possession de la commune au nom des souverains alliés. Elles licencièrent immédiatement le corps de garde réorganisé pendant les Cent Jours.

Les officiers commencèrent par exiger de la municipalité « des balais et des pelles pour nettoyer les rues », puis ils réquisitionnèrent une « voiture pour enlever les boues et les matières fécales », ce qui occasionna une dépense totale de 136 fr. 90 que le maire J.-B. Poirié fut encore obligé d'avancer et qu'il se fit rembourser sitôt le départ des alliés, le 10 octobre 1815 [2].

Il faut croire que l'hygiène communale laissait fort à désirer; nous conviendrons que si le zèle des envahisseurs s'était borné à des mesures de salubrité publique, leur présence n'eût pas entraîné ces unanimes protestations qui suivirent leur départ. Mais la vérité oblige à reconnaître qu'ici comme à peu près partout où ils séjournèrent, les alliés se conduisirent en véritables vandales.

Pendant quatre mois, en juillet, août, septembre, octobre 1815, les Brunswickois traitèrent Saint-Ouen comme un pays conquis. Ils ne le mirent pas à feu et à sang, mais le ruinèrent complètement et se mon-

---

1. Henri Martin, *Histoire de France*, t. VI, p. 4.
2. Archives de la Mairie : *Délibérations*, Reg. I.

trèrent avec les habitants, parfois grossiers, souvent brutaux et toujours intraitables.

Toutes les maisons étaient occupées militairement.

Les officiers et les soldats qui n'avaient pu trouver place chez les habitants, campèrent sur les places publiques où ils dressèrent leurs tentes. La place du Calvaire et la pelouse devant l'église, regorgeaient de cavaliers dont les chevaux étaient attachés aux barrières en bois et aux arbres qu'ils mirent en si mauvais état, qu'il fallut les renouveler complètement.

L'église elle-même devint une vaste écurie où hommes et chevaux couchaient pêle-mêle [1].

Ce monument public que la Révolution avait épargné fut de beaucoup le plus maltraité.

Lorsqu'ils en déguerpirent, le 9 octobre, l'église se trouvait dans un tel état qu'elle semblait prête à s'écrouler. Les dégâts commis étaient considérables et demandaient des réparations urgentes, bien au-dessus des ressources communales.

Lorsqu'il faudra l'année d'après, « aviser aux moyens d'acquitter les dépenses des travaux à faire pour la réparation de l'église, ravagée par suite des événements de la guerre de 1815 », la dépense sera évaluée à 14.556 fr. 85.

Le Conseil trouvera cette somme si élevée, que dans l'impossibilité de pouvoir se la procurer, il ne parlera rien moins que « de démolir une grande partie de la nef et des bas-côtés, de démolir encore le portail qui est prêt à renverser et de ne conserver que le chœur, ses bas-côtés et le clocher ».

---

[1]. Archives de la Mairie : *Délibérations*, Reg. I.

Cette dernière partie, estimée la moins endommagée et « la plus précieuse » devait être rebâtie avec les matériaux de démolition du reste de l'église.

La restauration ainsi comprise ressemblait plutôt à une destruction de l'édifice. Elle eût exigé des dépenses assurément moindres, et le Conseil estimait encore qu'elle devait être faite aux frais du gouvernement « puisque cet édifice n'a été détruit que par suite des calamités et des horreurs de la guerre qui ont ruiné tous les habitants ». On ne donna pas suite à ce projet par trop économique.

Le gouvernement dont la sollicitude avait été implorée par le Conseil, ne resta pas sourd à sa demande, il promit une subvention de 6.000 francs qui, en 1823, n'avait pas encore été complètement versée.

Le roi très chrétien Louis XVIII ne sera guère embarrassé de gaspiller des sommes folles pour les beaux yeux de Mme du Cayla, mais il hésitera « à jeter un regard favorable » sur la pauvre église du village, que ses bons amis les alliés avaient ruinée de fond en comble, et qui resta fermée au culte jusqu'au printemps de 1816. Il laissera s'écrouler cette modeste et pauvre église, tandis qu'à deux pas, nous le verrons dans quelques années, élever la maison carrée destinée à abriter ses séniles amours.

Pour l'instant, pendant ces sombres jours de 1815, les envahisseurs étaient tout entiers à leur œuvre de destruction systématique.

Non contents de laisser l'église à moitié détruite, ils en firent le sac au moment de leur départ et enlevèrent tous les objets mobiliers de quelque valeur qu'elle contenait. Ils emportèrent les stalles, le banc d'œuvre, les rouages de l'horloge, et jusqu'à la corde qui servait à sonner la cloche [1].

Quant à la maison commune, elle ne fut guère mieux traitée : « Il a été enlevé outre beaucoup de papiers, une table et son tapis en drap vert, trois fauteuils et plusieurs chaises, plus un poêle de faïence et ses tuyaux en tôle. » Ils s'emparèrent aussi de la collection du *Bulletin des Lois* du 1er janvier 1814 au 1er juin 1815, et de tous les anciens plans du territoire communal [2].

Les maisons du village subirent un sort analogue à celui de l'église et de la maison commune. « Elles ont toutes été ravagées... et plusieurs sont inhabitables. »

Les travaux de culture restèrent forcément en souffrance, et les habitants se virent réduits à demander au gouvernement « les graines nécessaires pour ensemencer leurs terres », après le départ des alliés, j'allais dire des barbares.

Le 23 janvier 1816, le Conseil, en réponse à une lettre du sous-préfet de Saint-Denis, lui proposant de régulariser les dépenses de toutes sortes faites « pour la subsistance, l'habillement et le transport des vivres et équipages des troupes alliées qui ont séjourné dans cette commune » ne pourra fournir aucune preuve de ces dépenses, pour la raison « que les habitants ne sont porteurs d'aucuns bons d'officiers de ces troupes, puisque le tout a été pris et enlevé de vive force, et qu'il ne leur a été donné aucuns reçus ni bons de toutes ces marchandises »[3].

---

1. Archives de la Mairie : *Délibérations*, Reg. I, *passim*.
2. Archives de la Mairie : *Procès-verbaux*, Reg. I, p. 58.
3. Archives de la Mairie : *Délibérations*, Reg. I.

Il se contenta de prier les autorités supérieures de leur accorder un secours provisoire, tendant à les aider pour avoir des graines afin de réensemencer les terres et de quoi exister jusqu'à la prochaine récolte.

Il demanda encore « de faire passer en décharge toutes les impositions dues pour les exercices antérieurs à la présente année et un adoucissement pour icelle, vu les dépenses extraordinaires que tous sont forcés de faire dans leurs habitations pour pouvoir s'y loger ».

Le dénûment des habitants était donc complet comme on peut s'en rendre compte, et pour comble de malheur dans cette triste situation, ils ne pouvaient, administrativement parlant, être indemnisés de leurs dépenses forcées, faute de preuves matérielles.

Par la suite ils obtinrent cependant gain de cause. Le Conseil lui-même se montra équitable, en consentant au sieur Thomas Chevalier, locataire de la vaine pâture, une remise importante sur son prix de location « vu qu'il avait été contraint par les circonstances d'abandonner son habitation pour soustraire son troupeau aux dangers de l'invasion ».

Je crois en avoir raconté assez long sur les horreurs et les calamités de « l'occupation étrangère » et n'étonnerai personne, en affirmant qu'il fallut plusieurs années pour que Saint-Ouen renaquît de ses ruines.

Cette renaissance se fit lentement mais sans désordre, grâce à la réorganisation de la garde nationale.

Il y aurait tout un chapitre à écrire sur son histoire

depuis ses origines en 1789 et son premier fanion donné par le duc de Nivernais [1], jusqu'à ses derniers jours de 1871, quand ses hommes se divisèrent en deux camps, les uns fidèles jusqu'au bout au drapeau tricolore, les autres marchant derrière le drapeau rouge et faisant cause commune avec les fédérés de la Capitale.

C'est au budget de 1816, à la date du 2 novembre, que nous voyons dans les dépenses extraordinaires, au chapitre IV, les frais occasionnés par la réorganisation de la garde nationale.

Ces dépenses s'élevaient à la somme de 240 francs pour ses premiers mois d'existence et comprenaient le loyer du corps de garde, l'acquisition des meubles indispensables, l'habillement, l'équipement et le traitement du tambour.

Ces frais de premier établissement furent revisés le 2 janvier 1817 ; le total en fut alors de 491 fr. 23 et son budget pour l'année 1817 fixé à la somme de 646 fr. 06. Il ne resta pas entièrement à la charge de la commune ; une partie devait provenir du produit des amendes infligées par le conseil de discipline de la garde, à ses membres récalcitrants, et une autre partie devait être prise « sur les personnes atteintes d'incapacité qui demanderont à être exemptées du service » et qui seraient reconnues solvables. Chacun demeurait libre enfin de faire « des offrandes volontaires ».

Malgré toutes ces précautions, la commune dut suppléer à l'insuffisance du budget et payer dans le cou-

---

[1]. Lucien Perey, *La fin du XVIIIe siècle*, p. 353.

rant de 1818, les mémoires de M. Magnon ex-capitaine, du menuisier Bilaudy, du marchand de bois Bourdin, du serrurier Crétu fils, et faire droit à la réclamation du tambour Darras qui devait toucher 10 francs par mois pour battre le rappel, mais qui n'avait encore rien reçu.

Un curieux conflit, dont le budget supporta les conséquences, s'éleva alors entre ce dernier et le tambour-afficheur. Darras ne pouvait pas être en même temps tambour communal « attendu qu'il ne sait point lire » et tambour de la garde « attendu qu'il n'a pas la valeur requise pour ce service ». Nouveau Salomon, le Conseil trancha la difficulté en rognant la part de l'un et de l'autre; et voilà comment la commune eut deux tambours, l'un sachant battre la caisse, l'autre sachant lire les arrêtés municipaux et gouvernementaux [1].

Nous connaissons le tambour de la garde nationale; il nous faut parler maintenant de ses chefs et dire quelques mots de son organisation.

Incomplètement reconstituée dans les premiers mois de 1813, après une désorganisation de plus de vingt années, elle se voyait derechef licenciée pendant les Cent Jours et ne devait être rappelée sous les armes qu'en fin d'année 1815, pour être équipée et embrigadée dans le courant de 1816. Elle fut rattachée au 3e bataillon de la garde nationale de l'arrondissement de Saint-Denis et dotée d'un conseil de discipline, le 31 décembre 1816 [2].

---

1. Archives de la Mairie : *Délibérations*, Reg. I.
2. Archives de la Mairie : *Procès-verbaux*, Reg. I.

Elle avait comme commandant un M. Laugier. Le 4 janvier 1817, il réunit à la maison communale de Saint-Ouen, « au nom de Son Altesse royale Monsieur, colonel général des gardes nationaux de France » les officiers qui devaient composer le conseil de discipline.

C'étaient : MM. Magnon, capitaine-président; G.-D. Crétu, lieutenant, vice-président; Courtois, premier sous-lieutenant; J.-M. Bourdin, premier sergent; L.-A. Compoint, premier caporal; L.-N. Bourdin, sapeur; Bénard, officier-rapporteur et P.-J. Henry, secrétaire.

Après avoir entendu la lecture du règlement concernant les attributions du conseil de discipline créé le 15 juillet 1814 « et avoir promis individuellement d'agir dans l'exercice de leurs fonctions sans haine ni partialité », ils se séparèrent pour se réunir le 7 janvier et le 3 février, dans le but de prononcer quelques peines disciplinaires contre des gardes récalcitrants.

Le 19 février, une réunion beaucoup plus importante eut lieu, principalement en vue d'examiner la conduite d'un antimilitariste avant la lettre « le sieur Charles Lagoutte, maçon en cette commune, lequel le 21 janvier avait fait du scandale à la porte de l'église, lors du service anniversaire de la mort de Louis XVI »[1].

Il était sorti bruyamment de l'église pendant la lecture du testament du défunt roi, avait rassemblé quelques personnes sur la place, y « faisait un gros

---

1. Archives de la Mairie : *Journal et Procès-verbaux*, Reg. I.

bruit qui pouvait troubler l'office ». En outre, il avait tenu des propos injurieux contre les officiers de la garde, et cherchait en toutes occasions à « dégoûter les autres citoyens de s'habiller en uniforme ».

Le Conseil se croyant personnellement visé, ne voulut pas être juge et partie dans l'affaire, et renvoya notre maçon devant le conseil de discipline de La Chapelle.

La punition ne dut pas être très sévère, puisque l'année d'après nous voyons Lagoutte qui avait fait école, entraîner avec lui trente-six gardes nationaux, lesquels, malgré la convocation reçue, s'étaient abstenus de paraître au service commémoratif du 21 janvier 1818.

Le conseil de discipline fut obligé de se réunir le 26 pour statuer sur leur cas. Le maire J.-B. Poirié présida ce nouveau conseil de guerre, dont les débats furent dirigés par le capitaine Bonvallet [1].

Ce dernier avait remplacé le capitaine Magnon, mais son autorité lui fut contestée par son propre lieutenant G.-D. Crétu qui s'excusa par lettre de ne pouvoir assister à la réunion. De plus, il lui reprochait de ne pas avoir tenu compte des observations qu'il lui avait faites au sujet de certains gardes nationaux, « notamment de ceux attachés au service de M. Ternaux, qui n'avaient pas monté leur garde, quoique appelés par billets ».

Le Conseil passa outre aux récriminations de Crétu, s'adjoignit un deuxième sous-lieutenant dans

---

[1]. Voir aux pièces justificatives, le *procès-verbal de la réunion*.

la personne de Dautrui et ainsi légalement constitué, examina les cas des trente-six réfractaires dont il écouta les explications. Il admit les circonstances atténuantes pour quelques-uns et en condamna 25 à payer une amende de un franc. Dans ce nombre se trouvait Lagoutte naturellement, et un fils de Crétu [1].

Trois d'entre eux récidivèrent en 1820 et « furent condamnés par voix unanime » chacun à 1 fr. 50 d'amende.

La création du conseil de discipline avait été un des premiers actes de la Restauration. Elle l'institua par décret du 15 juillet 1814 en même temps qu'elle réorganisait sur de nouvelles bases la garde nationale elle-même qui, à partir de l'année 1820, ne joua plus dans la commune qu'un rôle assez effacé.

Cette réorganisation, malgré quelques tiraillements, s'était faite néanmoins facilement.

Le résultat ne fut pas toujours aussi satisfaisant dans l'exécution de certaines lois nouvelles, rééditées de l'ancien régime, telle, par exemple, la loi du 18 novembre 1814, concernant la fermeture des cabarets le dimanche aux heures des offices, dont parle le maire dans sa réponse du 25 mars 1816 [2].

Cette lettre est un plaidoyer assez adroit, qui a en outre l'avantage de rappeler tous les maux que les alliés infligèrent au village, et de montrer le peu d'empressement du gouvernement royal à les réparer dans la mesure du possible.

---

1. Archives de la Mairie : *Journal et procès-verbaux*, Reg. I.
2. Archives de la Seine : *Administration communale*, carton O-2.

Saint-Ouen, le 25 mars 1816.

*Le Maire de la commune de Saint-Ouen
à Monsieur le Sous-Préfet de l'arrondissement de Saint-Denis.*

Monsieur le Sous-Préfet,

J'ai reçu votre circulaire du 18 de ce mois qui me recommande l'exécution de la loi du 18 novembre 1814, qui défend aux cabaretiers, marchands de vins, traiteurs, maîtres de jeux et autres, de tenir leurs maisons ouvertes, et de donner à boire et à jouer, les jours de dimanches, fêtes reconnues par la loi et pendant l'office divin.

Je saisis cette occasion pour vous exposer que pour cette commune malheureuse, cette loi ne peut être mise en exécution, attendu que par suite des calamités qui ont frappé sur Saint-Ouen et qui, à l'instar de la presque totalité des bâtiments et de l'Église du Village ont été totalement dévastés et ce dernier édifice est prêt à s'écrouler, ce qui fait que depuis la fin de juin dernier jusqu'à ce jour il a été impossible d'y célébrer aucun office.

J'ai demandé plusieurs fois la permission de la faire rétablir en partie et jusqu'aujourd'hui je n'ai pas encore reçu l'autorisation; cependant la Moralité, la Religion, que l'on doit inspirer à la génération présente et future me fait un devoir de vous prier de m'envoyer un Ingénieur ou autres, pour, de concert, aviser aux moyens d'établir, provisoirement, une chapelle pour y donner le baptême à la génération naissante, le mariage aux époux et les sacrements de la sépulture qui appartient à des personnes qui par leur conduite ont mérité l'estime de leur famille et leurs amis et qui dans ce moment en sont privés, ou d'aller dans les communes voisines remplir leurs devoirs religieux.

Je dois aussi vous faire connaître que l'horloge de ce village (objet si utile aux habitants) a été en majeure partie enlevée par les troupes alliées et que les réparations en sont faites, mais qu'il s'agit de payer l'horloger. Je vous en ai

demandé plusieurs fois l'autorisation. Je vous réitère cette prière et vous prie de me croire avec un profond respect
Votre dévoué serviteur
J.-B. POIRIÉ.

Quelques jours après l'envoi de cette lettre, le maire et son Conseil crurent devoir rejeter, le 30 mai 1816, la proposition du gouvernement au sujet de la création de droits d'octroi sur les vins consommés sur place et « sur les boissons dites piquettes vendues en gros ou en détail ». Il fit observer que le commerce de cette dernière boisson était peu fréquent dans la commune et demandait « qu'il leur soit accordé une quantité de vin suffisante à la consommation de toute leur maison, sans être assujettis aux droits d'octroi de banlieue, attendu que la majeure partie des vignerons de la commune récoltent du vin à peu près pour leur consommation » quand toutes les manipulations sont terminées.

Néanmoins, tout en rejetant l'impôt il se déclarait prêt à en bénéficier, à l'instar des autres communes du département.

Nos conseillers-vignerons n'étaient pas paysans pour rien, sitôt que leurs intérêts étaient en jeu. Ils le firent encore voir le 22 décembre 1817, quand dans la revision générale des comptes de 1807 à 1814 ils soutinrent, contrairement aux prétentions de la sous-préfecture de Saint-Denis, que tous les comptes du maire et du receveur étaient exacts et qu'entre autres dépenses, une somme de 200 francs, donnée par Mme de Guibert, en échange d'un droit de passage, avait bien été dépensée pour l'établissement d'une croix sur la place publique; de même qu'une somme de 72 francs avait été payée pour frais d'arpentage et de bornage des biens communaux depuis aliénés par le gouvernement.

Ils protestèrent encore avec juste raison, le 9 février 1818, contre la part contributive de 182 fr. 88 assignée à la commune « pour la réparation du chemin des Poissonniers et de l'Étang de Montmorency, afin de rendre plus commodes et plus sûres les promenades fréquentes de Sa Majesté dans la vallée de Montmorency »[1]. Néanmoins « pour concourir à ce qui peut être agréable à Sa Majesté », et dans l'espoir peut-être de recevoir en échange la subvention gouvernementale sollicitée depuis deux ans, pour réparer l'église, le Conseil consentit à prendre la somme qui lui avait été assignée sur « les mille francs versés à la caisse de service ».

Le 25 octobre de cette année, la subvention de 6.000 francs promise n'étant pas encore versée, le Conseil *pour la première fois*, conformément à la loi du 15 mai 1818, convoque les dix plus forts contribuables, afin de se procurer les 6.000 francs nécessaires à l'entreprise immédiate des travaux : MM. Labrousse; Moutte; Ternaux aîné; Legrand Guillaume; Liénard; Crétu Dorothée; Paillé François; Delacroix Michel-Sébastien; Mme la comtesse de Guibert et Vallet Gabriel furent invités à se rendre à la maison commune. Deux d'entre eux « Labrousse et Moutte qui n'ont pu s'y trouver ont été remplacés par Delacroix Sébastien et Trézel Nicolas ».

« Tous ont voté à l'unanimité les 6.000 francs restés

---

[1]. Archives de la Mairie : *Délibérations*, Reg. I.

à la charge de la commune payables en trois ans, 1819, 1820, 1821, excepté le sieur Crétu, l'un des imposés, qui s'est retiré de l'assemblée en proférant et murmurant quelques mots grossiers, en voyant l'accord de tous[1]. »

Les travaux purent enfin être entrepris et pendant leur durée, l'église resta une fois encore fermée au culte en mai, juin, juillet, août 1819.

Le desservant quitta momentanément la paroisse mais son traitement communal fut mis de côté et employé aux achats de linge et ornements dont l'église était dépourvue et que la fabrique, se trouvant « sans ressource » ne pouvait lui procurer.

Il faut reconnaître que les plus forts contribuables, à l'exception de Crétu, que ses principes révolutionnaires et sans doute aussi la perspective de la part à payer, empêchèrent de faire cause commune avec les autres, firent preuve de bonne volonté et d'entente, et sauvèrent ainsi l'église du village d'une ruine certaine, en votant avec le Conseil le complément de la somme nécessaire à sa réfection.

La sollicitude tardive et un peu mesquine du gouvernement prenant à sa charge la moitié des frais de restauration de l'église, fut moins la conséquence des démarches incessantes et réitérées du Conseil, que d'un événement important dont les bruits, d'abord sans consistance, s'affermirent bien vite en attendant de devenir une réalité, quand Louis XVIII eut acheté le château de Saint-Ouen, dont je ferai brièvement l'histoire dans le chapitre suivant[2].

---

1. Archives de la Mairie : *Délibérations*, Reg. I.
2. Archives de la Seine : *Domaines*, n. 13152.

En même temps que le gouvernement jetait enfin un regard favorable sur la pauvre vieille église menaçant ruine, il se mettait en frais de coquetterie avec la municipalité de Saint-Ouen et cherchait à se l'attirer en lui faisant remettre, le 11 août 1819, une toile destinée à l'ornementation de l'église [1].

Ce tableau, situé à gauche de la porte d'entrée, représente saint Ouen protégeant les mariniers. Sa réception fut l'objet d'une lettre débordante de reconnaissance que J.-B. Poirié s'empressa d'adresser au sous-préfet de Saint-Denis.

> Monsieur,
>
> J'ai l'honneur de vous faire part que le tableau affecté à l'Église de notre commune, a été transporté de la Préfecture à Saint-Ouen hier 15 du courant, et qu'il est arrivé sans aucun accident et sans aucun dommage.
>
> Nous vous remercions de la bonté que vous avez témoignée pour nous dans le présent, si digne de vous et de M. le Préfet, et qui sera une marque éternelle de la reconnaissance que la commune vous devra dans les temps les plus reculés.
>
> Veuillez, M. le Sous-Préfet, avoir la bonté de témoigner notre reconnaissance et nos remerciements à M. le Préfet. J'ai l'honneur d'être votre très humble et très obéissant serviteur.
>
> J.-B. POIRIÉ.

Le Conseil municipal de Saint-Ouen augura bien de cette dernière faveur et de la tournure que prenaient les événements. Il n'hésita pas à montrer sa reconnaissance au roi à l'occasion du baptême du duc de Bordeaux, fils posthume du duc de Berry [2].

---

[1]. Archives de la Seine : *Administration communale,* carton O-3.
[2]. Archives de la Mairie : *Délibérations,* Reg. I.

Ce même Conseil que nous avons vu rester muet sur les fêtes, partout splendides, qui célébrèrent un autre baptême princier, celui du roi de Rome, crut devoir s'associer à l'allégresse gouvernementale ou plutôt royale, en votant la somme de 300 francs, le 15 avril 1821. Le maire J.-B. Poirié, pourtant peu loquace en temps ordinaire, la justifia en ces termes : « Messieurs, le baptême de Son Altesse Royale Mgr le duc de Bordeaux est fixé au 1er Mai prochain; ce jour doit être célébré par des fêtes de réjouissance et d'allégresse pour tous les bons Français. C'est à vous, Messieurs, de signaler ce jour par des actes de bienfaisance et d'humanité, afin que ce jour, à jamais mémorable dans nos annales, soit en mémoire chez tous les bons Français. »

L'éloquence du maire entraîna l'adhésion des conseillers. Tous ont répondu d'une voix unanime « qu'ils sont d'avis qu'il soit dépensé la somme de 300 francs pour ce jour mémorable, pour des dons de bienfaisance et pour les réjouissances champêtres. Le bal sera gratuit sur la place publique et il y aura des rafraîchissements ».

Ainsi en décidèrent J.-B. Poirié, maire; L.-N. Compoint; Bourdin; Le Maître; Vallet; Varlet; Th. Daunay.

Le Conseil n'était pas au complet quand fut émis ce vote; deux conseillers manquaient à l'appel : l'un, Jean-Louis Bénard, était décédé et l'autre, Chevalier Thomas, avait quitté la commune.

Des successeurs leur furent donnés par le préfet de la Seine, le 8 juin, dans la personne de MM. Louis-Augustin Compoint et celle de Gabriel Vallet.

Le maire procéda à leur installation le 21 juin et reçut ce même jour « leur serment de fidélité au roi, à la charte constitutionnelle et aux lois de l'État »[1].

Les conseillers pouvaient alors travailler, la besogne municipale ne manquait pas. Mais il faut reconnaître qu'ils se montrèrent plus courtisans qu'administrateurs.

Le 28 mai 1822, « après avoir rendu hommage à la sage prévoyance de M. le Maire », ils décidèrent que « les arbres de la place publique étant morts par la faute des troupes alliées qui y avaient attaché leurs chevaux » seraient abattus, vendus, et le produit de la vente employé à en « replanter des vifs... que les arbres qui sont sur la pelouse dite la côte devant le cimetière seraient élagués, car ils en avaient besoin, et que le produit du bois de cet élagage, ajouté à celui de la vente des arbres morts, servirait à remplacer les barrières fermant l'enceinte de la place publique, qui ont été rasées et brûlées par les alliés. »

Quelques jours après, le 2 juin, nos économes et timides conseillers se montrèrent plus routiniers que jamais, en répondant au directeur général des postes qui prescrivait une enquête, afin d'accélérer le service postal « que ce service se fait dans cette commune avec exactitude par un facteur piéton... qui arrive tous les jours entre 4 à 5 heures du soir. »

Ne voyant pas de moyens plus expéditifs, les conseillers étaient d'avis que « le service de la poste aux

---

1. Archives de la Mairie : *Délibérations*, Reg. I.

lettres soit fait dans cette commune, comme il a été fait jusqu'à ce jour »[1].

Voilà un Conseil qui n'était pas exigeant et en tout cas moins pratique que lorsqu'il s'agissait des intérêts financiers de la commune, lesquels, à sa louange d'ailleurs, restèrent toujours entre bonnes mains.

Nous en avons donné quelques exemples, nous croyons inutile de les multiplier.

Nous ajouterons cependant, pour confirmer nos dires, que le 14 août 1823 ils ne craignirent pas de réclamer aux autorités compétentes la somme de 1.500 francs restant due sur celle de 6.000 francs, mise à la disposition de la commune « pour faire face aux dépenses ci-dessus précitées ».

L'année d'après, en 1824, le 14 mai ils procédèrent à une revision générale de la location des biens communaux. La vaine pâture entre autres, louée à bail au sieur Lalande pour 400 francs, fut renouvelée à l'amiable, afin d'éviter les frais, et portée à 600 francs par an[2].

Cette revision fut même fatale à l'un des membres du Conseil, N.-J. Compoint, qui s'était emparé, sans plus de forme, d'une petite place publique, dite du Préau, appartenant à la commune, et qui y avait fait « de son autorité privée plusieurs plantations et embellissements ». Il fut obligé de signer un bail de neuf années et de payer 25 francs par an, pour jouir en paix du terrain municipal usurpé[3].

C'était une petite somme à encaisser, mais surtout

---

1. Archives de la Mairie : *Délibérations*, Reg. I.
2. Archives de la Seine : *Administration communale*, carton O-2.
3. Archives de la Mairie : *Délibérations*, Reg. I.

une façon de sauvegarder pour l'avenir les droits de propriété municipale.

Le Conseil revisa encore l'année suivante les droits de bachotage.

Grâce à ces opérations et aux bénéfices assez minimes d'ailleurs qui pourraient en résulter, le maire pensa faire exécuter un ouvrage qui, à défaut d'esthétique, devait avoir son utilité, encore qu'il ne dût pas coûter cher.

Pour maintenir les terres de la berge mises à mal par l'intempérie des saisons, les crues de la Seine et les incartades des gamins, il voulait planter une haie d'épines et une haie d'échalas sur la pelouse devant le portail de l'église qui « par son site se trouve être dans la plus belle position, et même y poser des planchers au plat bord pour empêcher l'éboulement des terres qui peut avoir lieu par la crue des eaux ».

Ce rêve municipal ne devait pas avoir de lendemain. L'année 1825 qui le vit se former, fut aussi témoin du changement du Conseil municipal, dont le maire J.-B. Poirié présida pour la dernière fois la réunion, le 20 octobre 1825. Il céda bientôt la place à un nouveau venu dans la commune, Séraci Lachaume, qui, le 18 mars 1826, devint maire de Saint-Ouen [1].

La vie administrative de J.-B. Poirié est restée la plus longue de toutes celles que nous connaissons.

Élu pour la première fois agent municipal sous le Directoire, le 15 brumaire an IV, il vit constamment son mandat renouvelé par les nombreux et différents gouvernements qu'il servit.

---

1. Archives de la Seine : *Administration communale*, carton O-5.

J'ai eu l'occasion de faire remarquer [1] qu'il peut être donné comme le modèle du parfait fonctionnaire, soumis, honnête, consciencieux, servant toujours loyalement les maîtres dont il tenait le pouvoir.

Il semble bien cependant qu'il eut une prédilection particulière pour le gouvernement de Louis XVIII, et qu'il éprouva un réel plaisir en tant que maire, à manifester son dévouement au nouveau régime politique.

Comme administrateur communal, il fut prudent, désintéressé, économe des deniers communaux. Il administra les biens de la commune comme ses propres biens, en bon père de famille.

Il s'entendait aux affaires, en sa qualité de maître maçon sans doute, mais il eut aussi les défauts d'un entrepreneur trop prudent et trop craintif.

Sous sa longue direction municipale, la vie communale mena une existence calme et tranquille, autant du moins que les événements le permirent. Il ne risqua rien, ne livra rien au hasard, et laissa la commune dans le même état — ou presque — que celui dans lequel il l'avait trouvée.

Mais il en est des communes comme des personnes qui se contentent en économie domestique de joindre les deux bouts, elles vivent, elles ne prospèrent pas.

Malgré ses qualités d'administrateur économe et prudent, il était temps pour Saint-Ouen que J.-B. Poirié disparût et cédât le flambeau municipal à un autre. Il le tenait depuis si longtemps de ses mains vacillantes qu'il le laissait s'éteindre.

---

[1]. Dr H. Perraudeau, *Saint-Ouen pendant la Révolution*, passim.

Il allait être repris et ravivé, avec quel entrain et quelle audace ! par l'un de ces glorieux débris de la Grande Armée, l'un des rares survivants de la fatale campagne de Russie.

Après avoir donné des soins à ses compagnons d'armes sur les champs de [bataille de l'Europe, Séraci Lachaume, ancien chirurgien des armées, devait réussir grâce à son génie, à son activité, à ses relations, grâce aussi aux circonstances, à provoquer le réveil communal, et à faire sortir Saint-Ouen de la torpeur où l'avait plongé l'interminable, honnête mais pusillanime magistrature de J.-B. Poirié.

Toutefois avant d'écrire cet important chapitre de notre histoire locale, je dois parler de certains événements extra-municipaux dont Louis XVIII, vieilli, impotent, mais toujours amoureux, devait être le héros.

CHAPITRE III

Acquisition par Louis XVIII du parc et du château de Saint-Ouen. — Pose de la première pierre du nouveau « pavillon ». — Mme du Cayla. — Fête donnée à l'occasion de l'inauguration du tableau de Gérard. — Visites de Louis XVIII à la favorite. — Les générosités du roi. — Testament de Mme du Cayla. — Son rôle politique et local.

Il ne m'est pas possible d'écrire l'histoire de Saint-Ouen, sans consacrer un chapitre spécial aux fréquentes visites de Louis XVIII dans la commune, subjugué par les charmes de sa dernière conquête féminine, qu'il avait somptueusement installée dans une maison massive, d'apparence bourgeoise, construite par ses ordres et sous sa direction, sur l'emplacement du château des ducs de Gesvres.

C'est le 9 mars 1820 que commencèrent les recherches préliminaires d'ordre administratif, destinées à faire entrer le roi en possession de la magnifique propriété dont il voulait doter Mme du Cayla.

Sans m'étendre sur les différentes phases de cette acquisition et de la procédure engagée, dont seul un pouvoir royal était capable de triompher, je me permettrai uniquement d'en exposer quelques détails, copiés aux meilleures sources et qui, je crois, sont inédits. Ils auront l'avantage non seulement d'en faire connaître les propriétaires historiques, mais encore de rectifier l'erreur faisant de Louis XVIII le successeur immédiat du comte Potocki.

« Le bien dont la propriété remonte à MM. de Seiglière de Bois-Franc, Potier de Gesvres, de Nivernais, Poisson de Pompadour, de Saint-Georges, Croy d'Havré-Montmorency et le prince de Potocki, provient, dit-on, d'une ancienne concession de la couronne, susceptible en conséquence de l'application des lois du 14 ventôse an VII.

« Des recherches faites au bureau de Saint-Denis, il résulte que les dispositions de la susdite loi n'ont pas été jusqu'ici appliquées à l'hôtel et ferme de Saint-Ouen, concédés en 1642 au sieur Séraphin Monroy et qu'aucune soumission, expertise, ni paiement n'ont été faits pour cet objet [1].

« Par acte passé devant M. de Gringaud, notaire à Monceaux, le 12 janvier 1820, M. Louis-Denis-Hyacinthe-Joseph de Tieffois-Bauvois, ancien maréchal de camp, a acquis des sieurs Boignes et Labrousse, la propriété de Saint-Ouen consistant en bâtiments et 86 arpents de terre environ, moyennant le prix de 135.000 francs.

« Nonobstant la différence qui existe entre cette contenance et celle exprimée par la concession de 1642, ce sont les mêmes biens dont il s'agit. Le sur-

---

1. Archives de la Seine : *Domaines*, Reg. 13152.

plus aurait été réuni soit en vertu d'acquisitions, soit par des retraits exercés conformément à l'une des clauses de la dite concession.

« Les sieurs Boignes et Labrousse, vendeurs, en étaient propriétaires depuis le 14 mai 1816, sur publication volontaire, à la requête de M. le comte Vincent Potocki qui tenait lui-même cet immeuble, moitié comme héritier de sa mère, et l'autre moitié comme en ayant fait l'acquisition d'un sieur Thierry, le 10 mai 1811 [1]. »

Nous connaissons ce dernier propriétaire qui, le 14 octobre 1807, avait fait au Conseil municipal de Saint-Ouen une proposition, dans le but d'agrandir la propriété par un échange de terrain. Cette demande entièrement à l'avantage du sieur Thierry, avait été repoussée par la sagesse de nos conseillers, malgré les compensations offertes, avec tous les honneurs qu'elle méritait [2].

Thierry avait acquis ce bien du sieur Ferbander, le 21 pluviôse an XII, qui ne le possédait que depuis quelques mois seulement, l'ayant acheté le 8 brumaire an XII des sieurs Petit et Deurbroucq.

« Ces derniers avaient réuni la propriété entière du château de Saint-Ouen, par différents actes de cession faits à leur profit par les héritiers de M. Potier de Gesvres et entr'autres, par acte de partage entre les dits héritiers, les sieurs Petit et Deurbroucq et la République venant aux droits, pour 8/108, de MM. Croï d'Havré et Georges de Vérai, prévenus

---

1. Archives de la Seine : *Domaines*, Reg. 13152.
2. Archives de la Mairie : *Délibérations*, Reg. I.

d'émigration, passé en date du 17 prairial an II homologué le 27 du même mois [1]. »

Cet extrait des recherches entreprises par le bureau de l'Enregistrement de Saint-Denis, a surtout pour but de montrer la façon dont Louis XVIII s'y prit, pour obtenir dans les meilleures conditions possibles la propriété qu'il convoitait, et qui depuis quelques années déjà n'appartenait plus au comte Potocki, contrairement aux assertions de plusieurs historiens.

Pour quels motifs Louis XVIII jeta-t-il son dévolu sur Saint-Ouen et voulut-il, à toute force, acquérir cette propriété historique? Le baron de Vitrolles en donne les raisons politiques et sentimentales suivantes [2] : « Le roi attachait à ce lieu les plus grands souvenirs de sa vie. C'était là qu'il avait, dans la Déclaration de Saint-Ouen, donné à ses peuples les premiers gages des libertés promises. »

Louis XVIII mettait de la recherche et du bel esprit jusque dans ses sentiments. En achetant ce parc d'environ cent arpents, dans le projet d'y faire construire une nouvelle habitation à celle qu'il aimait le plus, il avait eu la douce et triste pensée que des fenêtres de cette maison, les yeux de Mme du Cayla se porteraient continuellement sur l'église et les caveaux de Saint-Denis, et ramèneraient ainsi sur lui, dans son éternel repos, les mélancoliques souvenirs d'une amitié reconnaissante. »

Cette opinion, cherchant à justifier le choix de

---

[1]. Archives de la Seine : *Domaines*, Reg. 13152.
[2]. Baron de Vitrolles, *Mémoires et relations politiques*, t. III, p. 498.

Louis XVIII, cadre assez mal avec l'humeur enjouée et quelque peu inconstante de la favorite, et n'explique pas pourquoi il s'empressa de faire démolir le beau château construit par Lepautre au XVIIe siècle.

On a dit que si le roi chérissait le nid de verdure qu'il préparait à sa vieillesse amoureuse, il détestait en revanche la belle maison qui avait été le berceau du parlementarisme [1].

Je crois plus vraisemblable de supposer que le château, malgré ses apparences trompeuses, devait être intérieurement en fort mauvais état, par suite du changement successif de ses propriétaires, et de l'abandon presque complet où il se trouvait depuis la mort du duc de Nivernais. Les travaux nécessaires pour le mettre au goût du jour, eussent peut-être été plus dispendieux que ceux d'une reconstruction.

D'ailleurs Louis XVIII ne voulait sans doute pas offrir un château démodé à Mme du Cayla, mais une maison moderne dont il entendait aménager la disposition intérieure à sa convenance.

Ce qu'il y a de certain, c'est que sitôt en possession du vieux domaine seigneurial, il s'empressa de faire raser les bâtiments dans lesquels il avait reçu l'hospitalité, pour faire édifier à leurs lieu et place « un pavillon », suivant l'expression du baron de Vitrolles, cet élégant indiscret qui, malgré la demi-disgrâce où il se trouvait à cette époque, nous renseigne si bien sur les faits et gestes de Louis XVIII et ses préoccupations d'alors. « Le roi s'occupa lui-même, nous

---

1. Baron de Vitrolles, *Mémoires et relations politiques*, t. III, p. 499.

dit-il, du monument destiné à perpétuer la mémoire de cette affection de son cœur [1]. »

La maison dont il traça en partie les plans, formait « un pavillon carré, simple et sans ornement extérieur. Tout le luxe était dans le choix des matériaux et de toutes les parties accessoires, menuiserie, serrurerie. Ces ouvrages sont des modèles de l'état où était porté à cette époque l'art mécanique. La peinture vint ensuite décorer de ses plus beaux ouvrages les riches panneaux qui lui avaient été préparés. »

La première pierre de ce pavillon fut posée par le roi en personne, le 8 juillet 1821.

Il avait tenu à y sceller, de sa main, l'inscription composée par lui et que je cite en entier malgré sa longueur :

Louis XVIII en rentrant dans ses États, annonça par une déclaration solennelle signée dans le château de Saint-Ouen le 2 mai 1814, la publication prochaine de la Charte qu'il avait l'intention de donner à ses sujets.

Quelques années après, Saint-Ouen fut abattu et le Roi confiant à l'amitié le soin de perpétuer le souvenir de sa sollicitude pour ses peuples, voulut que ces ruines devenues célèbres, fussent arrachées à l'oubli de l'avenir.

Cette pierre sur laquelle un nouveau bâtiment va s'élever par ses ordres, a été scellée des mains mêmes du Roi, et l'inscription qu'elle contient est l'ouvrage du prince. Renfermée dans une boîte de plomb, elle a été placée sur la base de cet édifice, en présence de Madame Zoé-Victoire Talon, comtesse du Cayla.

Par ses qualités, son esprit et l'élévation de ses sentiments, elle devint l'amie de ce roi qui, à l'estime qu'elle lui inspira par ses chagrins, sa tendresse et son courage pour ses enfants,

---

1. Baron de Vitrolles, *Mémoires et relations politiques*, t. III, p. 499.

avait, sitôt qu'il l'eut connue, deviné les consolations que son amitié lui faisait éprouver.

Et en présence aussi de M. le vicomte Denys Talon maréchal de camp des armées du Roi, colonel des lanciers de la garde royale, frère de Madame la comtesse du Cayla; de Monsieur le comte F. S. de la Rochefoucauld aide de camp de S. A. R. Monsieur, colonel de la 5ᵉ légion de la garde nationale de Paris, dont le dévouement aussi respectueux que profond pour Madame la Comtesse du Cayla, lui donne aussi tous les droits d'un fraternel attachement; et enfin en présence de M. Hittorf, architecte choisi par le Roi et chargé d'exécuter le plan tracé par Sa Majesté.

Hittorf, *architecte* [1].

Saint-Ouen, le 8 juillet 1821.

Cette inscription qui est de taille, comme la pierre dans laquelle elle fut scellée, et dont le sens philosophique aurait besoin de commentaires, nous apprend, entre autres choses, les qualités de Mme du Cayla et la façon dont Louis XVIII s'intéressa à son sort qu'il lia intimement au sien.

Zoé-Victoire Talon avait trente-cinq ans quand elle connut le roi.

Née le 28 août 1785, elle était la fille de l'avocat Omer Talon, défenseur de cet infortuné marquis de Favras. Mise en pension à Saint-Germain, chez Mme Campan, elle devint la compagne de plusieurs futures grandes dames de l'Empire.

On la maria à Antoine Baschi, comte du Cayla, avec qui elle fit rapidement mauvais ménage. Elle en eut deux enfants, un garçon nommé Ugolin, mort tout jeune, et sa fille Valentine.

---

1. Vicomte de la Rochefoucauld, *Mémoires*, t. II, p. 71-72.

On a donné différentes raisons de son introduction à la cour, sur lesquelles il est inutile d'insister.

Je ne m'étendrai pas davantage sur les débuts, ni sur les détails de l'amitié amoureuse de Louis XVIII pour Mme du Cayla. Mais on peut supposer, sans crainte de se tromper, que les qualités physiques de la comtesse, firent au moins autant d'impression sur le roi, que ses qualités morales, dont il vante les charmes, laissant les autres discrètement dans l'ombre.

Tenu à moins de discrétion sur ce sujet, le baron de Vitrolles nous apprend que « ce n'était pas impunément, que la belle éplorée était venue se jeter aux pieds du monarque... nouvel Assuérus, s'il eût été sur son trône, il eût tendu son sceptre à cette autre Esther... sa beauté, sa grâce, son esprit firent sur lui l'impression qu'ils avaient faite sur bien d'autres... »[1].

Mme du Cayla, tout en étant restée très belle malgré son âge, avait en plus de la beauté, ce charme intime, cette délicatesse affectueuse que savent apprécier les vieillards et les infirmes, plus encore que les gens bien portants[2].

La comtesse avait conservé toutes les beautés du milieu de la vie, une suave carnation, des formes belles et élégantes, des yeux merveilleusement doux, la bouche un peu large mais souriante et spirituelle, la nonchalance mêlée à une certaine dignité[3].

Consciente de sa beauté, de ses charmes et de son esprit, Mme du Cayla sut très habilement exploiter

---

1. Baron de Vitrolles, *Mémoires et relations politiques*, t. III, p. 496.
2. Dr Cabanès, *Les indiscrétions de l'Histoire*, p. 339.
3. Capefigue, *Madame du Cayla*, p. 117.

la passion amoureuse du vieillard. Elle lui laissa prendre dans le château des Tuileries, certaines privautés qui d'abord amusèrent la cour et les gardes du corps, de service à la porte des appartements du roi.

En attendant de se continuer à Saint-Ouen, ces plaisanteries plus ou moins innocentes, connues du public, eurent le don d'exciter la verve de Béranger, qui décocha à la belle Octavie de ce nouveau Tibère, sous la forme de strophes élégantes, les traits acérés dont il avait le secret :

> Viens avec nous qui brillons de jeunesse
> Prendre un amant, mais couronné de fleurs,
> Viens sous l'ombrage où libre avec l'ivresse
> La volupté seule a versé des pleurs.
>
> Ainsi parlaient des enfants de l'Empire
> A la beauté dont Tibère est charmé.
> Quoi, disaient-ils, la colombe soupire
> Au nid sanglant du vautour affamé?
>
> Belle Octavie à tes fêtes splendides
> Dis-nous la joie a-t-elle jamais lui?
> Ton char traîné par six coursiers rapides
> Laisse trop loin les amours après lui.
>
> Tendre Octavie, ici rien n'effarouche
> Le dieu qui cède à qui mieux le ressent,
> Ne livre pas les roses de ta bouche
> Aux baisers morts d'un fantôme impuissant.
>
> Peins-nous ses feux qu'en secret tu redoutes
> Quand sur ton sein il cuve son nectar,
> Ses feux infects dont s'indignent les voûtes
> Où plane encor l'Aigle du grand César [1].

---

1. Béranger, *Chansons*, 1815-1834, p. 394.

Dans sa dernière strophe le poète fait allusion à la manie sénile du roi, grand priseur devant l'Éternel, et qui « prétendait-on, avait obtenu la faveur de humer son tabac sur le sein de Mme du Cayla, comme il aurait fait dans le cœur d'une rose »[1].

Mais ni les quolibets de la cour des Tuileries, ni les imprécations du poète ne devaient modifier en quoi que ce soit, les relations tabagiques du roi et de la comtesse.

Mme du Cayla continua à filer en compagnie de Louis XVIII, sinon le parfait amour, que l'âge, les infirmités, le tempérament même du roi lui interdisaient, sans espoir de retour, du moins un amour mitigé, une sorte d'amitié amoureuse, dont l'un et l'autre se contentèrent et qu'allait abriter, pour peu de temps désormais, le pavillon de Saint-Ouen.

L'inauguration du château ou plutôt, comme on dit alors, pour sauver les apparences, du tableau de Gérard, donné par Louis XVIII à sa belle amie, eut lieu le vendredi 3 mai 1823, jour anniversaire de la Déclaration de Saint-Ouen[2].

Ce tableau, chef-d'œuvre du peintre, était placé presque seul dans le grand salon, appelé par Capefigue, le sanctuaire de la charte.

Cette belle toile représente Louis XVIII assis devant la modeste table de bois blanc, souvenir historique d'Hartwell. Il est simplement revêtu de l'habit qu'il portait dans l'exil, bleu clair, sans autre décoration que le cordon de l'ordre que les

---

1. Baron de Vitrolles, *Mémoires et relations politiques*, t. III, p. 497.
2. *Journal des Débats*, 3 mai 1823.

rois de France doivent toujours porter depuis Henri II.

L'ensemble du portrait respire un air de quiétude et de bonheur parfait, on dirait Louis XVIII satisfait de son œuvre historique ou encore méditant le bonheur de ses sujets [1].

« Son costume n'avait de militaire que ses épaulettes, écrit de son côté le baron de Vitrolles. Louis XVIII est représenté dans la véritable et simple habitude de sa vie que ses infirmités rendaient des plus sédentaires. »

Vis-à-vis de ce tableau qui excitait l'admiration universelle, grâce au talent de l'artiste, « le roi fit placer une grande plaque de marbre blanc sur laquelle était tracée en caractères d'or cette inscription :

Ici a commencé une ère nouvelle le 2 mai 1814 » [2].

Depuis bien des années déjà, le chef-d'œuvre de Gérard a disparu, mais on peut voir encore dans ce qui était jadis un salon luxueux, la plaque de marbre blanc, avec son cadre en bronze, portant toujours comme stigmates indélébiles, l'empreinte des lettres d'or. Elles ont suivi le tableau dans ses diverses pérégrinations, mais alors s'offraient resplendissantes, aux regards des nombreux invités de la fête célébrée avec un luxe tout royal.

A cette occasion on vit réuni à Saint-Ouen « tout ce que la cour de Louis XVIII avait de gentilshommes

---

1. Capefigue, *Madame du Cayla*, p. VIII.
2. Baron de Vitrolles, *Mémoires et relations politiques*, t. III, p. 499.

distingués et de femmes élégantes » dont les carrosses encombrèrent les environs du château [1].

Les grâces surtout étaient très bien représentées, plus de deux cents dames ornaient et embellissaient cette fête [2].

Parmi les hôtes de marque se trouvait le maréchal de Castellane, qui dans son journal, nous a tracé un récit assez sobre « de la fête donnée à l'occasion de l'inauguration du tableau de Gérard ».

Le peintre Isabey avait été chargé de tous les détails d'organisation, lesquels nous ont été transmis par les journaux du temps, mais avec des variantes qui prouvent que même à cette époque, les précisions des reporters étaient déjà sujettes à caution.

Quatre-cent-vingt-cinq invitations avaient été lancées et, naturellement, il était de bon ton et de bon goût d'y répondre. « Les ministres et membres du corps diplomatique eux-mêmes y assistaient, aucun d'eux n'ayant osé refuser de venir rendre hommage à l'amie du roi [3]. »

Quelques oublis fâcheux avaient cependant été commis, fâcheux surtout pour la postérité, comme celui, par exemple, dont fut victime le baron de Vitrolles, qui nous eût si joliment renseignés, avec tout le soin dont il était capable.

Par contre, on exerça une réelle pression sur certains personnages qui se seraient volontiers abstenus de paraître à Saint-Ouen, si des considérations poli-

---

1. Capefigue, *La comtesse du Cayla et les Salons du boulevard Saint-Germain sous la Restauration*, Introduction, p. v.
2. *Journal des Débats*, 4 mai 1823.
3. Maréchal de Castellane, *Journal*, t. I, p. 459.

tiques ou de famille, ne les eussent obligés d'y venir. « Je vous envoie l'invitation de Mme du Cayla, écrivait la sœur du duc de Richelieu au baron Hyde de Neuville, allez à cette fête, il est bon que vous soyez vu [1]. »

On peut donc dire que tous les invités se rendirent ce jour-là au château de Saint-Ouen, revêtu pour la circonstance de ses plus beaux atours.

D'immenses pavillons blancs, aux armes de France, flottant sur les grilles du parc et jusque sur le toit du château, produisaient le meilleur effet [2].

Le château lui-même était tout resplendissant de la lumière du soleil qui ce jour-là fut superbe et a brillé sans nuages, dorant les instruments des musiciens que l'ingénieuse comtesse avait placés sur le belvédère de sa maison, au milieu des oriflammes fleurdelisées.

Bientôt cette musique aérienne, célébrant le nom du roi jusque sur les toits, suivant l'expression d'une spirituelle invitée, allait verser des flots d'harmonie pendant toute la durée de la cérémonie.

Elle commença par un déjeuner, servi maigre, parce que le 2 mai 1823 était un vendredi. Cela ne l'empêcha pas d'être fort varié, exquis et arrosé des meilleurs crus.

Plus de trois cents personnes n'ayant pu trouver place dans les salons du château, se rangèrent sous une grande tente dressée devant l'orangerie [3].

Après le déjeuner, le grand aumônier, Mgr de

---

1. Baron Hyde de Neuville, *Mémoires et souvenirs*, t. III, p. 77.
2. *Journal des Débats*, 4 mai 1823.
3. Maréchal de Castellane, *Journal*, t. I, p. 459.

Fraissinous, procéda à la bénédiction de la chapelle souterraine.

Ensuite, « on est passé dans une très jolie salle de spectacle arrangée par les Menus. On a commencé par un prologue en l'honneur du roi, suivi d'une pièce à tiroirs, jouée par les acteurs des Variétés et d'un vaudeville de circonstance, où ont figuré les acteurs de différents théâtres : Mmes Monte, Cinti, Boulanger, Rigaud; MM. Potier, Philippe Huet.

On s'est rendu de là dans le salon, où on a chanté des cantates et où l'on a fait tomber le taffetas vert qui couvrait le portrait du roi [1].

« On vanta comme il convenait le talent de Gérard, et Désaugiers a exprimé la reconnaissance du public envers le célèbre artiste, en chantant lui-même, avec beaucoup d'âme et d'expression, ce couplet de circonstance :

> Heureux Gérard rien ne manque à ta gloire !
> Sans toi ce jour si beau, si précieux
> N'aurait vécu que dans notre mémoire
> Tu l'éternises pour nos yeux [2].

Ce n'était pas d'un lyrisme transcendant, et la strophe comme les suivantes ne durent pas exciter l'enthousiasme des spectateurs qui, en revanche, avaient fort chaud, et éprouvèrent bientôt le besoin d'aller se promener dans les allées du parc, et de se faire servir des rafraîchissements.

« On a pris des glaces sous une tente, dans le jardin », raconte le maréchal de Castellane, qui semble

---

1. Maréchal de Castellane, *Journal*, t. I, p. 459.
2. *Journal des Débats*, 4 mai 1823.

avoir éprouvé plus de plaisir à cette dégustation, qu'à écouter les musiciens haut perchés dont nous avons parlé, et dont les accents harmonieux descendaient dans le parc et en remplissaient toute l'étendue.

Le programme de la cérémonie comportait encore une fête vénitienne donnée sur la Seine « dont les îles couvertes de bateaux pavoisés rappelaient les fêtes de Versailles et de Marly »[1].

« Cette fête charmante pendant laquelle il n'y avait eu de ridicule que M. Sosthène de la Rochefoucauld par la manière dont il a fait les honneurs[2], » se termina par un geste élégant « de l'aimable concierge du château », ainsi que Mme du Cayla s'était un jour elle-même qualifiée.

« Reprenant un instant le rôle de propriétaire, elle a fait distribuer par M. le maire et M. le curé, des dons et des aumônes aux malheureux et aux indigents. »

La fête lui coûta 20.000 francs qu'elle paya, dit-on, de ses deniers[3].

Le dernier acte, tout à l'honneur de Mme du Cayla et dont je regrette de n'avoir trouvé aucune trace dans nos annales municipales, mérite cependant d'être signalé, car les bonnes actions, les gestes généreux de la comtesse sont plutôt rares, comme en témoigne un curieux manuscrit de la Bibliothèque nationale[4].

Elle ne signalera guère sa présence à Saint-Ouen que par des procès de toutes sortes, de continuelles

---

1. Capefigue, Mme du Cayla, p. v.
2. Maréchal de Castellane, Journal, t. I, p. 459.
3. De la Rochefoucauld, Mémoires, t. VI, p. 68.
4. Jacques Rigaud, Le Temps, 20 mars 1901.

réclamations, et aussi par la réception, à sa table, du petit nombre d'amis qui lui resteront fidèles.

Pour l'instant et pendant quelques mois encore, nous allons la voir recevoir la visite de son « royal amoureux » de moins en moins ingambe, et chez qui l'amour voudrait bien pouvoir triompher des souffrances physiques.

Le 16 juin de cette année 1823 eut lieu une visite de Louis XVIII plus longue qu'à l'ordinaire. « Il s'est fait porter dans tous les appartements et a laissé son escorte à la porte du parc, parce que la dernière fois qu'il y est venu, les gardes du corps et les houzards se sont fait un malin plaisir d'abîmer les allées et les plates-bandes [1]. »

Les parties fines du roi à Saint-Ouen chez sa favorite consistaient, entre autres distractions moins innocentes peut-être, à jouer aux échecs, soit avec la comtesse, soit avec Mlle du Cayla, qu'il appelait, dans sa manie sénile, sa troisième fille — la Charte étant la première de ses filles et la duchesse d'Angoulême la deuxième — et qui était fort laide, au dire de la duchesse de Berry.

N'empêche que le roi lui donnait 4.000 francs chaque fois qu'elle gagnait la partie.

Il se montrait plus généreux encore avec sa mère, à laquelle il payait « 2.000 écus la partie d'échecs quand elle gagne et quand elle perd le roi récompense le bien joué » [2].

Il lui donna de cette façon beaucoup d'argent,

---

[1]. Maréchal de Castellane, *Journal*, t. I, p. 460.
[2]. *Ibid.*

dit-on, jusqu'au jour où elle fut chargée de l'aider à bien mourir, en le prévenant, sur les instances de la famille royale, que le moment était arrivé de recevoir les derniers sacrements.

Elle s'acquitta de cette mission délicate avec une bonne grâce et un tact parfaits, qui lui valurent la faveur de la nouvelle cour.

Mais dans cette circonstance encore, elle n'oublia pas ses intérêts personnels. « Elle ne sortit pas du cabinet de Louis XVIII les mains vides. Elle lui présenta à signer un ordre d'acheter, pour elle, l'hôtel de Montmorency situé sur le quai, et lui, aveugle et mourant, apposa au bas un trait informe, qui fut pris pour une signature régulière par M. le duc de Doudeauville, ministre de la maison du roi. »

Cet hôtel, immédiatement acheté et payé comptant au maréchal Mortier la somme de 700.000 francs, devint la propriété de Mme du Cayla [1].

L'année précédente, elle avait déjà réussi près du vieux roi, par une manœuvre aussi habile, à se faire désigner comme la véritable propriétaire du château et du parc dont elle n'était encore que la concierge.

Quand le roi lui eut donné en toute propriété le merveilleux petit château de Saint-Ouen, la comtesse, en femme prévoyante et qui, pour avoir eu affaire avec la justice, savait combien il faut s'en méfier, et ne voulait pas avoir de nouveaux démêlés avec elle, dans le cas où le successeur de Louis XVIII ou l'administration viendrait à lui contester la légitime propriété du château, s'avisa de dire un jour au roi, que ce don

---

[1]. Duc de Raguse, *Mémoires*, t. VII, p. 311.

royal, auquel elle tenait plus qu'à sa vie, constituait pour elle une charge au-dessus de sa modeste fortune. — Le roi comprit ses doléances, « il ne la laissa pas plus longtemps crier misère », et, afin de lui ôter toute inquiétude pour l'avenir, il fit faire, par le notaire de la couronne, les actes nécessaires pour que la propriété de Saint-Ouen, de tous les meubles et objets d'art qui s'y trouvaient ne pût lui être contestée.[1].

Après la mort de Louis XVIII, Charles X, reconnaissant les services que Mme du Cayla avait rendus à son frère, et surtout la façon dont elle avait exercé sa liaison avec lui, s'efforça de réparer tant bien que mal la négligence du roi, qui l'avait oubliée dans ses dispositions testamentaires[2]. Il lui assura une pension viagère de 25.000 francs, et se chargea du coûteux entretien du château de Saint-Ouen.

Nantie ainsi d'une retraite dorée, elle pouvait, jusqu'à un certain point, réaliser le rêve de Louis XVIII, en jetant des regards de reconnaissance sinon de compassion, sur l'église abbatiale de la ville voisine, où dort de son éternel sommeil son généreux bienfaiteur, dont les dernières volontés étaient de la sorte accomplies.

Pendant longtemps elle fut fidèle à sa mémoire.

Elle ne reparut plus aux Tuileries après la mort de Louis XVIII, bien que Charles X lui eût conservé le droit d'entrée dans la salle du trône[3].

Retirée à Saint-Ouen, don de la munificence royale, comme Mme de Maintenon à Saint-Cyr, elle y menait

---

1. Joseph Turquan, *Les Favorites de Louis XVIII*, p. 261.
2. De la Rochefoucauld, *Mémoires*, t. VI, p. 124.
3. *Ibid.*

l'existence d'une spirituelle châtelaine, entourée de ses amis, aimée de ses enfants, un peu embarrassée de procès et d'affaires [1], au milieu des joies et des deuils qui frappent toute créature humaine.

Elle maria sa fille dans la chapelle du château avec Edmond de Beauvau, prince de Craon, le 25 avril 1825 et, quelques années après, représenta la marraine de sa petite fille Isabeau, lors du baptême qui y fut célébré le 20 juillet 1829 [2].

Elle perdit son jeune fils Ugolin à qui elle réservait comme apanage le château de Saint-Ouen. Cette mort lui fut cruelle et dérangeait ses projets d'avenir.

Alors dans la pensée honnête de restituer, à la famille royale, une propriété que la Révolution de 1830 et celle de 1848 avaient respectée, elle offrit son château et ses terres de Saint-Ouen au comte de Chambord, par son testament du 12 février 1850. « J'offre Saint-Ouen à Henri V avec mes hommages et mon respectueux dévouement. Si Sa Majesté refusait, donnez-le à la ville de Paris, avec la condition de le consacrer au souvenir du roi Louis XVIII [3]. »

Après avoir beaucoup voyagé et mené une existence quelque peu aventureuse, elle mourut à Paris le 19 mars 1852 et fut enterrée dans le cimetière de Saint-Ouen. Sur la pierre tumulaire on lit ces simples mots:

> Victoire Zoé Talon
> Comtesse du Cayla
> née le 28 août 1785
> morte le 19 mars 1852

---

1. Capefigue, Mme du Cayla, p. 151.
2. M. Guy, Écho pastoral, juin 1911, p. 195.
3. Capefigue, Mme du Cayla, p. 160-161.

Le comte de Chambord refusa, par une lettre « remarquable », le présent que lui offrait la favorite de son grand-oncle.

La ville de Paris revendiqua alors ses droits sur la propriété, et un procès « solennel » s'engagea.

Finalement le château historique de Saint-Ouen, berceau du gouvernement parlementaire, est resté à la princesse de Craon-Beauvau, sa fille [1].

Quelques années après la mort du gendre de Mme du Cayla, survenue le 21 juillet 1861, et dont le cœur a été porté par son fils, suivant la volonté de son père, au Mont-Carmel en 1864, où il repose dans la chapelle des Carmes [2], on procéda au déménagement du château de Saint-Ouen.

Les meubles et les riches collections qu'il renfermait, furent partagés entre les propriétés de Benon (Charente-Inférieure) et le château d'Haroué, en Lorraine. Les peintures de Gérard et la plus grande partie du mobilier ont quitté Saint-Ouen en 1869 et se trouvent maintenant dans ce dernier château [3].

Tous ces trésors artistiques représentaient une valeur marchande de plusieurs millions, que la comtesse savait apprécier, si on en croit les mauvaises langues.

---

1. Capefigue, *Mme du Cayla*, p. 162.
2. M. Guy, *Écho pastoral*, novembre 1910, p. 90.
L'épitaphe est ainsi rédigée :
Ici repose le cœur de Edmond-Henri-Victurnien de Beauvau, prince de Craon et du Saint-Empire Romain, né le 30 octobre 1794, mort le 21 juillet 1861 au château de Saint-Ouen près Paris. Il a voulu que son cœur fût porté au Mont-Carmel. Son fils Louis de Beauvau prince de Craon et du Saint-Empire Romain est venu ici remplir le vœu de son père l'an 1864.
3. André Hallays, *Gaulois du Dimanche*, 5 octobre 1912.

Certains ont prétendu que Mme du Cayla, dont je n'ai point l'intention de raconter plus longuement la vie, était une femme d'argent, aimant avant tout « les roupies qu'elle gagnait au service de Louis XVIII », suivant le mot, méchant peut-être, de Mme d'Escars, qui la dédommageaient de ce que le rôle d'une jolie femme comme elle était, pouvait avoir de pénible auprès d'un vieil amoureux transi, dont les maux incurables sentaient plus les drogues médicinales que le parfum des roses.

Ce rôle a été diversement apprécié, suivant les opinions politiques des historiens qui s'en sont occupés.

D'après Capefigue, il fut « très élevé ». La comtesse du Cayla a été la fée politique qui présida au triomphe du parti royaliste, sous le ministère de 1821 [1].

Pour d'autres, au contraire, elle fut le mauvais génie qui contribua à la chute du ministère de Richelieu, le libérateur du territoire, et prépara la fin de la royauté de droit divin. Elle orienta la politique de Louis XVIII vers un despotisme qui devait atteindre son apogée sous Charles X, pour se terminer aux journées de juillet 1830, lesquelles mirent fin à son crédit, tout en respectant sa fortune.

Localement le rôle de Mme du Cayla fut absolument nul, et ce n'est pas le souvenir de ses bonnes actions ou de ses générosités envers la commune et ses habitants, qui m'auraient incité à célébrer ses mérites.

Alors que la comtesse de Guibert, le baron Ternaux et ses sœurs Mme Chaulin et Mme Guéringal,

---

1. Capefigue, *Mme du Cayla*, Introduction, p. XIV.

la famille Albrecht, le marquis-docteur du Planty, MM. Legentil, Farcot, Ardoin, pour ne parler que des contemporains, ont laissé sous forme de dons ou d'actes divers, mentionnés soigneusement dans nos registres communaux, des traces de leur passage, je n'y ai rien relevé au nom de Mme du Cayla.

Elle s'occupa exclusivement d'elle, de ses affaires, de ses procès, de ses propriétés.

En 1841, elle fit creuser, autour de son parc de Saint-Ouen, un large fossé, un saut-de-loup, suivant son expression [1], lequel occasionna bien des accidents et lui créa bien des ennuis. Elle se plut à orner le rond-point précédant l'allée du château, de bornes monumentales en granit, dont sa petite-fille saura les inconvénients administratifs en 1866, lors de la construction de la mairie.

Enfin dans une circonstance critique en 1848, alors qu'elle devait la conservation intacte de sa propriété à la conduite héroïque du maire de Saint-Ouen, en présence des bandes d'insurgés qui, après l'avoir envahie, voulaient la dévaliser et la brûler, elle aura le geste plutôt mesquin, en offrant pour toute récompense, à qui d'ailleurs ne lui demandait rien, une coupe en marbre dont la valeur n'était pas incalculable.

Mme du Cayla avait donné le meilleur de son cœur à Louis XVIII, à ses enfants, à quelques amis, elle ne pouvait pas se montrer généreuse envers tout le monde.

---

1. D'après une lettre autographe qui m'a été communiquée.

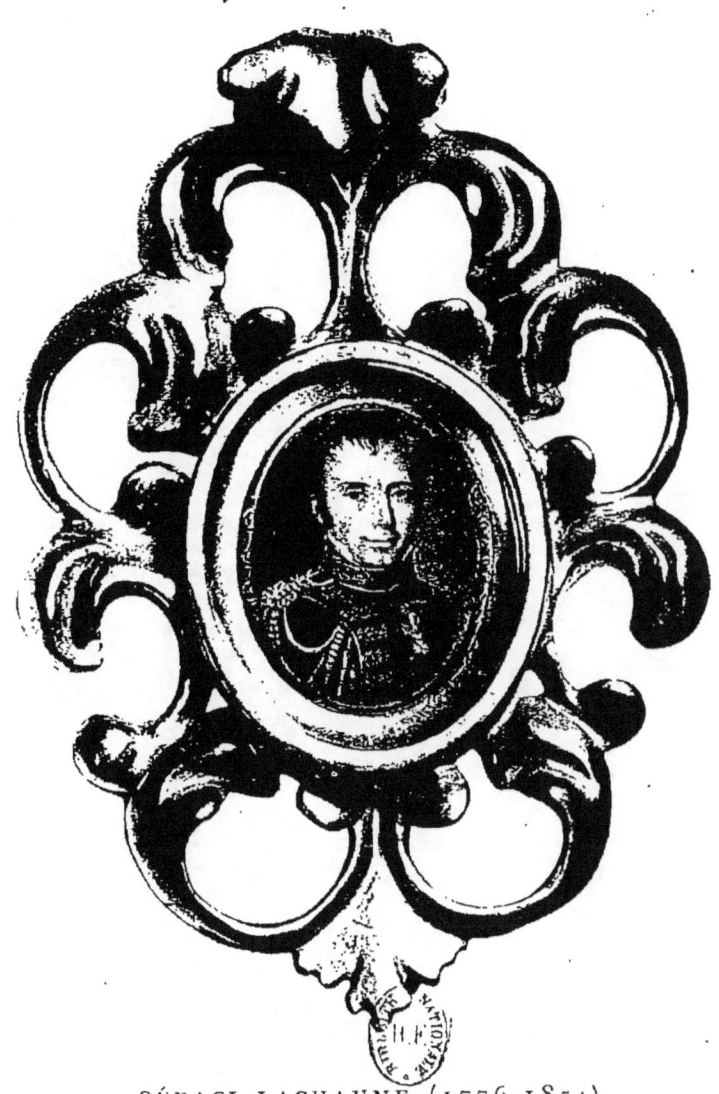

SÉRACI LACHAUME (1776-1854)

Chevalier de la Légion d'honneur, ancien chirurgien des armées
de l'Empire, maire de Saint-Ouen (1826-1831).

(D'après une miniature appartenant à Mme Lubeck.)

CHAPITRE IV

Séraci Lachaume. — État de la vicinalité. — La maison Commune. — Proposition Ardoin, Hubbard et Cie. — L'île Saint-Ouen. — Projet d'une nouvelle délimitation territoriale. — La cloche. — Projet d'un octroi. — Création des distributions de prix. — Nouveaux projets. — Acquisition de la maison Poirié, — de la maison Valois. — L'escalier de la ravine. — Indications des rues. — Numérotage des maisons. — Ancien usage. — État civil. — Vaccinations. — Taxes mortuaires.

Lachaume Séraci, chevalier de la Légion d'honneur, qui succéda à J.-B. Poirié dans les fonctions de maire de Saint-Ouen, le 18 mars 1826, n'était point originaire de la localité.

Ancien chirurgien des armées de l'Empire, il avait fait la malheureuse campagne de Russie et faillit mourir de faim, lors de la désastreuse retraite de l'hiver de 1813. Pendant trois jours il ne vécut que de chènevis, ce qui plus tard lui faisait dire, fort plaisamment, que s'il n'était pas tout à fait serin, cela ne provenait pas de la nourriture dont il avait été obligé de s'alimenter.

Des raisons de santé l'avaient amené dans la commune, où il habitait une modeste mais vaste maison, 23, rue du Landy.

Lorsqu'il fut nommé par le gouvernement de Charles X maire de la commune, il était jeune encore. Il n'allait pas tarder à donner des preuves de son activité et de son savoir-faire, en compagnie de son ami Valois entré en même temps que lui au Conseil et qu'il installa dans ses nouvelles fonctions, le 7 mai 1826, après avoir reçu son serment de fidélité au roi, à la charte constitutionnelle et aux lois du royaume [1].

A la place du débonnaire et temporisateur J.-B. Poirié, nous allons avoir un maire actif, entreprenant, heureux, qui réussira à sortir la commune de l'ornière où elle croupissait.

Il va faire paver ses rues, songer à les éclairer, la doter des édifices communaux dont elle avait un besoin urgent, embellir ses places, et contribuer, dans la mesure de ses moyens, à la réussite de ce grand événement local que fut la création de la gare d'eau et du port.

Séraci Lachaume est un des trois hommes qui, dans le cours de la période que nous étudions, s'intéresseront le plus au développement et à la prospérité de Saint-Ouen.

Il est le premier par ordre de date et par l'importance des travaux entrepris sous son initiative, à avoir eu une conscience très nette de la situation qu'il occupait, et des devoirs lui incombant, dans

---

1. Archives de la Seine, *Administration*, carton O-7.

l'intérêt bien compris de ses administrés et de la commune.

Sa carrière administrative devait être courte mais très remplie. Son premier souci, une fois investi de la confiance du gouvernement, fut d'améliorer la viabilité des rues communales, laquelle laissait beaucoup à désirer, et aurait pu « à la fin, éloigner du village » les amateurs des promenades romantiques ou plus prosaïquement ceux des plaisirs champêtres, dont la localité présentait avec son île une grande variété [1].

Les intérêts de la commune et ceux des habitants allaient être sauvegardés sans plus tarder.

Il fit observer à ses conseillers, lors de la séance du 7 mai 1826, qu'il était nécessaire d'améliorer la vicinalité de « cette commune aux portes de la capitale, dans une situation des plus avantageuses de la banlieue, que tous les amateurs de bon air et de voisinage de Paris rechercheraient, quand la voie publique en rendrait l'accessibilité commode et le séjour agréable, mais que dans l'état actuel de dégradation où elle se trouvait, ses rues étaient effrayantes et dangereuses, même pour les habitants accoutumés; que ses rues pavées exigeaient un remaniement et des rebouchages considérables » [2].

Il fallait donc aller au plus pressé, et commencer immédiatement les travaux de voirie les plus urgents. Le devis qu'il fit dresser par M. Molinos, architecte des communes rurales de l'arrondissement de Saint-Denis, comprenait comme minimum une dé-

---

1. Archives de la Mairie : *Délibérations*, Reg. I.
2. *Ibid.*

pense de 15.725 fr. 49 pour « réparations à faire au pavage seulement des rues du Landy, de Paris, de Saint-Denis, des Châteaux, des vieux Châteaux, du Paradis, Dumoutier, du Four, aux Vaches, à la place près le calvaire, à la place devant l'église ». La réfection totale du pavé communal eût coûté 50.000 francs. Bien entendu on n'envisagea qu'une réfection partielle.

Pour examiner la situation et prendre les mesures qu'elle comportait, il fit convoquer le 7 mai 1826 les dix plus imposés : MM. Ferbach Ignace, représentant de Mme du Cayla; baron Ternaux Guillaume-Louis; Ternaux Louis, fils; Crétu Gabriel-Dorothée; Vallet Louis-Nicolas; Delacroix Michel-Sébastien; Legrand Guillaume; Huguet Dominique; Bourgogne Nicolas; Compoint Louis-Augustin.

Tous consentirent à une surimposition de 9.125 fr.43 à répartir sur les années 1827, 1828, 1829 et 1830 pour l'exécution des travaux projetés, et chargèrent le maire d'obtenir des pouvoirs publics le complément de la somme nécessaire, soit 6.000 francs.

Quelques jours plus tard, le 13 mai, il fut décidé que, pour éviter tout acte de sabotage, les travaux seraient faits sous la surveillance des conseillers qui, spontanément, offrirent leur concours.

En attendant d'être en mesure de faire ces gros travaux de voirie, le maire commença par des réparations, moins dispendieuses pour les finances, mais non moins urgentes. Il fit réparer le mur du cimetière « dont une partie tombe de vétusté » et reprit à son compte, mais en le modifiant, le projet de son prédécesseur J.-B. Poirié, dont l'intention avait été de planter une haie vive sur la place de l'Église. Le 9 mai 1827, on décida « que sur l'observation de plusieurs habitants, concernant l'inutilité de cette plantation, » le projet primitif serait remplacé par un autre consistant « à placer une barrière avec des sièges devant l'église et au bord de la Seine »[1]. Ce nouveau projet joignait ainsi l'utile à l'agréable et ne devait coûter que 300 francs de plus.

Cette affaire réglée, le maire eut à s'occuper d'une autre plus importante réclamant une solution immédiate. Il s'agissait de trouver un local pour installer la mairie, attendu « que le bâtiment servant à l'usage de la maison commune et de la salle de mairie avait été repris dès le 15 février 1826 »[2].

Le propriétaire en question était J.-B. Poirié. En cessant ses fonctions de maire, il voulait conserver, pour son usage personnel, la totalité de la vaste maison qu'il habitait, rue Dumoutier, et dont il louait une partie à la commune, depuis une éternité, pour la modique somme de 120 francs par an.

La mairie fut provisoirement installée en mai 1826, dans la maison du sieur Gendron, rue du Château, moyennant un loyer annuel de 200 francs.

On vota une somme de 202 fr. 50 pour la meubler sommairement. Le précédent maire ayant offert jusqu'à ce jour une hospitalité tout écossaise à ses collègues et à ses administrés, il fallait songer à s'installer, à se mettre dans ses meubles. On proposa donc d'acheter « une armoire en frêne à deux vantaux avec

---

1. Archives de la Mairie : *Délibérations*, Reg. I.
2. *Ibid*.

tiroirs, rayons et fermée à clef » pour y déposer les archives, journaux, et toutes les paperasseries administratives; « de plus quinze chaises du prix de 1 fr. 50 l'une; deux flambeaux, deux fauteuils et quelques rayons à poser dans la salle, le tout pour la somme de 202 fr. 50 [1]. »

Tel est l'inventaire du mobilier de notre premier bureau municipal, dont il semble bien que tout luxe était soigneusement banni.

Quant à la maison commune, provisoirement installée dans l'immeuble Gendron, sa situation n'était guère plus brillante que celle du mobilier. Les conseillers se trouvaient exposés à la merci ou au caprice du propriétaire qui, chaque trimestre, avait le droit de leur donner congé, la maison étant louée sans bail.

Le maire ne pouvant, avec juste raison, se contenter plus longtemps de cette situation incertaine, se tira d'affaire en louant à bail pour trois, six ou neuf années, la maison presbytérale et la maison des écoles et des instituteurs, lesquelles, jusqu'à ce jour, étaient louées « par convention verbale » tout comme l'ex-mairie.

Cet immeuble situé à proximité de l'église, comprenait deux corps de bâtiments, composés chacun de deux étages. Le bâtiment de gauche était loué 300 francs et réservé au curé; celui de droite 200 francs et était occupé par les écoles et le logement de l'instituteur. Il restait encore deux pièces au second étage, de gauche et de droite. Les premières servaient à

---

[1]. Archives de la Mairie : *Délibérations*, Reg. I.

la fabrique pour serrer les ornements ; les secondes composaient le logement de M. Lance, instituteur.

L'opération du nouveau maire Lachaume était donc excellente à tous points de vue, et devait lui faciliter considérablement l'acquisition de cet immeuble à la mort de J.-B. Poirié quand, sur l'invitation du sous-préfet de Saint-Denis, M. de Jessaint, il devra songer à installer d'une façon stable, dans un local *ad hoc*, les différents services municipaux.

Cette acquisition devait se faire presque sans bourse délier, grâce à l'heureuse combinaison financière longuement exposée par le maire, le 1er mai 1827, proposée par MM. Ardoin, Hubbard et Cie, en échange de trois chemins communaux nécessaires à la création de la gare d'eau, laquelle en amorçant un quartier nouveau, dit du Port, allait en partie changer la physionomie de la commune [1].

Le maire exposa ainsi la chose :

Messieurs les membres du conseil,

Je me suis fait un devoir de vous avertir officieusement que la Compagnie d'entreprise de la gare et du Port projetés à Saint-Ouen, serait inévitablement forcée tôt ou tard à nous demander à acquérir notre chemin du Landy, dit de Clichy, qui faciliterait l'exploitation de toutes les propriétés de cette partie de la commune, que cette Compagnie possède actuellement en totalité et sans division.

Je vous ai engagé à considérer l'étendue du terrain occupé par le chemin, et d'en faire entre vous l'évaluation approximative, en ayant égard à sa convenance pour la Cie qui au moyen de son acquisition n'aurait plus aucun obstacle dans l'exécution de sa grande et précieuse entreprise.

---

1. Archives de la Mairie : *Délibérations*, Reg. I.

Je vous ai invités à vous bien pénétrer que vous êtes les tuteurs d'honneur des intérêts de la commune et que, comme tels, vous deviez saisir avec empressement toutes les occasions pour en relever les ressources, sans les compromettre par des exigences outrées, et que pour obtenir ce résultat il fallait agir avec notre prudence accoutumée. La question que je vais soumettre à votre délibération n'est donc pas neuve pour vous, puisque dans nos entretiens familiers, je vous l'ai représentée plusieurs fois comme une probabilité.

Comme cette concession se rattache à l'intérêt local actuel et à venir de notre commune et à celui du commerce et de l'industrie en général, que nous devons favoriser de tout notre pouvoir, j'ai dû éclairer votre détermination par l'estimation du terrain qu'occupe ledit chemin, constatée dans un rapport d'un architecte-voyer de l'arrondissement, ce rapport est sous vos yeux : ce chemin traverse la propriété de la Cie Ardoin-Hubbard dans une étendue de 820 mètres environ en longueur, sur 9 mètres de largeur. Aucun propriétaire n'a et ne peut avoir intérêt à passer par ce chemin plutôt que par tout autre, pour l'exploitation des terres au delà de celles de MM. Ardoin, Hubbard, ainsi qu'il est démontré par le plan que vous allez examiner...

MM. Ardoin, Hubbard et Cie m'ont adressé une demande en date d'hier 30 avril, avec un plan y annexé, tendant à obtenir de la commune, la concession degrevée de toutes charges, de servitudes et en toute propriété, de la partie du chemin... du Landy, dit de Clichy... et de celui des Carreaux. Ils offrent en échange deux autres chemins qui seraient chemins communaux.

Par cet échange MM. Ardoin, Hubbard feraient un bénéfice d'environ 2.500 mètres superficiels de terrain, outre les avantages de la convenance. Vous voyez qu'un de ces chemins serait ouvert sur la route royale du Bois de Boulogne à Saint-Denis, à environ 530 mètres du chemin actuel du Landy et que sa longueur n'étant que d'environ 340 mètres, les propriétaires n'auraient pas de chemin à faire de plus, et qu'ils éviteraient en compensation près de 700 mètres de chemin boueux et très laborieux pour eux, par le temps humide.

L'autre chemin nouveau présente un avantage réel par son redressement.

Le nouveau chemin des Carreaux offert en remplacement de l'ancien présenterait à peu près le même résultat. MM. Ardoin, Hubbard et Cie, appréciant les convenances du chemin du Landy et celles des deux autres accessoirement, qui coupent leur propriété, proposent à la commune, outre les nouveaux chemins qui resteraient communaux, la somme de trente-cinq mille francs pour prix de cette concession, et de plus une cloche du poids de douze cents livres environ, pour son Église, qui attesterait l'ouverture solennelle du port de Saint-Ouen.

Vous remarquerez, Messieurs, la différence du prix d'estimation avec le prix offert. Les offres de MM. Ardoin, Hubbard et Cie présentent, à mon avis, générosité et noblesse envers la commune; votre sagesse en appréciera les conséquences. Je ne puis que vous engager à répondre convenablement.

L'exposé du maire eut le résultat qu'il souhaitait et son Conseil, après de nombreux considérants sur l'utilité de la proposition, lui donna carte blanche en l'autorisant « pour cette grande entreprise industrielle de Saint-Ouen, au nom et dans l'intérêt de la commune, à souscrire tous actes légaux et réguliers pour rendre la dite concession irrévocable des terrains désignés plus haut, qui seront donnés en toute propriété et dégagés de toutes servitudes à MM. Ardoin, Hubbard et Cie » « pour le prix de 35.000 francs et le don de la cloche »[1].

Tous les conseillers municipaux assistaient à cette importante séance du 1er mai 1827, dont les conséquences devaient être très grandes pour l'avenir de la commune, malgré les avatars qui, dix ans plus tard,

---

[1]. Archives de la Mairie : *Délibérations*, Reg. I.

le 5 août 1837, obligeront la compagnie concessionnaire à vendre à une autre société « l'une des plus belles constructions des environs de Paris »[1].

Nous connaissons déjà MM. Gabriel Vallet, Valois l'aîné, L.-N. Compoint, Chevalier, Le Maître, L. Compoint, N. Bourdin, T. Daunay, Lachaume, maire, qui tous signèrent le procès-verbal de la séance. Il fut encore convenu que, sitôt versés à la commune, les 35.000 francs « seraient convertis en rente 5 o/o consolidée de la dette publique afin de rendre cette somme fructueuse autant que possible, au lieu d'être placée à la caisse des consignations où ces capitaux ne produiraient que 3 1/2 p. o/o ».

Les intérêts financiers de la commune ainsi ménagés, le maire s'occupa de les accroître encore, en soulevant un point de droit communal assez curieux. Bien qu'il ne réussît pas dans sa tentative d'annexion de l'Ile Saint-Ouen à la commune, ni dans celle d'agrandissement du territoire communal, ces questions sont cependant intéressantes à étudier et valent la peine de s'y arrêter.

Le 3 mai 1827, « le maire rappelle au Conseil que l'île en face de la commune et dénommée Ile de Saint-Ouen fait partie de la commune de l'Ile de Saint-Denis...

« Cette île est très fréquentée durant la belle saison par les nageurs, baigneurs et les promeneurs de Paris et autres lieux, qui la recherchent en raison des fêtes favorables qu'elle présente dans sa partie supérieure pour ces sortes d'exercices, et la certitude de trouver au retour de ces exercices à Saint-Ouen, des restaurants qui leur offrent toutes les ressources de

---

1. *Le Moniteur universel*, 7 juillet 1837, p. 1787.

réparation vitale. Tous passent par le port de Saint-Ouen pour aller et revenir parce qu'il n'existe aucun autre lieu de passage certain pour cette île.

Il y a peu d'années le bal champêtre des fêtes de Saint-Ouen se tenait toujours sous les arbres de la grande allée du Moulin de Cage, il n'y eut jamais contestation à cet égard. Les amateurs de danse qui affluaient de toutes parts se donnaient rendez-vous à l'Ile Saint-Ouen et personne ne s'y méprenait.

Aujourd'hui encore tout ce qui se rapporte à cette île, soit naufrage, submersion, contestations, épaves, etc., etc., tout est déclaré, déposé, réclamé à Saint-Ouen, sans que jamais personne songe qu'elle appartienne à une autre juridiction communale, et l'habitude en est tellement grande, qu'il y aurait en quelque sorte violence dans la contrainte de changement d'usage.

Chacun est étonné en voyant la situation relative de cette île avec Saint-Ouen, qu'elle fasse partie de la commune de l'île Saint-Denis, qui en reçoit les contributions, tandis que nous en avons toutes les charges d'administration, de sûreté et de secours. Il suffirait d'ouvrir le registre des procès-verbaux de la commune pour s'assurer de la réalité de tous ces faits. Néanmoins tous ces procès-verbaux constatant des événements arrivés en dehors des limites de la commune sont entachés de nullité, parce que la juridiction des maires ne s'étend pas au delà de la circonscription respective.

Tout en reconnaissant l'illégalité de nos actes, pourrions-nous sans répugnance, sans regrets renvoyer à la mairie de l'Isle Saint-Denis pour demander des soins, desquels la vie peut dépendre, exigés par un malheur qui vient de se passer sous nos yeux, et lorsqu'ils sont réclamés à l'autorité et à la bienfaisance locale de Saint-Ouen. L'humanité commande dans ce cas qu'on s'écarte de la règle commune; mais ces cas sont trop fréquents, pour que notre devoir ne nous prescrive d'en avertir l'autorité supérieure, en signalant ces infractions qu'elle n'a peut-être pas aperçues; ou si elle les a remarquées, elle les a tolérées comme une nécessité inévitablement entachée d'un vice de circonscription communale.

Qu'on demande à M. le Maire de l'Isle Saint-Denis quelle surveillance, quelles précautions, quels secours il administre dans cette île; il répondra nécessairement qu'il ne s'en occupe pas et qu'il ne peut pas s'en occuper, attendu son éloignement des lieux fréquentés.

Il suffit de voir le plan figuratif pour reconnaître que la place devant l'Église de Saint-Ouen, domine cette île, comme le grand balcon des Tuileries domine la place de ce palais et celle du Carrousel, et la ressemblance de situation doit déterminer les mêmes dépendances de relation.

M. Ternaux qui a établi dans cette île un lavoir à laines, y donne ses ordres de son parc, avec autant de facilités que s'il était dans la cour de sa maison.

Tout ce qui précède démontre suffisamment que cette île, qui fit partie autrefois de la commune de Saint-Ouen, doit rentrer dans sa dépendance primitive, et en eût-elle été détachée toujours, qu'il conviendrait encore de l'agréger à cette commune, parce que ses rapports avec elle sont les plus commodes, les plus fréquents, les plus nécessaires, et les plus possibles, en raison du bac établi à son port et d'une foule de bateaux qui en offrent les moyens qu'on ne trouve nulle autre part.

D'après toutes ces considérations, M. le Maire propose au Conseil municipal, de l'autoriser à solliciter la réunion de cette île à notre commune, ne serait-ce que pour valider les actes qu'elle nous expose à devoir faire journellement [1]... »

Le Conseil acquiesça, cela va sans dire, à cette éloquente démonstration de rattacher, au point de vue administratif, l'Ile Saint-Ouen à la commune; il donna pleins pouvoirs au maire pour arriver à ce résultat qui, au point de vue financier, intentionnellement laissé dans l'ombre, eût été aussi une bonne opération.

---

1. Archives de la Mairie : *Délibérations*, Reg. I.

Mais l'administration supérieure resta sourde à toutes les sollicitations du Conseil, à toutes les démarches du maire, et les multiples raisons qui militaient cependant en faveur de sa thèse, n'aboutirent qu'à une fin de non-recevoir.

L'Ile Saint-Ouen resta sous la tutelle administrative de l'Ile Saint-Denis, en attendant de faire partie intégrante de son territoire, par suite de la suppression du petit bras de la Seine, lors de l'exhaussement de son sol, pour la construction des ponts en 1852 [1].

Le refus administratif n'était point encore parvenu au maire que, quelques jours plus tard, le 9 mai, il proposait à son Conseil une autre opération tout aussi audacieuse, destinée également dans son esprit à agrandir le territoire communal, du côté de Saint-Denis, en lui rendant ses anciennes limites du XVIIe siècle.

Il eut soin d'appuyer son argumentation de considérations topographiques, historiques, économiques qui semblaient devoir être irréfutables.

« Il expose qu'actuellement le village de Saint-Ouen est borné au sud par le parc de Mme la comtesse du Cayla, à l'ouest par la Seine, au nord par l'escarpement qui longe la Seine et le parc de M. Ternaux et à l'est par un plateau très large, légèrement incliné vers la route royale de Saint-Denis à Neuilly. Il est la ressource unique de son développement qui s'opère sensiblement depuis quelques années.

« ... Autrefois le territoire de Saint-Ouen s'éten-

---

1. Fernand Bournon, *L'Ile Saint-Denis*, p. 17.

dait jusqu'aux fossés de la ville de Saint-Denis ; il fut mutilé vers l'an 1697 par le seigneur de Saint-Ouen, qui céda aux moines seigneurs de Saint-Denis, toute la partie de terrain de ce plateau... à partir du coin de la rue du Landy sur la route Royale... figurée par une ligne conventionnelle qui coupe obliquement une centaine de propriétés... à travers champs et sans démarcation visible, en telle sorte que la charrue comme la bêche passent indifféremment d'un territoire à l'autre [1]. »

Le maire faisait encore observer que « le terrain ainsi revendiqué, et qui constitue les deux tiers du plateau, appartient aux habitants de Saint-Ouen qui le cultivent en presque totalité...

« En sollicitant la rétrocession d'une partie de son ancien territoire... la commune ne fera que témoigner le besoin d'être moins resserrée dans sa circonscription, de régulariser l'ensemble des propriétés particulières, actuellement morcelées à deux pas de son église, et d'obtenir les limites naturelles qui auraient dû servir de règle, lors de la concession de 1697...

« De plus les habitants propriétaires ne seraient plus obligés de se déplacer pour payer les contributions à Saint-Denis...

« Cette rétrocession de territoire serait une compensation à certains sacrifices consentis, attendu que l'agriculture de la commune éprouve en ce moment une perte d'environ 250 arpents de son terrain, destinés à l'ouverture de la gare et du port [2]... »

---

[1]. Archives de la Mairie : *Délibérations*, Reg. I.
[2]. *Ibid.*

Pour tous ces motifs d'intérêt supérieur, le maire propose au Conseil de l'autoriser à solliciter la régularisation de la circonscription communale...

L'autorisation sollicitée fut bien votée à l'unanimité par le Conseil... et l'affaire en resta là...

Une fois encore l'administration devait rester insensible à toutes les excellentes raisons municipales et le maire en fut pour ses frais d'éloquence et d'érudition.

Mais, en attendant d'être informé officiellement du refus administratif, Séraci Lachaume allait de l'avant et trouvait de quoi occuper son activité.

En 1827, il fit élargir les caniveaux de la plupart des rues communales, réparer la couverture de l'église et la flèche du clocher [1].

Il engagea des pourparlers avec M. Osmond du Bois, fondeur du roi, « pour examiner la cloche actuelle qui se trouve fort endommagée et en danger de se rompre avant un an, par l'effet d'un vice de position et de la disproportion de son battant. »

Son Conseil le laissa faire et vota le 22 septembre la somme de 360 francs, prix de la réparation [2]. Mais lorsqu'il lui proposa la création d'un octroi, dans le but unique d'augmenter les ressources de la commune, il se récria et se montra absolument réfractaire à cette idée.

Le maire ne put, en conséquence, donner une réponse favorable à la lettre du sous-préfet de Saint-Denis, datée du 27 septembre 1827, lequel voyait,

---

1. Archives de la Mairie : *Délibérations*, Reg. I.
2. Archives de la Seine : *Administration communale*, carton O-3.

dans la création de droits d'octroi sur les vins, un moyen pratique d'augmenter les recettes du budget. Cette augmentation aurait permis d'améliorer la situation de la commune « qui n'a point de presbytère, ni de maison commune, ni d'école; dont les rues ne sont pas éclairées ni même complètement pavées »[1].

Le moment était opportun d'envisager la création d'un octroi à Saint-Ouen, par suite « du grand nombre d'ouvriers qui y séjournent pendant la saison des travaux », augmentant considérablement la consommation dans la commune « et qui supporteraient en définitive une grande partie de la taxe projetée »[2].

Pour appuyer les dires du sous-préfet, le maire fit encore observer « qu'un millier d'ouvriers employés aux travaux du port, consomment plus de 600 hectolitres de vin par mois »; que ces travaux peuvent durer des années; qu'un modique droit de 75 centimes par hectolitre assurerait un revenu annuel de 5.000 francs; que cette contribution serait imperceptible pour les consommateurs et, au contraire, constituerait « une ressource prodigieuse pour la commune ». Il donna mille bonnes raisons encore, en faveur de la création d'un octroi, mais ne put triompher de l'opiniâtreté du Conseil « qui a déclaré à la majorité absolue, qu'il n'y avait pas lieu à l'établissement dudit octroi, auquel il ne peut consentir, ne voulant pas assujettir les habitants à ce genre de contributions, la population étant inférieure au nombre voulu par la loi »[3].

---

1. Archives de la Mairie : *Délibérations*, Reg. I.
2. *Ibid.*
3. *Ibid.*

Pour la deuxième fois, le projet de création d'un octroi était encore à terre.

En gens pratiques, en paysans madrés, les conseillers jugèrent que les travaux du port ne dureraient pas toujours, tandis que les droits d'octroi, une fois établis sur les vins, non seulement seraient maintenus, mais encore pourraient aller en augmentant, et s'étendre un jour à tous les produits de consommation courante. Mieux valait pour la commune avoir des revenus moindres, que de chercher à les augmenter aux dépens des habitants. C'était simple mais logique.

Le maire prit son parti de la décision du Conseil, et chercha alors à faire des économies, en achetant « des pavés de rebut » au lieu de pavés neufs, pour la réfection de la rue du Landy.

Il trouva même encore 50 francs pour distribuer des récompenses aux écoliers, jugeant nécessaire « d'exciter l'émulation des enfants pour leur instruction, par quelque prime d'encouragement, consistant en livres reliés ou autres objets analogues »[1].

Le maire Lachaume doit donc être considéré comme le véritable créateur des distributions de prix, dont le principe fut adopté par le Conseil, le 1er mai 1828.

A la suite de ce petit succès et après avoir refusé, en hygiéniste compétent, d'accorder dans le cimetière « des concessions à temps ou perpétuelles, vu l'exiguïté du lieu et l'accroissement progressif de la population », il décida de frapper un grand coup et d'assurer enfin une stabilité durable aux différents services municipaux.

---

1. Archives de la Mairie : *Délibérations*, Reg. I.

Le 5 février 1829, après avoir rappelé à ses conseillers les grands travaux de pavage exécutés, les réparations faites à l'église, au clocher et à la cloche; après avoir constaté « que toutes les avenues ont été améliorées et sont facilement accessibles, que les rues ne sont plus fangeuses », il leur dit : « J'ai signalé à plusieurs reprises, à votre sollicitude, les besoins plus ou moins pressants à satisfaire, et je vais vous les retracer de nouveau, dans l'ordre successif, en raison de leur urgence [1].

« Nous avons besoin : 1° d'un presbytère; 2° d'une mairie; 3° d'une maison pour les écoles; 4° d'un puits à pompe sur la place centrale, pour les cas d'incendie, etc.; 5° de deux abreuvoirs pour la sûreté des animaux sur rive de Seine; 6° d'une addition de terrain au cimetière. »

Le programme municipal ainsi présenté était vraiment colossal, d'une réalisation immédiate impossible. Il y avait de quoi épouvanter les tempéraments les mieux trempés, à plus forte raison nos timides hobereaux; aussi le maire s'empressa-t-il de les rassurer en ajoutant : « Ces six objets à la fois présenteraient un tableau effrayant de dépenses; mais il n'en sera pas de même en les traitant un à un. »

Aussi habile dans l'art de sérier les questions que de les traiter, il leur fait part, tout de go, des pourparlers qu'il a engagés avec la veuve du maire Poirié, dame Françoise-Victoire Dené. « J'ai cru devoir m'empresser d'accepter provisoirement la promesse de vente de sa maison, sise rue de l'Église, que nous

---

[1]. Archives de la Mairie : *Délibérations*, Reg. I.

lui louons, et qui est occupée en ce moment par M. le curé, les écoles avec leurs instituteurs [1]. »

Cette promesse de vente était faite aux conditions suivantes : 6.000 francs à payer aux héritiers de la vendresse (sic) après son décès et une rente viagère de 800 francs à lui servir jusqu'à sa mort. L'opération en somme était avantageuse, « attendu l'âge de la vendresse », et ne grevait le budget communal que d'un supplément de 200 francs, puisque la commune payait déjà à Mme Vve Poirié 600 francs pour le logement du curé, des instituteurs et des écoles.

Les fonds libres communaux pouvaient supporter ce surcroît de dépenses. Quant aux 6.000 francs à payer aux héritiers et quant aux frais d'actes, il pensait « les obtenir de l'administration supérieure ».

C'était presque une opération blanche que faisait la commune, grâce à l'initiative du maire qui songeait déjà à installer prochainement la mairie dans la maison Poirié, sitôt la réussite d'un autre projet qu'il caressait et dont il entretint ses collègues le 2 mai 1829.

Il ne s'agissait rien moins cette fois, que d'acquérir l'ancien presbytère dont M. Valois, conseiller municipal, était propriétaire et qu'il offrait à la commune pour la somme totale, tous frais payés, de 17.051 francs.

La propriété Valois était contiguë à la maison Poirié, elle servait de trait d'union entre l'église et les écoles, ces différents immeubles ne formaient pour ainsi dire qu'un bloc.

Le maire dut faire jouer tous les ressorts de sa di-

---

[1]. Archives de la Mairie ; *Délibérations*, Reg. 1.

plomatie pour enlever la situation, c'est-à-dire le vote de ses conseillers, lesquels devaient être abasourdis de tant de projets successifs, tous plus audacieux les uns que les autres, encore que très utiles, mais pour la réalisation desquels ne les avait pas préparés l'inertie administrative du précédent maire.

Une fois encore Séraci Lachaume démontra à ses collègues, avec beaucoup d'opportunité, le 2 mai 1829, les inconvénients nombreux de voir les services municipaux installés dans des immeubles n'appartenant pas à la commune, mais simplement loués à des particuliers. « Ces locations, leur dit-il, constituent un état de gêne et d'incertitude, d'autant plus fâcheux que chaque année nous sommes exposés, par l'effet du caprice des propriétaires ou d'aliénation, à être expulsés des lieux dont les besoins des services respectifs exigent la fixité [1]. »

Il fallait donc faire pour le presbytère ce que les conseillers avaient décidé d'accomplir dans la séance du 5 février pour la mairie, les écoles et le logement des instituteurs.

A cette raison d'ordre général s'en ajoutait une autre qui avait bien sa valeur.

En vertu des lois de mitoyenneté, les murs de l'église, du côté de la propriété Valois, étaient constamment dégradés par les arbres fruitiers et d'agrément qui y étaient attachés « en forme d'espalier ». Pour supprimer cette servitude, il était nécessaire d'acquérir le presbytère et de le rendre à son ancienne destination.

---

1. Archives de la Mairie : *Délibérations*, Reg. I.

Comme dernier argument le maire fit savoir que « la haute administration était aussi désireuse que nous tous, de savoir notre pasteur invariablement fixé dans un logement *ad hoc*... » et qu'elle était disposée à contribuer, pour une large part, dans le paiement des 16.000 francs réclamés par M. Valois [1].

« Mes pressantes sollicitations, continue-t-il, ont été écoutées avec cette bienveillance habituelle à la préfecture de la Seine, qui m'a fait espérer un secours correspondant à la moitié du prix définitif de l'immeuble calculé à 17.051 francs, frais d'actes compris, c'est-à-dire que cette somme sera de 8.525 fr. 50. »

Pour avoir pareille somme restant au compte de la commune, le maire proposa « de réaliser le capital au moyen d'aliénation d'une partie des rentes communales sur l'État, qui seraient vendues au cours de la Bourse de Paris à l'échéance du paiement » [2].

Il avait eu soin de tellement bien dorer la pilule, que les conseillers l'avalèrent sans sourciller, et votèrent tout ce qu'il désirait, considérant « qu'au moyen d'une économie sévère des deniers communaux, on pourra faire face aux besoins pressants, et que la commune doit faire un effort pour rentrer dans la propriété dont elle n'aurait jamais dû être privée » [3].

Séraci Lachaume ne menait pas ses collègues par le bout du nez, à proprement parler, mais il leur avait donné déjà tant de preuves de son savoir-faire, qu'il en faisait à peu près ce qu'il voulait. Il avait soin d'ailleurs de leur présenter des combinaisons telle-

---

1. Archives de la Mairie : *Délibérations*, Reg. I.
2. *Ibid.*
3. *Ibid.*

ment avantageuses que, malgré les sommes relativement énormes dont il avait besoin pour la réalisation de ses réformes municipales, il obtenait toujours la confiance de son Conseil. Reconnaissons qu'il en était digne, et que ses grands projets ne lui faisaient pas négliger les autres intérêts de la commune.

C'est ainsi que, dans la même séance où il avait obtenu de ses conseillers, l'autorisation d'acheter le presbytère, il leur fit part des réparations urgentes qu'il entendait faire à l'escalier de descente, construit en 1823 par M. Albrecht, le long du mur de la terrasse de sa propriété, dans la ravine du Moutier. Journellement dégradé par le passage des vaches allant boire à la Seine, « il était emprunté également par les porteurs d'eau qui se trouvaient quelquefois en danger d'y disputer leur passage avec elles, inconvénient très grave qu'il faut s'empresser de faire cesser, en établissant une barrière qui empêche à l'avenir les vaches de pénétrer dans cet escalier, et de le réserver aux besoins exclusifs de l'homme »[1].

Un mur de séparation fut construit par le milieu du chemin et remédia à l'inconvénient signalé. La sécurité devint absolue pour les porteurs d'eau, par l'établissement de tourniquets à l'entrée et à la sortie de l'escalier.

Sûrs de ne plus être en butte à l'humeur belliqueuse des vaches, ils purent désormais exécuter leur corvée avec une précision toute mathématique puisque, toujours dans la même séance, laquelle peut compter

---

[1]. Archives de la Mairie : *Délibérations*, Reg. I.

dans les fastes audoniens, le numérotage des maisons et la dénomination des rues « au commencement et à la fin de chacune d'elles » furent décidés, suivant le désir des habitants.

Le sieur Armand Félix, peintre, se chargea, pour le prix de 100 francs net, de faire « le cadre ou écusson propre à l'inscription des rues ou des numéros »[1].

La même séance nous apprend encore que le Conseil fit acte d'humanité envers M. Lance, instituteur, malade et nécessiteux « à qui le maire avait donné la somme de cent francs » pour pouvoir se faire transporter à Saint-Denis avec son petit mobilier.

Par contre, ce même Conseil faillit, à propos d'une réclamation des habitants, se brouiller avec son curé, auquel il venait cependant de voter une augmentation d'indemnité de logement. Il réclamait le rétablissement de « l'ancien usage de la sonnerie de la cloche en volée, pour la rentrée des écoles, à huit heures, le matin, et pour leur sortie, à onze heures, comme présentant le double avantage de l'appel des élèves et de régler les heures des cultivateurs occupés dans les champs les plus éloignés »[2].

Mais le curé ne voulait rien rétablir du tout, malgré l'observation du maire lui faisant remarquer « que les contribuables ont voulu des cloches fortes pour être entendues du plus loin possible, pour répondre à tous les besoins, civils et religieux des habitants, et qu'il serait injuste de continuer à les priver des avantages que les cloches peuvent leur offrir journellement, lors-

---

1. Archives de la Mairie : *Délibérations*, Reg. I.
2. *Ibid.*

qu'ils contribuent de leurs deniers à toutes les dépenses d'édification, de réparations, d'entretien et du salaire du sonneur »[1].

Ce dernier recevait effectivement de la commune un traitement annuel de 75 francs.

La demande du Conseil n'avait rien de subversif et le maire prenait encore la précaution de bien spécifier « que personne ne veut troubler l'ordre des services religieux; qu'au contraire, chacun veut les respecter; mais qu'on peut néanmoins rétablir l'ancien usage de la cloche en volée, sans nuire en aucune manière au service du culte ».

Ce fut aussi l'avis du préfet de la Seine qui, le 3 juin 1829, approuva la réclamation des habitants et leur donna gain de cause, nonobstant l'opinion première du desservant. A la réflexion, il était enfin revenu sur son refus d'autoriser la sonnerie des cloches, après une dernière démarche du maire.

Le curé Serreau, qui se montrait si peu reconnaissant de tout ce que le Conseil, animé des meilleures intentions, avait fait ou allait faire en sa faveur, n'était pas un monsieur commode. Il venait de prouver, par un premier exemple, son mauvais caractère; nous le verrons en 1830, après les événements de juillet, donner du fil à retordre au maire. Moins intransigeant que le curé sur le régime politique, il servira le gouvernement de Louis-Philippe avec autant de loyalisme que celui de Charles X, dont M. Serreau regrettait un peu trop ouvertement la chute.

Avant de raconter les événements locaux, qui

---

[1]. Archives de la Mairie : *Délibérations*, Reg. I.

marquèrent l'arrivée au pouvoir du roi des Français et les démêlés qui en résultèrent, entre le maire et le curé, je dois dire quelques mots de certaines mesures administratives prises par Séraci Lachaume, lequel, au point de vue municipal, a été l'un des plus grands réformateurs et l'un des plus entreprenants maires de Saint-Ouen.

En fin d'année 1829, le 31 décembre, il fit dresser le tableau complet des quatorze rues du village, dont il donne les noms, les tenants et aboutissants et jusqu'à la largeur de chacune d'elles [1]. Puis, un peu plus tard, le 11 février 1830, conformément aux instructions préfectorales, il organise le service de l'état civil pour la constatation des décès, et nomme à cet emploi « M. de Gourlet officier de santé, résidant dans cette commune » [2].

Consulté par le maire « sur la rétribution due pour chaque certificat », notre officier de santé avait eu la singulière idée de proposer, par constatation de décès, la somme de 3 francs pour les individus âgés de 15 ans et au-dessus, et 2 francs pour ceux âgés de moins de 15 ans. Avec sa sagesse coutumière, le maire trancha la difficulté en allouant « la somme de 2 fr. 50 par chaque certificat de décès d'individus de tout âge » et un crédit annuel de 100 francs fut inscrit au budget.

Ce même M. de Gourlet, à qui on confia le nouveau service de l'état civil, fut également chargé de vacciner les enfants, opération faite l'année précédente

---

[1]. Archives de la Mairie : *Délibérations*, Reg. I.
[2]. *Ibid.*

par un M. Jouy, domicilié aux Batignolles, ancien médecin des armées, comme notre maire Lachaume [1].

Ces premières séances de vaccination, mentionnées dans nos Annales communales, furent couronnées de succès. On présenta à l'opérateur vingt-six enfants de Saint-Ouen, de l'âge de deux mois à celui de quatre ans, dans le cours de l'année 1829. Il pratiqua à chacun d'eux six et parfois huit piqûres. Il n'y eut qu'un résultat négatif, et tous les autres vaccinés eurent quatre, cinq, six ou même huit « boutons produits ».

En 1830 et 1831, après le départ de M. de Gourlet, les vaccinations furent faites par le Dr du Planty avec le même succès. Elles étaient toujours pratiquées gratuitement et, par conséquent, ne pouvaient pas grever le budget communal qui ne présentait pas de déficit. Cependant, avec la pensée sans doute de l'enrichir quand même, un membre du Conseil, dont le nom n'a point passé à la postérité, proposa, le 12 mai 1830, une taxe sur les concessions à temps dans le cimetière. « A l'avenir quiconque demandera à entourer la tombe d'un défunt d'un treillage ou d'une plantation quelconque, paiera préalablement la somme de vingt francs » « et pareille somme sera payée pour tout scellement de pierres tumulaires destinées à conserver la mémoire du défunt [2]. »

Le maire n'assistait pas à la séance où fut proposée et établie cette taxe municipale ; il était fort occupé par ailleurs à réaliser la somme nécessaire au paiement

---

1. Archives de la Mairie : *Procès-verbaux*, Reg. I, p. 33.
2. Archives de la Mairie : *Délibérations*, Reg. I.

du prix d'achat du presbytère, laquelle devait être versée entre les mains de M. Valois, le 1er juin 1830, suivant l'acte passé le 2 décembre 1829, devant Mes Barbier et Montaut, notaires à Paris.

Il n'était pas non plus sans inquiétudes au sujet de la subvention promise par le gouvernement de Charles X, quand brusquement, les trois glorieuses journées de Juillet changèrent la face des choses gouvernementales, sans compromettre, fort heureusement, la marche des affaires communales.

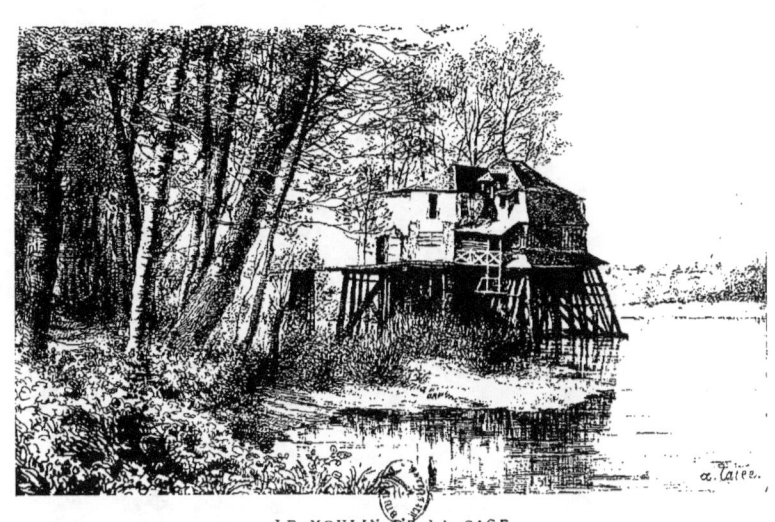

LE MOULIN DE LA CAGE

Situé dans l'île du Chatellier « vis-à-vis Saint-Ouen » sur le bras mort de la Seine. Joua un rôle en 1792, cessa d'être exploité en 1856 et fut brûlé par le génie le 12 septembre 1870.

(*A. Taiée, sculpsit*, 1869.)

CHAPITRE V

1830. — La garde nationale. — Différends politico-religieux. — Correspondance à ce sujet. — Élections du maire, des adjoints, des conseillers. — Les deux listes. — Résultat du scrutin. — Installation du Conseil. — Réformes administratives. — Fêtes de juillet 1831. — Recensement de la population. — Arrêté du maire. — Ses difficultés avec la Préfecture. — Nouvelles élections.

Les trois grands événements locaux qui suivirent la proclamation de la monarchie de Juillet sont, par ordre de date, mais se succédant rapidement : la réorganisation, une fois encore, de la garde nationale, les démêlés d'ordre politique du maire avec le curé, l'élection du maire, de l'adjoint et du Conseil municipal.

Avec son énergie habituelle et sa promptitude dans l'exécution de tous les actes de sa vie municipale, quand les circonstances l'exigeaient, le maire organisa la police communale dès le 29 juillet 1830.

Quelques jours après, il donne les raisons de cette organisation, en exposant à son Conseil « que le 29 juillet le bruit du canon et de la fusillade de Paris se faisait entendre avec plus de force que les jours précédents, et voyant la commune dépourvue de sa protection ordinaire, de toute force armée régulière, et après avoir pris conseil des principaux notables, il crut de son devoir de procéder promptement à l'organisation provisoire de la garde nationale, dans laquelle tous les habitants s'empressèrent d'entrer, avec la ferme intention de maintenir le bon ordre, et le respect des personnes et des propriétés [1]. »

Le jeudi 29 juillet 1830 tous les hommes valides de vingt à soixante ans, au nombre de 161, furent donc provisoirement enrôlés par le maire dans la garde nationale, et groupés en neuf subdivisions, composées chacune de douze hommes. Une division complémentaire de seize hommes était spécialement organisée pour assurer la sécurité du port [2].

Provisoirement aussi, ils eurent pour chefs : Louis-Nicolas Vallet, capitaine-commandant; le vieux Gabriel-Dorothée Crétu, lieutenant; Jean-Nicolas Bourdin, lieutenant et Gabriel Vallet, fils, sergent-major.

Le 15 août « un ordre de convocation publié à son de caisse dans toute l'étendue de la commune » appelait, pour le lendemain 16, les gardes à se réunir à midi précis sur la place devant l'église, pour procéder aux élections des officiers, sous-officiers et caporaux » et rendre ainsi l'organisation de la garde nationale, définitive et légale.

Cette élection des chefs au bulletin secret, dont je néglige de raconter les détails, eut lieu sous la sur-

---

1. Archives de la Mairie : *Délibérations*, Reg. II, folio 1.
2. Archives de la Mairie : *Procès-verbaux*, Reg. I, folio 9.
Voir aux pièces justificatives les noms des officiers, sous-officiers et soldats de la garde nationale.

veillance du maire le 16 août, et confirma presque entièrement le choix qu'il avait fait des officiers [1].

Le dimanche suivant 22 août, toujours sur la place de l'église, il présenta les officiers à leurs hommes, et reçut de chaque gradé le « serment de fidélité au roi des Français et d'obéissance à la charte constitutionnelle et aux lois du royaume ». Le serment fut également prêté par les gardes nationaux ce même jour, entre les mains de leurs chefs. « A la demande de prestation du serment tous ont répondu en particulier : Je le jure, et par acclamation : Vive le roi des Français, vive la charte constitutionnelle [2] ! »

Un seul officier, G.-D. Crétu, qui cependant n'avait pas marchandé son concours au maire le 29 juillet, allégua « ses soixante ans révolus pour cesser de faire partie de la garde ». Le maire s'empressa de lui témoigner, par lettre, les regrets de sa détermination et de lui offrir ses remerciements pour son acceptation provisoire. « Votre surveillance assidue, lui écrit-il, éclairée par votre expérience, a nécessairement contribué beaucoup à la conservation de la tranquillité dont la commune n'a cessé de jouir, même pendant les jours de bataille à Paris [3]. »

Cette garde citoyenne, ainsi définitivement constituée à la satisfaction générale, « a parfaitement rempli et continue de remplir sa mission avec un zèle remarquable », affirme le maire le 21 septembre 1830.

Elle avait été armée dès le 22 août « par un ordre de M. le maréchal ministre de la Guerre, à l'aide de

---

1. Archives de la Mairie : *Procès-verbaux*, Reg. I, folio 12.
2. *Ibid.*, folio 13.
3. *Ibid.*, folio 14.

cent vingt fusils avec leurs baïonnettes, et quatre-vingts sabres, pris à l'arsenal de Vincennes »[1].

Ces armes avaient été distribuées par le capitaine-commandant aux gardes nationaux « les plus soigneux ».

L'armement des hommes ne coûtait donc rien à la commune. Elle dut cependant inscrire à son budget « les dépenses de premier établissement avec les évaluations approximatives, sur divers bordereaux anciens de cette nature ». Ces dépenses comprenaient : les frais du corps de garde, qu'il fallait meubler et pourvoir de tout le matériel nécessaire, depuis le râtelier d'armes jusqu'à la guérite « peinte à l'huile deux couches »; le lit de camp et la capote pour la sentinelle.

Il fallut même rembourser au gouvernement, lequel se montra un peu pingre dès le début, les frais « du transport, en deux voitures, des armes, de Vincennes à Saint-Ouen » estimés 16 francs.

Le total des dépenses monta à 408 francs, sans compter les frais d'habillement et d'équipement du tambour qui devait avoir fort belle allure, « avec sa caisse en cuivre, son collier, sa plaque, son baudrier, son schako, son uniforme et ses guêtres », tout le fourbi estimé 169 francs.

Pour entretenir le corps de garde et notre magnifique tambour, et les maintenir l'un et l'autre en bon état, une somme annuelle de 781 francs fut prévue.

En définitive, tous ces frais s'élevèrent à une somme assez rondelette, réalisée en partie par l'aliénation de

---

1. Archives de la Mairie : *Délibérations*, Reg. II, folio 1.

la rente et en partie par « une demande de secours à la haute administration ».

Le maire jugea inutile d'ouvrir une souscription publique pour couvrir ces dépenses, non qu'il suspectât le patriotisme de ses administrés, mais par crainte de voir des propriétaires refuser les dons volontaires, et d'exposer ainsi une catégorie d'habitants à payer de leurs deniers d'abord, de leur personne ensuite, une double contribution, laquelle eût été contraire à toute idée de justice.

La note à solder incomba donc entièrement au budget. Le Conseil renâcla bien un peu pour voter ces crédits augmentant les charges communales, mais les scrupules financiers se turent devant le devoir patriotique. « La nécessité fait loi et le Conseil municipal de Saint-Ouen s'y soumet ! » écrira-t-il sentencieusement, en approuvant malgré tout le budget de la garde nationale [1].

Je laisse le lecteur juge de l'allure martiale que devaient présenter nos gardes nationaux, en blouses et en coiffures variées, le fusil sur l'épaule, le sabre national au côté, les uns tout jeunes hommes, les autres vieux barbons, tous plus ou moins habiles dans le maniement des armes, mais animés d'un esprit d'émulation très recommandable.

« Cette émulation est éminemment nationale, écrivait le maire au sous-préfet de Saint-Denis, le 13 octobre 1830, et je me fais un devoir de leur en témoigner ma reconnaissance journalière, qui est en raison des sacrifices immenses de chacun, dans la

---

[1]. Archives de la Mairie : *Délibérations*, Reg. II, folio 4.

proportion de leur état de petits propriétaires cultivateurs [1]. »

Ces sacrifices avaient été particulièrement onéreux pour cinquante d'entre eux qui s'étaient « habillés » à leurs frais, pour « figurer dignes et beaux » à la revue passée au Champ-de-Mars, le dimanche 12 octobre.

Le spectacle militaire et le prestige de l'uniforme les avaient à ce point emballés, que le maire pensait qu'une centaine et peut-être plus, « pourraient paraître équipés de pied en cape à la revue du roi ».

L'instruction de certains était même complète, puisque « cinquante à soixante en grande tenue pourraient, au besoin, figurer en première ligne comme grenadiers ».

Nos gardes nationaux audoniens formaient, avec ceux de La Chapelle, un bataillon rattaché à la 1re légion de la banlieue de Paris, et avaient un drapeau commun qui fut béni au mois de novembre 1830, en l'église de La Chapelle [2].

Des dissentiments ne tardèrent pas à éclater entre les deux compagnies, relativement à des questions de préséance. Ils désolèrent le maire Lachaume qui, averti par le capitaine-commandant Vallet, s'en plaignit amèrement dans une lettre au colonel de la 1re légion. Ils s'aggravèrent par l'incurie de l'autorité militaire, et faillirent amener une scission entre les deux compagnies de Saint-Ouen et de La Chapelle. Il n'en fut rien cependant et nos gardes nationaux, pour les-

---

1. Archives de la Mairie : *Procès-verbaux*, Reg. I, folio 18.
2. *Ibid.*, folio 34.

quels la commune venait encore de consentir de gros sacrifices en votant, le 4 novembre 1830, une somme de 4.000 francs pour compléter leur équipement à l'aide de gibernes et buffleteries, fraternisèrent avec leurs collègues.

Mais bientôt ils commirent de tels abus avec ces armes, qu'ils utilisaient parfois comme fusils de chasse, qu'un rappel à l'ordre énergique parut nécessaire. Le 11 décembre, le maire Lachaume leur fit, sur un ton tout militaire, cette menaçante admonestation [1] :

> Gardes Nationaux de Saint-Ouen,
>
> Nous devons vous prévenir que les lois et règlements défendent expressément l'usage des fusils de munition que nous vous avons confiés au nom du gouvernement, pour aucun autre service que celui de la garde nationale.
>
> Nous vous invitons en conséquence à ne jamais vous servir de vos fusils pour chasser, et nous comptons sur votre sagesse, de manière à espérer que vous nous éviterez le chagrin de vous voir poursuivis devant les tribunaux de discipline et de police. Ayez toujours présent à la mémoire que le but honorable de la garde nationale est de protéger la sûreté et l'ordre publics, et que les armes que vous avez reçues sont destinées à cet usage seulement.
>
> La qualité de gardes nationaux ne vous confère pas le droit de chasse, car celui d'entre vous qui serait surpris chassant, par le garde champêtre, la gendarmerie ou tout autre, serait passible des mêmes peines que les contrevenants ordinaires au règlement de police sur la matière.
>
> Nous vous donnons cet avertissement avec la ferme persuasion que vous en ferez votre profit.
>
> La présente sera publiée dans toute l'étendue de la com-

---

[1]. Archives de la Mairie : *Procès-verbaux*, Reg. I, folio 37.

mune, à son de caisse et affichée au corps de garde, avec l'agrément de M. le Capitaine Commandant.

Signé : LACHAUME, *maire*.

Mairie de Saint-Ouen, ce 3 décembre 1830.

En cherchant à réagir immédiatement contre l'abus qu'il signale, le maire ne prenait pas une précaution inutile. Même en limitant l'emploi des armes au seul service commandé, il ne réussira pas toujours à éviter des faits regrettables, que certains gardes nationaux, sous l'influence de l'ivresse, commettront parfois jusque dans le corps de garde.

Tel qu'il devait être, en principe, le protecteur de l'ordre, deviendra, en réalité, un fauteur de désordre et un danger pour la sécurité publique. Nous verrons ce spectacle démoralisant d'un garde national en faction, mais n'ayant plus une idée très nette de la situation, désarmé de vive force par ses collègues et enfermé dans le violon. Tel autre, dans un moment de folie, se servira de son fusil pour se faire sauter la cervelle et éclabousser de ses débris, le plafond et les murs de sa chambre.

Ces faits seront rares, heureusement, et je m'empresse d'ajouter, à l'honneur de nos gardes nationaux, qu'ils sauront reconnaître, en grande majorité, le dévouement du maire, les sacrifices consentis par la commune, la générosité même de onze des principaux habitants qui, pour hâter leur équipement et venir en aide aux finances communales, que ce surcroît de dépenses mettait en mauvaise posture, n'avaient pas hésité, le 23 décembre 1830, à avancer chacun une somme de 200 francs « pour servir au paiement provisoire des fournitures à acheter »[1].

L'état d'esprit des hommes était bon en général, meilleur même que celui des gardes nationaux de Paris, et Lachaume, dans une lettre au sous-préfet, en donne les raisons suivantes : « c'est que tous les hommes se connaissent sous les rapports physiques et moraux et que toute introduction d'étrangers dans leurs rangs eût été impossible. »

Il fit, en conséquence, tous ses efforts pour finir leur instruction et achever leur équipement, et put, en sa qualité d'ancien militaire, leur dire l'année d'après, comme Napoléon à ses soldats : « Je suis content de vous[2]. »

Le 27 mai 1831, alors que la confiance populaire venait de renouveler, malgré lui, le mandat dont elle l'avait investi, il leur lança une vibrante proclamation dont j'extrais les lignes suivantes :

Citoyens de Saint-Ouen de l'âge de 20 ans à 60 ans, vous avez fait usage d'un grand pouvoir politique... en vous réunissant et en vous organisant en corps de famille, sous le titre de garde nationale.

Cette organisation est un pacte d'alliance formé dans l'intérêt de l'ordre, du respect des personnes et des propriétés publiques en particulier, base fondamentale de toutes nos libertés.

Souvenez-vous toujours que la liberté et l'ordre public inscrits sur vos drapeaux sont inséparables et que pour jouir de l'une il faut maintenir l'autre.

Vous avez par vos élections confirmé et développé tous

---

1. Archives de la Mairie : *Procès-verbaux*, Reg. I, folio 38.
2. *Ibid.*, folio 64.

les grades aux hommes que j'avais choisis moi-même lors de votre organisation provisoire du 29 juillet, au milieu du bruit des armes de la Capitale. Cette première organisation fut heureuse puisqu'elle a maintenu le bon ordre.

Votre règle pour le service et l'empressement que vous avez mis à vous revêtir de l'uniforme national, votre instruction, ce bel ensemble enfin sous la conduite et la direction de votre honorable capitaine et des officiers qui le secondent, tout a été remarqué avec intérêt, partout où votre présence a été appelée.

Partout on a remarqué cette honorable distinction de tenue, de nombre et d'ensemble de la garde nationale de la petite commune de Saint-Ouen. J'en ai reçu des autorités les témoignages de la plus haute estime pour vous...

Vous avez rempli vos devoirs envers Paris et le gouvernement, et le gouvernement et Paris ont rempli le leur envers vous. Votre carrière est toute tracée, vous n'avez qu'à la suivre pour vous conserver votre propre estime et celle de tous ceux qui vous verront... Vous m'avez déjà donné beaucoup de satisfaction, j'espère que vous me donnerez encore celle de vous voir tous réunis dans une grande solennité [1].

Le maire de Saint-Ouen
LACHAUME.

Par cette dernière phrase, le maire les conviait à se réunir tous en grande tenue et sous les armes, en observant chacun son rang ordinaire, sur la place devant l'église, le dimanche 29 mai, à trois heures de relevée « afin de recevoir le serment constitutionnel conformément à la loi du 22 mars 1831 ».

Je ne veux pas pousser plus avant l'histoire de la garde nationale, malgré la gloriole dont on l'entoure et dont le rôle sera relativement modeste.

---

1. Archives de la Mairie : *Procès-verbaux*, Reg. I, folios 63-64.

Pour l'instant elle donnait toute satisfaction au maire, le dédommageant ainsi des déboires que lui faisait éprouver le curé Serreau, avec lequel cependant il soutint une lutte toujours courtoise.

Louis-Marie-François Serreau n'avait que vingt-huit ans quand il fut nommé, le 30 novembre 1826, à la cure de Saint-Ouen, dont il devait rester titulaire jusqu'en 1837 [1].

Pendant les premières années de son ministère, il vécut en assez bons termes avec le maire et le Conseil municipal, lesquels firent, de leur côté, tout ce qu'ils purent pour lui être agréables, soit en augmentant son traitement, soit en s'empressant de lui voter une allocation supplémentaire comme indemnité de logement, en mars 1827, quand sa mère vint habiter avec lui, soit enfin en négociant l'achat de l'ancien presbytère, dont l'habitation devait lui être exclusivement réservée.

L'église elle-même avait été l'objet de la sollicitude du Conseil, qui avait dépensé des sommes relativement importantes, pour y faire de grosses réparations et la maintenir en bon état d'entretien.

Malgré tous ces sacrifices consentis dans l'intérêt de la religion et de son ministre, la vérité oblige à reconnaître que le curé Serreau ne daigna pas s'en montrer reconnaissant.

Nous avons déjà vu que sa mauvaise volonté s'était manifestée d'une façon maladroite le 5 mai 1829, en résistant à la demande formulée par le Conseil municipal, sur la réclamation des habitants pour

---

1. M. Guy, *Écho pastoral de Saint-Ouen*, juin 1911, p. 194.

le rétablissement de l'ancien usage relatif à la sonnerie des cloches. Mais où elle éclata d'une façon plus intempestive, ce fut peu après la proclamation de l'avènement du gouvernement de Louis-Philippe.

Nous allons le voir de sa propre autorité, lui, fonctionnaire de l'État, supprimer les prières concordataires prescrites pour la conservation du chef du pouvoir, refuser de prêter le serment exigé par le gouvernement, envoyer sa démission de membre du bureau de bienfaisance pour des motifs spécieux; persister à annoncer au prône le chômage et la célébration de certaines fêtes, et finir par devenir suspect aux autorités, qui chargeront le maire de veiller à l'observation des ordonnances du gouvernement en matière religieuse.

Pendant près de deux ans, le curé Serreau bouda le nouveau régime parce que, légitimiste; il ne voulait pas admettre la royauté populaire.

Au surplus, pour raconter avec toute l'impartialité désirable cette querelle politico-religieuse, rien ne vaut la lecture de quelques lettres édifiantes sur ce sujet.

Je publie cette correspondance en plein texte, pour faciliter l'intelligence des événements et aussi pour montrer la modération, la courtoisie, la fermeté du maire.

L'opposition du curé Serreau au nouveau gouvernement commença par la suppression, à la grand'messe, du *Domine salvum fac Regem*. Le maire en fut immédiatement avisé, mais patienta un peu avant de faire des observations. Il attendit jusqu'au dimanche 22 août. Comme ce jour-là la prière concordataire n'avait pas encore été chantée, il en manifesta son étonnement au curé, dès le lendemain, dans la lettre suivante très modérée de ton [1].

Le 23 août.

Monsieur le Curé,

Tout le monde me demandait hier, si le *Domine salvum fac regem* ne serait pas chanté à l'Église; la même question m'avait été adressée, il y eut déjà hier huit jours : cette omission frappe tout le monde et je vous avoue que j'ai de la peine à donner une solution satisfaisante à cet égard, ce que vous croirez sans peine en songeant que chacun sait que la France possède un roi de bon choix et que ce roi existe de droit et de fait, car la nation a été forcée, comme bien savez, de se choisir un chef, en vertu de son droit incontestable résultant des derniers événements qui ont renversé Charles X et sa famille du trône de France.

Je conçois que vous attendiez des ordres de Mgr l'Archevêque, mais il paraît constant que ce Prélat s'est absenté, et bien des personnes pensent que les pasteurs, à la tête de leur troupeau, ne sont pas tenus de négliger pour cela les devoirs attachés à leur ministère et que si le chef de l'État est dans le cas d'avoir besoin de prières pour sa conservation, elles doivent être dirigées par eux, comme dans le temps de légitimité originelle et de droit divin.

Je dois me borner pour le moment à vous faire part des témoignages de surprise que j'ai reçus au sujet du *Domine salvum fac regem* et vous prier de décider dans votre sagesse ce qu'il conviendra de faire, pour effacer l'impression fâcheuse que l'observation de cette omission a produite dans l'esprit d'une partie de vos paroissiens.

Votre tout dévoué serviteur.

Signé : LACHAUME, *maire*.

Saint-Ouen, le 23 août 1830, Lundi.

---

[1]. Archives de la Mairie : *Correspondance*, Reg. I, folio 14.

Peu de jours après l'envoi de cet avertissement, le 30 août, fut promulguée la loi qui exigeait des fonctionnaires la prestation du serment de fidélité et d'obéissance au nouveau régime.

Le maire de Saint-Ouen, sur les injonctions préfectorales, fit en conséquence écrire aux intéressés, le 10 octobre, pour les prévenir que « tous les administrateurs et membres du Bureau de charité seraient tenus de prêter le serment prescrit »[1] et qu'il était chargé de le recevoir le lendemain 11 octobre, à 6 heures du soir, dans la salle de la mairie.

Au jour et à l'heure indiqués, les membres convoqués se trouvèrent réunis, à l'exception de M. Serreau.

Le maire ne protesta pas contre cette absence, mais dut la mentionner dans le procès-verbal de la séance.

L'autorité préfectorale voulut en savoir la cause et demanda des explications immédiates, lesquelles nécessitèrent un nouvel échange de lettres.

Le 14 octobre, 8 heures du matin.

Monsieur le Curé,

J'avais cru qu'il serait suffisant de relater votre absence dans le compte rendu à M. le Sous-Préfet de la réunion du 11 octobre, mais il me charge, dans le cas où vous ne seriez pas sur les lieux, de vous demander ce serment par écrit, et en cas de refus, de vous prier de le motiver; ce serment est ainsi conçu : Je jure fidélité et obéissance au roi des Français, à la charte constitutionnelle et aux lois du royaume.

Désirant envoyer l'expédition du procès-verbal dans la journée, et au plus tard demain par la poste d'une heure je

---

1. Archives de la Mairie : *Procès-verbaux*, Reg. I, folio 19.

vous prie de m'honorer d'une réponse que je joindrai au dit procès-verbal.

Agréez, je vous prie, Monsieur le Curé, les nouvelles assurances de haute estime de votre très humble serviteur [1]

LACHAUME.

Monsieur Serreau répondit :

Monsieur le Maire,

Si je ne me suis pas rendu à l'Assemblée du Bureau de Bienfaisance, c'est que je n'étais pas dans l'intention de prêter serment. Exiger de moi les motifs de ce refus, me paraît une mesure tout à fait vexatoire. On n'a pas exigé cela des autres fonctionnaires publics, je ne sais pourquoi on l'exigerait de moi.

Cependant, M. le Maire, le motif que j'apporte de mon refus, c'est le désir d'obtenir enfin ma démission de membre du Bureau de Bienfaisance, démission que je vous ai déjà demandée il y a longtemps, par une lettre dont vous avez donné lecture aux membres du Bureau.

Cette démission de ma part ne doit pas paraître extraordinaire, lorsqu'on voit plusieurs Bureaux de Bienfaisance éloigner de leur sein des curés, même de canton. J'apporte en preuve, M. le Curé de Saint-Denis [1]. Agréez etc.

Les raisons données par M. Serreau pour légitimer son absence parurent, contrairement à son opinion, absolument inadmissibles à Lachaume, qui répliqua le jour même :

Du 14 octobre 1830.

Monsieur le Curé,

J'ai reçu votre lettre en réponse à la mienne en date de ce jour, dans laquelle je trouve quelques phrases que je ne dois pas laisser passer sans observations :

---

1. Archives de la Mairie : *Correspondance*, Reg. I, folio 19.
2. *Ibid.*

1º Vous appelez mesure vexatoire, l'exigence que vous prêtiez le serment prescrit par la Loi, et en cas de refus de votre part, de motiver ce refus.

Il me semble, monsieur le Curé, que vous adressez mal vos reproches, et je ne puis vous dissimuler ma surprise; c'est monsieur le ministre de l'Intérieur, ce sont les Chambres et le Roi que vous devriez morigéner de s'être permis d'exiger ce serment; c'est enfin à votre position personnelle que vous auriez dû adresser le reproche de vexation, si véritablement il y a vexation pour un Français d'être tenu de jurer fidélité aux lois qui régissent le pays.

2º Vous me rappelez, M. le Curé, que vous avez voulu dans le tems, donner votre démission de membre du bureau de charité, par une lettre que j'ai lue au Bureau réuni : il est possible que vous disiez vrai; je le crois puisque vous le dites, et j'en suis encore fâché pour vous, parce que je n'avais pu croire qu'un ministre de Charité chrétienne refusât sérieusement le tribut de son assistance et de ses lumières, en faveur des Pauvres.

3º Vous m'observez que même des curés de Canton ne sont pas toujours membres du bureau de Bienfaisance entr'autres, M. le Curé de Saint-Denis. Tant pis pour tous les curés des Cantons et des Communes qui ne sont pas membres de ces bureaux, c'est une preuve qu'ils ont refusé un service que la morale religieuse ordonne ou que la confiance leur en a refusé l'attribution par des motifs justifiables.

Au demeurant, M. le Curé, tous vos Collègues ne jugent pas, comme vous, le serment exigé, vexatoire; je sais que plusieurs qui se croyent sans doute éclairés du même flambeau que les autres, se sont exécutés sans observations.

J'ai l'honneur d'être, M. le Curé, votre très humble et très obéissant serviteur.

LACHAUME, *maire*.

Saint-Ouen, le 14 octobre 1830 [1].

---

1. Archives de la Mairie : *Correspondance*, Reg. I, folios 19-20.

Ce petit sermon épistolaire en trois points dut produire l'effet attendu sur le curé, qui aima mieux, sans doute, se soumettre que se démettre. Cependant, il ne se tint pas complètement pour battu et chercha encore un motif de conflit.

Le dimanche 30 janvier 1831 il annonça au prône de la grand'messe la fête de la Purification, comme devant être chômée, alors que le gouvernement ne reconnaissait comme fêtes obligatoires que celles de Noël, l'Ascension, l'Assomption, la Toussaint, dont la deuxième seule était mobile [1].

A cette nouvelle incartade de langage, le maire se fâcha presque et menaça de la férule municipale le desservant récalcitrant :

Monsieur le Curé,

J'arrive à l'instant, et j'apprends que malgré la copie conforme de la circulaire de M. le Préfet de la Seine, en conformité des instructions de M. le Ministre des Cultes, concernant la célébration des fêtes conservées par le Concordat et la réforme de celles qui ne doivent plus être célébrées, qui vous a été remise hier, vous avez annoncé au prône de ce jour 30 janvier, la célébration de la Purification pour mercredi prochain 2 février.

J'ai l'honneur de vous prévenir que je ferai mon devoir, si vous passez outre l'instruction.

Agréez, je vous prie, M. le Curé, les nouvelles assurances des sentiments de haute estime de votre très humble serviteur,

LACHAUME, *maire*.

P. S. Je vous observe que vous êtes en contravention à l'esprit de l'Instruction de M. le Ministre, car vous ne devez pas annoncer la Purification [2].

Saint-Ouen, le 30 janvier 1831.

---

1. Archives de la Mairie : *Procès-verbaux*, Reg. I, folio 41.
2. *Ibid.*

Ainsi officiellement prévenu, le curé se tint enfin tranquille, mais ses faits et gestes restèrent soumis pendant quelque temps au contrôle de l'administration, comme en font foi les deux curieuses lettres qui clôtureront ce différend.

La première, datée du 14 février 1831, onze heures du soir, fut adressée à l'adjoint L.-N. Compoint, par le maire, qui raconte ainsi *de visu* un événement historique bien connu. Elle fut reçue à Saint-Ouen le 15, à deux heures de l'après-midi et remise immédiatement à M. Serreau par le greffier de la mairie J.-B. Julliot [1].

Mon cher Monsieur Compoint,

Monsieur le Curé de Saint-Germain l'Auxerrois, et son clergé ont commis aujourd'hui un attentat contre le gouvernement et la nation, en célébrant un service pour le duc de Berry, sur le catafalque duquel on avait placé le buste de Henri V couronné et qu'on a promené avec un drapeau blanc à la tête des quêteurs, dans l'intérieur de l'Église.

Cette témérité audacieuse s'est commise en présence de beaucoup de personnes. Le public n'en a été averti que vers la fin du service. La foule s'est alors portée vers l'Église, d'où les spectateurs se sont hâtés de sortir; il y a eu des personnes arrêtées. Le peuple indigné a voulu démolir l'Église. La garde nationale a maintenu l'ordre. Cependant la croix qui était sur le clocher a été arrachée ce soir.

Il est dix heures du soir et je rentre du quartier Saint-Germain l'Auxerrois, qui est entouré de plusieurs légions; la foule s'écoule à cette heure et j'espère que la tranquillité renaîtra.

Le peuple s'est porté à l'archevêché, et les meubles, dit-on, ont été jetés par les fenêtres. On a parlé aussi de Saint-Sulpice et autres.

---

1. Archives de la Mairie : *Correspondance*, Reg. I, folio 42.

Je vous prie de donner connaissance de tout ceci à M. le Curé en lui disant que je le prie, au nom de tout ce que nous avons de plus sacré, de se renfermer pour les exercices de son ministère, à l'instruction de la circulaire de M. le Sous-Préfet dont nous lui avons donné expédition conforme.

Dans la crainte que la manifestation cléricale de Saint-Germain n'eût sa répercussion dans la commune, on exerça une surveillance attentive aux abords et à l'intérieur de l'église même de Saint-Ouen. La direction en fut confiée à l'adjoint L.-N. Compoint qui, dès le 21 février 1831, informe la sous-préfecture de sa mission [1] :

> Monsieur le Sous-Préfet,
>
> En exécution de votre lettre du 19 de ce mois, relative aux insignes et emblèmes qui rappelleraient le gouvernement déchu, j'ai fait hier la visite du dedans et du dehors de notre Église, et n'y ai vu aucun de ces emblèmes.
>
> Quant aux attroupements, notre commune ayant un bon esprit, et notre garde nationale conservant un entier dévouement, nous ne pourrions craindre du trouble que du dehors, ce à quoi nous veillerons avec un soin soutenu. Nous faisons part à M. le Capitaine de notre garde de la lettre que vous nous avez fait l'honneur de nous écrire.
>
> Agréez, je vous prie, M. le Sous-Préfet, les sentiments bien sincères de mon entier dévouement.
>
> En l'absence du Maire
> *L'adjoint par délégation*
> L.-N. Compoint.
>
> Saint-Ouen, le 21 février 1831.

Tout rentra dans l'ordre et chacun continua ses occupations : le curé à l'église, le maire à la mairie;

---

1. Archives de la Mairie : *Correspondance*, Reg. I, folio 43.

et quand, le 17 septembre de cette même année, M. Serreau voulut faire son voyage annuel, M. Lachaume lui délivra le passeport qu'il sollicitait pour aller à Nemours [1].

Il en avertit toutefois le sous-préfet, en bon et prudent fonctionnaire, voulant toujours rester digne de la confiance des pouvoirs publics et de l'estime de ses électeurs qui lui avaient renouvelé son mandat de maire.

Les élections du maire et de l'adjoint, ou plutôt des candidats à ces fonctions, eurent lieu conformément aux instructions préfectorales du 26 août 1830, le 9 septembre, dans l'église de la commune [2].

Les contribuables les plus imposés avaient été convoqués par lettre du maire, pour procéder à ces élections. Ils se réunirent au nombre de trente.

La séance fut présidée par le doyen d'âge qui se trouva être G.-D. Crétu.

Le maire lui remit un paquet cacheté, d'ordre administratif, et une lettre de lui. Dans cette lettre, trop longue pour être citée *in extenso*, il annonçait que régulièrement les élections auraient dû avoir lieu en 1831, mais que les événements de juillet « en ont devancé le terme et amené un système plus régulier dans la nomination des maires et adjoints ». « Ce système, disait-il aux électeurs, est plus national, plus dans l'intérêt populaire, car vous allez vous-mêmes choisir les hommes qui vous inspirent le plus de confiance par leur probité, leur sagesse, leur instruction

---

1. Archives de la Mairie : *Procès-verbaux*, Reg. I, folio 91.
2. *Ibid.*, folio 16.

et leur amour pour le bon ordre et le bien public... Gloire donc au citoyen de votre choix volontaire, loyal et indépendant. »

Il ajoutait encore : « Je regrette beaucoup que mes affaires personnelles me forcent à renoncer à la candidature de maire dont j'ai exercé les fonctions honorables, avec la plus grande satisfaction, depuis cinq ans, avec le concours de bons citoyens dont j'ai toujours désiré de justifier la confiance, et je me croirai heureux si je ne laisse aucun souvenir amer de ma gestion. »

« Ne pouvant concourir à cette candidature et désirant éviter toute perte de temps, je vous prie, Monsieur le président, de prévenir MM. les électeurs de cette disposition, afin que ceux qui auraient eu l'intention de m'honorer de leurs suffrages, reçoivent ici mes remerciements bien sincères et les portent sur un autre [1]. »

Cette lettre, rédigée en termes fermes et dignes, et où le maire laisse discrètement dans l'ombre le rôle considérable qu'il avait joué dans les affaires communales, à la prospérité desquelles il avait tant contribué par son initiative et son énergie, fut lue par le président Crétu dans la séance de ce jour, 9 septembre 1830.

Ensuite il procéda à l'ouverture des paquets cachetés remis par le maire, lesquels renfermaient les arrêtés concernant le mode de scrutin à adopter, et la liste nominative des contribuables électeurs.

« Ayant fait lecture, à haute et intelligible voix,

---

1. Archives de la Mairie : *Procès-verbaux*, Reg. I, folio 15.

des deux arrêtés portant instruction et ayant fait l'appel nominal, » le président déclare la séance ouverte et « engage les électeurs à prendre une feuille de papier pour inscrire les noms de ceux qu'ils choisissent pour maire et adjoint de cette commune de Saint-Ouen »[1].

Prirent place à côté de G.-D. Crétu : Mich.-S. Delacroix et L.-N. Compoint, en qualité de scrutateurs.

Après la clôture du scrutin, lecture fut faite des noms sortis de l'urne « écrits au fur et à mesure par M. Louis-N. Vallet, secrétaire ».

Il est résulté du dépouillement dudit scrutin que M. Lachaume a obtenu pour maire 23 voix, G.-D. Crétu, 6 voix. L.-N. Compoint, 1 voix. Pour adjoint L.-N. Compoint, 25 voix; L.-Aug. Compoint, 2 voix, Gabriel Vallet, 1 voix...

En conséquence, M. Lachaume a été proclamé candidat pour maire et M. L.-N. Compoint candidat pour adjoint... Fait et clos dans l'Église de Saint-Ouen, le 9 septembre 1830 à 10 heures du matin[2].

Les contribuables électeurs montraient par leurs suffrages qu'ils ne tenaient aucun compte de la lettre de S. Lachaume déclinant toute candidature. En complète indépendance, ils rendaient pleinement hommage à ses mérites et le reconnaissaient, à une très forte majorité, comme le seul homme capable de continuer la tâche municipale qu'il avait si bien remplie jusqu'à ce jour, et qu'il allait interrompre dans quelques mois.

Avant de faire connaître la suite et la fin de son

---

1. Archives de la Mairie : *Procès-verbaux*, Reg. I, folio 15.
2. *Ibid.*, folio 16.

programme, il me faut parler des élections du Conseil qui eurent lieu quelques jours après celles du maire et de l'adjoint, le 11 octobre 1830.

Les contribuables électeurs furent, légalement, beaucoup plus nombreux pour procéder à ces nouvelles élections.

Les passions politiques se manifestèrent naturellement, par la présentation de deux listes avec dix candidats chacune [1].

L'une était la liste du maire; elle comprenait les noms des conseillers sortants qui l'avaient toujours soutenu de leurs votes, dans la campagne de réformes communales qu'il avait entreprise et menée à bonne fin, grâce à ce concours collectif, actif et dévoué.

Elle était composée de : MM. Compoint, Hippolyte-François; Vallet, Gabriel; Bourdin, Nicolas; Compoint, Louis-Augustin; Bourdin, Jean-Nicolas; Vallet, Louis-Nicolas; Lemaître, Claude-Nicolas; De la Croix, Michel-Sébastien; Daunay, Thomas; Compoint, Jean-Nicolas.

La deuxième liste en présence était la liste des mécontents de la politique du maire. Elle contenait plusieurs noms connus également, et avait pour chef de file, le vieux et incorrigible batailleur G.-D. Crétu.

Elle renfermait encore les noms de quelques hommes qui avaient jadis montré leur mauvaise humeur, comme gardes nationaux, sous le gouvernement de Louis XVIII. Le mot serait un peu fort en la dénommant liste révolutionnaire, mais enfin plusieurs de ses membres avaient jadis été partisans

---

[1]. Archives de la Mairie : *Procès-verbaux*, Reg. I, folio 18.

de la Révolution et s'étaient plus ou moins assagis en vieillissant.

Ils s'appelaient : Cornier, Joseph; Duval, Charles, fils aîné; Crétu, G.-D.; Compoint, Hippolyte-Simon; Cornier, Nicolas-Sébastien; Daunay, Louis-Thomas; Compoint, Nicolas-Jean; Chevalier, Antoine; Compoint, Bon; Kœnig, Jean-Pierre.

Ce dernier candidat n'eut pas beaucoup de succès; il obtint juste trois voix, y compris la sienne, sans doute, alors que le premier de l'autre liste, Compoint Hippolyte-François, fut élu par cinquante-quatre voix, avec tous ses collègues [1].

« Nous pensons, écrivit le 13 octobre 1830, le maire au sous-préfet de Saint-Denis, pour lui rendre compte du résultat des élections, que ceux qui figurent dans la première liste et qui sont tous hommes capables et justement estimés, doivent être nommés membres du Conseil municipal, ainsi que l'ont voulu tous les électeurs ou du moins la majorité. »

L'installation des nouveaux élus eut lieu le 23 décembre 1830, après l'approbabtion préfectorale du 7 décembre, dans la salle de la mairie, où le maire Lachaume reçut leur serment. « Nous les avons interpellés nominativement et individuellement et leur avons dit : Vous jurez fidélité au roi des Français, à la charte constitutionnelle et aux lois du royaume. Tous ont répondu et chacun en particulier : Je le jure, et avons déclaré l'installation du dit Conseil [2]. »

La confiance populaire ayant renouvelé au maire,

---

1. Archives de la Mairie : *Procès-verbaux*, Reg. I, folio 18.
2. Archives de la Mairie : *Délibérations*, Reg. II, folio 4.

à l'adjoint, aux conseillers, le mandat qu'ils tenaient précédemment de l'autorité gouvernementale, ils allaient tous, d'un commun accord, continuer l'œuvre municipale un moment arrêtée, par la nouvelle constitution politique que la France s'était donnée.

La grosse besogne était faite, mais il restait à accomplir quelques petites réformes locales, presque exclusivement d'ordre administratif. Les plus importantes furent prises en mai et en août 1831.

Le 11 mai le Conseil municipal fut unanime à témoigner le désir, le besoin même, de voir le receveur municipal habiter dans cette commune et choisi parmi les habitants.

Le 12 le maire proposa de fixer la rétribution scolaire « à 1 fr. 50 pour les lecteurs et 2 francs pour les écrivains, à dater du 1er juillet, prix habituellement payés dans les communes du canton ». Le 13 mai, la somme de 250 francs est votée et mise à la disposition des deux commissaires « pour les dépenses à faire à l'occasion des trois jours de fêtes de juillet prochain, en mémoire de notre régénération politique ».[1]

La fête du roi fut célébrée, en 1831, avec un éclat particulier.

Dans la matinée, nos gardes nationaux, en grande tenue, furent passés en revue par le maire, sur la place de l'Église et partirent ensuite clairon sonnant, tambour battant, au Champ-de-Mars, parader sous les yeux de Louis-Philippe, et se faire admirer des Parisiens et des Parisiennes.

---

1. Archives de la Mairie : *Délibérations*, Reg. II, folio 7.

Dans l'après-midi des bals publics furent organisés dans différents quartiers et quelques tonneaux vidés, à la satisfaction des nombreux consommateurs et danseurs, heureux de se désaltérer aux frais de la commune.

Le soir, enfin, la mairie fut illuminée à l'aide de lampions à l'huile.

Le maire avait eu soin de prendre ses précautions pour empêcher les réjouissances populaires d'occasionner des accidents. Dès le 27 juin il avait publié un arrêté pour « interdire aux enfants de tirer des pétards, des fusées, ni autres matières combustibles, le soir et pendant le jour, de manière à éviter les dangers d'incendie ».

Les parents étaient prévenus qu'ils seraient responsables des actions de leurs enfants. « Tous les bons habitants sont invités au nom de l'intérêt public et de leurs propres intérêts, à arrêter tous les petits brouillons et de les conduire au violon de la commune [1]. »

Les cris et chants séditieux étaient naturellement interdits. Quelques jours avant les fêtes de juillet, des ouvriers parisiens ayant « chanté à la Maison Blanche des hymnes à la République, et parcouru les rues du village en chantant ces mêmes hymnes, à gorge déployée, et en proférant des paroles offensantes sur Louis-Philippe » furent arrêtés et remis à la gendarmerie de Clichy [2].

Peu de temps avant ces jours de liesse, le 31 mai, avait été proclamé le résultat du recensement de la population, décidé par le Conseil.

---

1. Archives de la Mairie : *Procès-verbaux*, Reg. I, folio 67.
2. *Ibid.*, folio 71.

Ce recensement confié aux soins de MM. L.-N. Vallet, Nicolas Bourdin et Michel-Sébastien Delacroix, « nommés commissaires à cet effet, » avait pour but principal, de servir de base à la confection des listes électorales et de rectifier une erreur précédente, qui attribuait à la commune un chiffre de population supérieur à celui qu'elle avait en réalité [1].

Ce travail fut exécuté avec beaucoup de soins « par les commissaires, en parcourant toutes les maisons et s'adressant à tous les chefs de famille, propriétaires et autres. Leur travail réuni présente le résultat suivant, savoir : hommes : 256; femmes : 277; garçons : 220; filles : 171; domestiques habituels : 61. Total général de la population de ce jourd'hui : « neuf-cent quatre-vingt-huit âmes, au lieu de quinze-cent soixante-quatre âmes mentionnées dans le tableau de recensement consacré par l'ordonnance royale du 15 mars 1827 » [2].

Cet écart énorme dans le chiffre de la population, entre les deux recensements de 1827 et de 1831, tenait uniquement au récent départ de la commune d'un millier de terrassiers environ, qui avaient été occupés aux travaux du port et de la gare d'eau, et dont la perte n'avait point été compensée par les différents commerçants, ni même par les familles ouvrières installées dans ce nouveau quartier excentrique.

Il était important de rétablir le chiffre exact de la population, pour ne pas voir la commune soumise à l'obligation de créer un octroi dont les habitants ne

---

1. Archives de la Mairie : *Délibérations*, Reg. I.
2. Archives de la Mairie : *Délibérations*, Reg. II, folio 8.

voulaient pas entendre parler, et aussi pour arrêter la liste des électeurs censitaires, en vue des élections qui devaient avoir lieu le 30 septembre 1831, mais qui furent ajournées par le maire au 4 octobre, à cause des vendanges.

La liste fut arrêtée au chiffre de quatre-vingt-dix-neuf électeurs exactement et envoyée au sous-préfet le 27 août 1831 [1].

Cette mesure d'intérêt politique avait été précédée d'une autre d'intérêt local, dont l'application créa de nombreux ennuis au maire.

Quelques jours avant le 21 août 1831, il prit un arrêté interdisant, à l'avenir, de construire des couvertures en chaume dans l'intérieur de la commune « en raison du danger de feu qu'elles présentaient ». Il était également interdit d'entretenir celles existantes, qui devaient, au fur et à mesure de leur dégradation, être remplacées par des couvertures en tuiles ou ardoises [2].

Un différend interminable entre le maire et un certain M. de Coussy, en 1830, à propos de réparations exécutées à une chaumière de la rue du Moutier, malgré les observations municipales, fut cause du nouvel arrêté qui interdisait, à partir du 1er octobre 1831, ce genre de construction.

Ces chaumières nombreuses disséminées au milieu des habitations, servaient pour la plupart d'écuries, d'étables ou de greniers « et étaient éclairées pour leur usage à toute heure de la nuit ». Elles demeu-

---

1. Archives de la Seine : *Administration communale*, carton M-3. Voir aux pièces justificatives les noms des électeurs censitaires.
2. Archives de la Mairie : *Délibérations*, Reg. II, folio 10.

raient une cause permanente d'incendie, surtout en été « temps pendant lequel la plupart des bâtiments sont pleins de gerbes et fourrages secs et dont le rapprochement faciliterait le développement du feu » [1].

Cet arrêté fut approuvé par la Préfecture qui, par contre, chercha querelle au maire à propos des dépenses engagées à l'occasion de la fête du roi.

Le fait peut paraître paradoxal, en tout cas il était injuste, comme on va voir.

Le 5 septembre Lachaume, dont l'intention formelle était de cesser ses fonctions de maire, qu'il n'avait acceptées l'année précédente, que contraint et forcé, écrivit une longue lettre au sous-préfet de Saint-Denis, pour se plaindre du procédé préfectoral. L'administration refusait en effet de sanctionner les dépenses faites à l'occasion des fêtes de juillet « tant que la commune n'aura pas justifié de ses moyens de faire face aux dépenses de la garde nationale » [2].

L'accusation était erronée; Lachaume y répondit en justifiant sa ligne de conduite municipale, et en démontrant que la situation financière était en somme prospère, puisqu'elle présentait un actif de « 2.500 francs environ de disponibles ». « C'est le fruit de six années d'économie la mieux soignée, à mon avis », disait le maire. La fin de la lettre mérite d'être citée intégralement.

Tous mes projets de travaux d'assainissement ont été augmentés de près d'un tiers et après les avoir soldés avec les mêmes fonds qui leur avaient été destinés, il nous reste

---

[1]. Archives de la Mairie : *Délibérations*, Reg. II, folio 9.
[2]. Archives de la Mairie : *Correspondance*, Reg. I, folio 74.

encore cette jolie réserve que je voulais incessamment proposer d'employer à l'établissement d'une fontaine au centre du village, qui aurait fourni de l'eau à tous les besoins, même au lavage des rues.

Tel est l'établissement public que j'ambitionne de voir surgir, en terminant ma carrière municipale, comme complément de tous mes efforts que vous avez encouragés, avec la persévérance habituelle de votre bienveillance, et c'est avec un vif regret que je me vois obligé de renoncer à cette grande satisfaction.

Cette réserve était d'ailleurs à la connaissance de la Préfecture et l'état de situation qu'elle demande ne lui présentera rien de nouveau. Qu'elle use avec justice de son autorité sur ces fonds, j'y consens sans peine, mais je serais désolé qu'elle manifeste le regret de s'être montrée généreuse envers la commune, qui avait été négligée pendant trente ans, après avoir été dépouillée complètement de ses richesses de toutes natures [1].

Ce premier différend avec les pouvoirs publics assombrit les derniers jours administratifs du maire, et fut bientôt suivi d'un second plus sérieux en apparence, à propos du renvoi qu'il avait fait des élections municipales au 4 octobre, lesquelles auraient dû avoir lieu le 30 septembre, conformément aux instructions préfectorales.

Lachaume avait eu la précaution de faire observer au sous-préfet de Saint-Denis que la date des élections était mal fixée pour la commune, « attendu que le plus grand nombre des électeurs sont propriétaires de vignes... occupés de leurs vendanges et des pâturages, occupations tellement sérieuses, qu'après avoir consulté bon nombre d'entre eux, je me vis dans la

---

1. Archives de la Mairie : *Correspondance*, Reg. I, folios 73-74.

nécessité d'ajourner ces opérations jusqu'au 4 octobre [1] ».

Le sous-préfet ne répondit pas, et le maire considéra « son silence comme un acquiescement ».

Les élections eurent donc lieu à la date qu'il avait arrêtée.

Quelques jours après, le préfet lui demanda des explications à ce sujet. Il répondit le 27 octobre pour justifier une nouvelle fois sa conduite, et faire valoir « les motifs de cet ajournement » que nous venons d'expliquer. « Je m'étais vu dans la rigoureuse nécessité d'agir ainsi et je regrette que vous ayez à m'observer que j'aurais dû me pourvoir d'une autorisation préalable. »

Ce vice de forme n'amena pas cependant l'annulation des élections municipales. « Ont été élus dans l'ordre suivant : Bourdin, Nicolas, dit le Grand Bourdin; Compoint, L.-N., père; Delacroix, M.-S.; Vallet, Gabriel, père; Compoint, L.-A.; Crétu, G.-D.; Benard, François, jeune; Duval, Ch., fils; Dodée, J.-M.; Guérard, N.-Jérôme; Cornier; Lejosne, Pierre [2].

Une seule liste composée de candidats pris dans chacune des deux listes de l'année précédente, avec quelques éléments nouveaux et étrangers à la commune, avait été présentée aux suffrages des électeurs.

L'installation du Conseil et la réception du serment des conseillers furent faites par Lachaume, dans les formes légales, le 18 novembre 1831. Le 21 décembre

---

1. Archives de la Mairie : *Correspondance*, Reg. I, folio 94.
2. Archives de la Mairie : *Procès-verbaux*, Reg. I, folio 96.

de la même année, à 1 heure de relevée, il réunit pour la dernière fois les conseillers dans la maison commune « afin de faire reconnaître M. G.-D. Crétu maire de cette commune, recevoir son serment, procéder à son installation et lui remettre les fonctions de maire »[1].

G.-D. Crétu se soumit docilement à toutes les formalités d'usage. Il prêta le serment constitutionnel et le reçut du nouvel adjoint Denis-Nicolas Compoint. La transmission des pouvoirs municipaux s'était opérée légalement, en présence des officiers de la garde nationale.

---

1. Archives de la Mairie : *Délibérations*, Reg. II, folio 10.

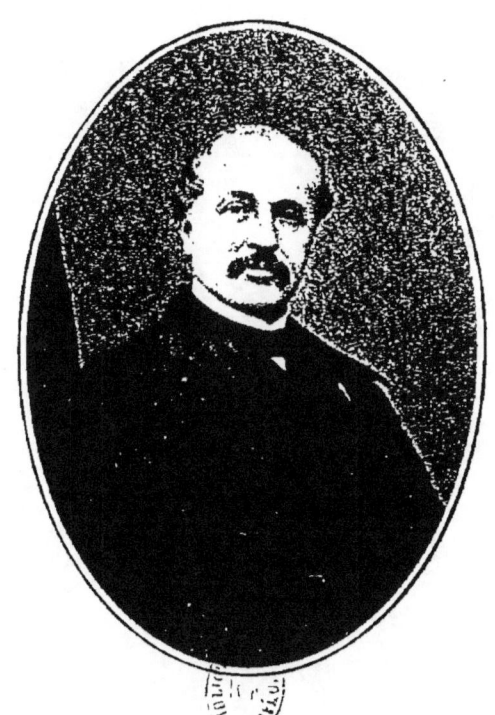

LOUIS-JOSEPH GODART,
MARQUIS DU PLANTY (1808-1876)

Chevalier de la Légion d'honneur,
docteur en médecine, maire de Saint-Ouen (1840-1851).

(Cliché Andrieux.)

CHAPITRE VI

G.-D. Crétu, maire. — Ses premiers actes. — Épidémie du choléra en 1832. — Réunion du Conseil à ce sujet. — Lettre du Docteur du Planty. — Demande d'un aide. — Victimes de l'épidémie. — Statistique. — Mesures prophylactiques. — Mort de Crétu. — Rapports administratifs.

Gabriel-Dorothée Crétu n'était point de première jeunesse, quand il eut l'honneur d'être appelé à exercer les fonctions de maire de Saint-Ouen.

Quelques mois avant sa nomination à la première magistrature de la commune, il avait allégué son âge avancé, pour refuser un service actif dans la garde nationale, lors de la réorganisation définitive par Séraci Lachaume. Et nous voyons ce même homme, qui n'avait pas voulu être lieutenant d'une petite troupe, accepter de commander à toute une commune, ne pas hésiter à recueillir une succession particulièrement lourde, difficile à diriger, et que de lugubres événements allaient encore prochainement compliquer.

Était-ce inconscience ou présomption de sa part en agissant ainsi? Mystère. Je croirais volontiers que G.-D. Crétu, qui d'ailleurs n'avait jamais douté de rien dans le cours de son existence administrative assez mouvementée, sans avoir jamais brillé au premier plan, fut tout simplement heureux, en acceptant les honneurs qui lui étaient conférés, de couronner sa carrière politique, que je me contenterai de rappeler très brièvement.

Tout à fait au début de sa vie publique, jeune alors et à peine installé dans la commune, comme maître serrurier, il embrassa avec enthousiasme les idées révolutionnaires. Il fut vite remarqué par le maire Boudier, dont il devint le bras droit.

Grâce à son patronage, il put être élu membre du Conseil général de la commune en 1792 et, peu après, le 10 mars 1793, demeura chargé du service de l'État civil, en remplacement de Boudier, jusqu'en l'an IV, où il le passa alors à J.-B. Poirié [1].

Pendant la Terreur il signa en compagnie du maire les certificats de civisme, comme membre du Comité de surveillance de Saint-Ouen.

Le 8 messidor an III, lors de la nomination d'office du Conseil général par André Dumont, il fut maintenu sur la liste des notables.

Quelques jours auparavant, le 1er messidor, il avait été chargé par ses collègues, d'une mission de confiance près d'un notaire de Neuilly, le citoyen Petit. Il fut élu adjoint municipal par les citoyens habitants de la commune le 15 brumaire an IV, puis bientôt rentra dans l'ombre [2].

Il bouda le Consulat, l'Empire et la Restauration,

---

[1]. Archives de la Mairie : *Registre de l'État civil*, 1792.
[2]. Pour plus de détails voir mon livre : *Saint-Ouen pendant la Révolution*.

et ne revint à la vie municipale, qu'après un repos de près de quarante années, le 11 octobre 1830. Il entra alors en lutte contre Lachaume et fut vaincu.

Nous venons de voir que lorsque ce dernier abandonna la direction des affaires communales, il lui succéda dans ses fonctions de maire, le 21 décembre 1831.

Il n'eut pas le temps, et peut-être aussi pas les forces, de donner la mesure de ce qu'il était capable de faire.

Pendant les quelques mois qu'il dirigea les affaires de la commune, il se montra avec ses administrés et même avec ses conseillers, tel qu'il avait toujours été, sa vie durant, avec ses locataires, ses voisins, voire ses amis, brutal, cassant, dur, intraitable, au fond honnête homme et capable, le cas échéant, d'accomplir un beau geste.

Le dernier acte de sa vie municipale devait être court et tragique.

Malgré ses soixante-six ans bien sonnés, il se mit courageusement à l'œuvre.

Le 28 janvier 1832 il convoque à la mairie le Conseil municipal pour procéder au recensement de la garde nationale, et tâcher de dépister les fricoteurs [1].

Après avoir compulsé soigneusement et minutieusement les registres de l'État civil et examiné le chiffre de la population, les conseillers reconnurent que cinq jeunes gens nés à Saint-Ouen en l'année 1811, et cinq autres individus domiciliés dans la commune étaient bons pour le service de la garde nationale.

---

1. Archives de la Mairie : *Procès-verbaux*, Reg. I, folio 102.

Ils ne firent même pas grâce à un propriétaire âgé de quarante-six ans, porteur d'un certificat médical constatant une vieille blessure à un bras, qui aurait bien voulu tirer au flanc et ne plus assurer un service actif.

Peu de jours après, le maire fut appelé à faire une enquête sérieuse sur un cas d'incendie survenu au port, dans la nuit du 29 et dont la cause paraissait suspecte.

Le 11 février, en réponse à l'administration préfectorale qui désirait voir établir des taxes sur les concessions dans le cimetière, pour augmenter les ressources financières, le maire et son Conseil répondirent « que le cimetière était d'une petite étendue et ne permettait pas de faire des concessions perpétuelles... que toute personne décédée a une fosse sans rétribution », mais qu'un droit de 20 francs par mètre carré, était perçu « lorsque les familles établissaient un monument temporaire ». Ce droit de 20 francs était établi pour six années à la fin desquelles les familles payaient pendant trois années seulement, une nouvelle taxe de 5 francs par an. Le Conseil estimait ces droits suffisants. Il décide, en conséquence, à l'unanimité, « que rien ne soit changé de ce qui se fait jusqu'à ce jour » [1].

A une nouvelle enquête préfectorale sur les conditions de fonctionnement de l'école primaire il répondit, le 16 février, « que la commune possède les bâtiments à cet usage qui n'ont pas besoin de réparations », mais qu'elle accepterait volontiers : « 1º des livres élémentaires, cartes géographiques, grammaire de Lhomond et tout ce qui peut servir à l'ins-

---

[1]. Archives de la Mairie : *Délibérations*, Reg. II, folio 10.

truction des enfants; 2º des tables et des bancs pour l'intérieur des dites écoles; 3º enfin des traitements pour l'instituteur et l'institutrice, car la commune n'a pu inscrire sur son budget pour toute rétribution qu'une somme de 144 francs pour l'instruction de douze enfants indigents [1]. »

Le budget de l'instruction publique était bien maigre. La cause du peu de ressources dont il disposait, tenait aux dépenses relativement énormes, occasionnées pour l'entretien de la garde nationale. Et cependant, le 20 mars, elles avaient été considérablement réduites pour la raison suivante que Crétu expose à sa façon, dans sa lettre au sous-préfet de Saint-Denis :

20 mars.

Monsieur le Sous-Préfet,

Les travaux d'agriculture demanderaient que les cultivateurs qui sont la plus grande partie des gardes nationaux, soient dispensés momentanément, du service de la garde nationale.

Nous maire de Saint-Ouen, après nous être entendu avec le Capitaine commandant la compagnie arrêtons : qu'elle cessera son service de nuit à partir du 22 de ce mois, qu'elle le reprendrait pour le dimanche de six heures du soir jusqu'au lendemain matin. Le poste de la garde nationale de Saint-Ouen sera composé d'un officier, d'un sous-officier, deux caporaux et douze chasseurs.

Le présent arrêté sera soumis à M. le maître des Requêtes Sous-Préfet de Saint-Denis.

Je suis, Monsieur, avec assurance et considération la plus distinguée

Le Maire, J.-D. CRÉTU [2].

---

1. Archives de la Mairie : *Délibérations*, Reg. II, folio 11.
2. *Ibid.*, folio 12.

Toutes ces préoccupations administratives, de minime importance jusqu'à ce jour, allaient brusquement cesser et faire place à d'autres plus sérieuses, nécessitées par l'apparition subite du choléra dans la commune, le 2 avril 1832.

Cette cruelle épidémie qui, pour la première fois, frappait la localité, devait atteindre quantité de personnes, faire de nombreuses victimes et offrir à Crétu l'occasion d'esquisser un beau geste.

Elle sévissait dans la capitale depuis les fêtes du carnaval, quand elle gagna la banlieue parisienne. L'autorité préfectorale avisant aux moyens à employer, pour enrayer la marche du redoutable fléau, avait, par lettre du 31 mars, invité le Conseil municipal de Saint-Ouen à se réunir, dans le but de prendre d'urgence les mesures nécessaires.

Cette réunion eut lieu le jour même, 2 avril, où les premiers cas de choléra étaient signalés à la municipalité, par un jeune médecin, installé depuis peu dans la commune, le docteur marquis du Planty [1].

Je crois devoir citer *in extenso* la page de littérature administrative dans laquelle sont relatés les instructions préfectorales, le beau geste de G.-D. Crétu et les conseils donnés par le successeur de M. de Gourlet, officier de santé, qui n'avait fait que passer dans la commune... [2].

« L'an 1832, le 2 avril, à 7 heures du soir, en vertu d'une lettre de M. le sous-préfet de Saint-Denis, datée du 31 mars dernier et reçue aujourd'hui, par laquelle

---

1. Archives de la Seine : D. M⁵, Carton 23.
2. Archives de la Mairie : *Délibérations*, Reg. II, folio 13.

dans l'intérêt sanitaire de notre commune, le Conseil est invité à s'assembler, M. le Maire ayant en effet convoqué le dit Conseil et M. du Planty, docteur en médecine et habitué de notre commune y demeurant, ayant été invité, le dit Conseil ainsi réuni, M. le maire a donné lecture de la lettre de M. le sous-préfet, laquelle expose :

« 1º Qu'en attendant la réunion de la commission sanitaire cantonale, il importe de s'occuper immédiatement de la désignation d'un Bureau de Secours; d'en arrêter le local et le pourvoir du matériel et des médicaments nécessaires aux premiers cas de choléra.

« 2º Que les communes n'ayant pas de ressources sont invitées à faire appel à la bienfaisance des habitants.

« 3º Et qu'enfin, M. le Préfet de Police aviserait plus tard et, au besoin, à la composition du personnel de ce Bureau de secours.

« La délibération commencée, M. le maire annonce au Conseil, qu'il donne pour le logement, aux malades qui seraient attaqués du choléra, les appartements nécessaires, dans sa maison sise dans notre commune, rue de Paris, où seraient transportés les objets nécessaires au soulagement des malades.

« Quant au bureau de secours, le Conseil a nommé MM. L.-N. Compoint, M.-S. Delacroix et Pierre Lejosne, tous faisant partie du Conseil municipal, lesquels ont accepté.

« Et pour les fonds nécessaires au matériel, après avoir entendu M. du Planty, docteur en médecine : premièrement en cas de choléra qu'il était nécessaire d'avoir pour le matériel, un lit, paillasse et matelas, deux draps, deux couvertures, une baignoire, et pour les médicaments, farine de moutarde, camphre, mélisse, menthe, plus du chlore. Les membres du Conseil étant consultés, il a été arrêté provisoirement une somme de 150 francs à prendre sur les fonds libres de la caisse communale; lequel présent arrêté sera soumis à l'approbation de M. le sous-préfet de Saint-Denis.

« La dite délibération close et arrêtée en notre mairie les an et jour que dessus, et ont signé les membres du Conseil après lecture : M. S. Delacroix; L. A. Compoint; L. M. Compoint; G. Vallet; P. Bénard; Lejosne; Dodée; N. Cornier; G.-D. Crétu, maire. »

La généreuse idée du maire de mettre sa maison à la disposition des cholériques n'eut pas de suite. Le nombre des personnes atteintes devint rapidement si considérable, qu'il fut matériellement impossible de songer à faire de la maison de Crétu un petit hôpital pour isoler et soigner les cholériques. Bientôt lui-même tomba malade, le 6 avril.

Deux jours auparavant, dans une lettre datée du 4 avril 1832, le docteur du Planty l'avait informé des premiers résultats de l'épidémie [1] :

Monsieur le Maire,

Malgré les précautions sanitaires qui ont été prises dans notre commune, plusieurs cas de choléra viennent de s'y manifester :

1º La femme... demeurant rue du Four a ressenti le 2 Avril

---

[1]. Archives de la Mairie : *Correspondance*, Reg. I, folio 105.

à 4 heures du soir, les premiers symptômes de cette maladie. J'ai passé une partie de la nuit auprès d'elle, et malgré le traitement le plus complet elle est encore dans un état très alarmant.

2º La mère... rue Dumoutier a également ressenti hier les premières atteintes de ce mal, qui offre en elle les caractères les plus prononcés.

Enfin plusieurs autres individus de cette commune me paraissent avoir une disposition directe à cette maladie. Cela me fait craindre de la voir bientôt s'étendre avec sa violence ordinaire; dans ce cas-là, M. le Maire malgré tout le zèle que j'ai pour le soulagement de mes semblables, il me deviendrait impossible de fournir tout seul aux nombreux soins qui leur seraient indispensables.

Le choléra, fléau destructeur des classes malheureuses, s'attache principalement à elles et les trouve sans défense et dénuées des moyens de secours qui pourraient seuls les sauver. J'ai jusqu'à présent rempli auprès des malades non seulement l'emploi de médecin, mais aussi celui d'infirmier, les portant dans les bains, les frictionnant moi-même, et leur fournissant une partie des médicaments nécessaires, mais je prévois avec douleur, que si la maladie devient forte, il me sera impossible de continuer à agir ainsi.

Je vous prie donc, Monsieur le Maire, dans l'intérêt de votre commune, de vouloir bien m'autoriser à m'adjoindre un aide, si les circonstances l'exigent.

Veuillez, je vous prie, recevoir l'expression de la considération distinguée avec laquelle j'ai l'honneur d'être, M. le Maire, votre très humble serviteur.

Signé : Du Planty.

Saint-Ouen, le 4 avril 1832.

Cette lettre n'avait pas uniquement pour but de déclarer au maire les premiers cas de choléra, mais encore et surtout de lui demander le concours d'un second médecin.

Il importe, en effet, de savoir que le Dᵣ du Planty était, en cette année 1832, encore convalescent d'une longue maladie faite à Paris, l'année précédente. Il était venu à Saint-Ouen pour se reposer et se remettre et avait tout d'abord été hébergé par son confrère militaire Séraci Lachaume[1]. Il craignait donc, avec juste raison, de ne pouvoir tout seul suffire à la tâche, et d'être obligé d'abandonner ses malades à leur malheureux sort.

L'état sanitaire s'aggrava rapidement, comme il le prévoyait et, le 7 avril, l'adjoint L.-N. Compoint remplaçant le maire malade, en avisait la préfecture, en la priant de faire droit à la demande du Dᵣ du Planty.

7 avril.

Monsieur le Préfet,

D'après ce que je vois chaque jour et les rapports de M. du Planty, notre médecin domicilié, je ne puis que vous dire que le choléra fait ici de très grands ravages, quatre décès depuis avant-hier avec tous les symptômes, 14 malades auxquels on donne les soins les plus prompts qu'il est possible. Un cinquième décès causé par cette affreuse maladie qui a emporté le malade en 6 heures.

Toutes ces choses et surtout la presque extinction des forces de notre médecin, m'engagent à vous prier de nous envoyer le plus promptement possible, un aide qui ait des connaissances médicales et capables de diriger un malade sous son inspection. Vous auriez l'extrême bonté de le faire diriger à notre mairie.

Je me recommande ainsi que ma commune aux soins de

---

1. Pour plus de détails voir mon livre : *Le marquis du Planty*, médecin de la Faculté de Paris, maire de Saint-Ouen.

votre précieuse bienveillance et vous prie, M. le Préfet, d'agréer les sentiments très respectueux de votre serviteur.

Pour M. le Maire et en son absence par délégation

L'adjoint, signé : L.-N. COMPOINT [1].

Le cri de détresse de l'adjoint au maire fut entendu des pouvoirs publics, en l'occurrence de la Commission centrale de salubrité, laquelle, le jour même de la réception de cette lettre, envoya à Saint-Ouen « M. Gregorio Léonardi, âgé de trente ans, né à Rimini (Italie), médecin des Facultés de Rome et de Bologne » [2].

Il séjourna dans la commune du 7 avril au 8 mai et seconda courageusement le docteur du Planty, durant ces jours pénibles pour les familles, et particulièrement durs pour les médecins, obligés souvent de visiter plusieurs fois par jour certains malades.

A eux deux ils ne suffirent même pas à la tâche quotidienne, et les docteurs parisiens, Cassard et Cartier, auxquels se joignirent des médecins de Saint-Denis, les aidèrent le plus qu'ils purent, sans malheureusement réussir toujours à sauver les victimes de l'épidémie, particulièrement cruelle dans les premiers mois [3].

Presque toutes les familles audoniennes furent atteintes par le redoutable fléau. Nous avons vu le nombre relativement élevé des victimes, que l'adjoint signalait aux pouvoirs publics, dans sa lettre du 7 avril pour légitimer sa demande de secours médical.

Le surlendemain, 9 avril, les malades sérieusement

---

1. Archives de la Mairie : *Correspondance*, Reg. I, folio 107.
2. Archives de la Mairie : *Journal*, Reg. II, folio 12.
3. Archives de la Mairie : *Procès-verbaux*, Reg. I, folio 110.

atteints étaient au nombre de vingt et un, mais l'adjoint dans son rapport officiel avait soin d'ajouter « beaucoup de personnes ressentent de légers symptômes qui n'empêchent point leur travail journalier ».

La statistique sanitaire, tenue au jour le jour, et régulièrement envoyée au sous-préfet de Saint-Denis, nous apprend que, du 2 avril au 29 inclus, l'État civil eut à enregistrer vingt-cinq décès, treize masculins, douze féminins [1].

Le nombre des personnes gravement atteintes et qui eurent la chance de guérir fut de soixante-douze, dont trente-quatre hommes et trente-huit femmes.

Toutes les classes de la société et tous les âges payèrent leur tribut à cette terrible épidémie. Certains malades présentèrent des symptômes « effrayants » qui les enlevèrent en quelques heures.

Parmi les victimes il y a lieu de citer la femme du capitaine-commandant de la garde nationale, Gabriel Vallet; Mme Angélique-Victoire Karr, la veuve du romancier, laquelle avait fixé sa résidence dans la commune et habitait place du Calvaire; un petit-fils de Crétu, âgé de dix mois; l'ex-commandant Liouville, dont le fils était mort tragiquement quelques mois plus tôt, et surtout la malheureuse famille des descendants de J.-B. Poirié, qui fut presque entièrement décimée par le choléra.

Et cependant des mesures énergiques avaient été prises dès le début de l'épidémie, comme nous l'avons vu, et ne cessèrent pas pendant toute sa durée.

Le 10 avril une lettre avait été envoyée au prince de

---

[1]. Archives de la Mairie : *Procès-verbaux*, Reg. I, folio 109.

Craon, l'invitant, sans plus tarder, à faire « nettoyer l'aqueduc qui passe sous son parc »[1], cependant que Mme du Cayla, la véritable propriétaire, était elle-même gravement atteinte du choléra et condamnée à prendre force remèdes, lesquels lui répugnaient fort.

G.-D. Crétu lui aussi était bien malade. Il eut néanmoins le courage de « dicter » le billet suivant, le 12 avril, destiné à rappeler, aux membres du Comité sanitaire, les mesures hygiéniques qu'ils devaient prendre pour remédier à la contamination des eaux.

« G.-D. Crétu, maire de Saint-Ouen, rappelle à MM. les membres formant le Bureau de secours, nommés dans la délibération du 2 avril, sept heures du soir, en notre mairie, pour leur rappeler aussi qu'en vertu de la lettre de M. le Sous-Préfet du 3 avril, vous avez accepté pour le 4 avril que vous vous réuniriez afin de faire une visite dans les eaux et puisards, et notamment de celui qui reçoit les eaux du village. J'aurais cru, Messieurs, que votre zèle dans ce temps malheureux n'aurait rien différé et que vous auriez fait votre rapport. Je vous prie... [2]. »

Il faut bien dire que la lettre du maire se trompait d'adresse et que rien, sinon sa mauvaise humeur, augmentée encore par la maladie, ne justifiait les reproches adressés au Comité de secours.

Ce rappel à l'ordre, inutile dans la circonstance, n'eut d'ailleurs aucune suite. Chacun continua à faire son devoir jusqu'à la fin de la période aiguë de l'épidémie cholérique, le 11 mai 1832.

---

1. Archives de la Mairie : *Correspondance*, Reg. I, folio 108.
2. *Ibid.*, Reg. I, folio 109.

Elle coïncida, par un singulier hasard, avec la mort du maire, arrivée ce même jour, à six heures du matin, et dont le récit est ainsi fait par son adjoint L.-N. Compoint, soumettant par la même occasion, au procureur du roi, un cas de conscience administratif [1].

11 mai.

M. le Procureur du Roi,

J'ai l'honneur de vous faire part du décès de M. G. Crétu maire de notre commune, arrivée aujourd'hui à 6 heures du matin.

Pendant le dernier mois de sa maladie et même avant, il était difficile dans ses exigences pour les travaux de mairie et nommément nous n'avons pas pu lui faire signer nos actes de l'État civil; d'ailleurs il était trop faible pour s'en occuper. Maintenant je viens à vous, M. le Procureur du Roi, pour savoir en quelle qualité je dois aujourd'hui signer ces actes, et qu'elle est celle que je prendrai avant d'apposer ma signature au travail journalier de notre mairie, jusqu'au moment où un nouveau maire sera élu.

J'ai l'honneur de vous observer que j'avais pensé faire faire l'inscription de ces actes sur nos registres, en mon nom et comme adjoint, mais la fluctuation journalière de l'état du décédé, qui hier encore donnait des espérances, m'en a empêché, dans la crainte d'exciter chez lui une révolution mortelle.

C'est d'après une visite que je viens de faire à M. le Sous-Préfet, que j'ai l'honneur de vous écrire. Je charge notre greffier de vous présenter nos registres et de me rapporter vos ordres demain.

J'ai l'honneur d'être avec respect, M. le Procureur du Roi, votre très obéissant serviteur.

L'adjoint à la Mairie de Saint-Ouen
L.-N. COMPOINT.

---

1. Archives de la Mairie : *Journal*, Reg. II, folio 3.

Je n'ai point à envisager, pour l'instant, les scrupules administratifs de l'adjoint; sa lettre est intéressante, surtout en ce qu'elle nous renseigne une fois de plus sur le caractère irascible de Crétu, dont nous avons déjà donné maints exemples, et aussi parce qu'elle nous apprend que la maladie du maire traînait en longueur et que le choléra ne fut pour rien dans le dénouement fatal.

Il serait d'ailleurs exagéré de dire que l'épidémie cessa complètement à cette date du 11 mai. Une accalmie très sérieuse se produisit effectivement dans le courant de mai, mais une recrudescence des symptômes cholériques fut observée à l'époque des grandes chaleurs, en juin, juillet et août.

Du 1er juin au 15 juillet, vingt nouveaux cas furent signalés, dont six mortels. En août il y eut encore un décès.

En résumé l'épidémie dura près de cinq mois, et fut surtout meurtrière dans les premières semaines. Elle atteignit gravement quatre-vingt-dix-huit personnes, quarante-sept hommes et cinquante et une femmes, et occasionna trente décès; dix-sept hommes et treize femmes succombèrent [1].

Cette statistique, extraite d'une lettre de l'adjoint au sous-préfet de Saint-Denis, du 1er septembre 1832, montre donc que la morbidité fut effrayante et le chiffre de la mortalité élevé, si l'on considère que la population n'était que de neuf cent quatre-vingt-huit habitants.

Les vides furent nombreux dans certaines familles

---

1. Archives de la Mairie: *Journal*, Reg. II, folio 16.

et le Conseil eut à s'occuper du sort de six orphelins de père et de mère, dont voulurent bien se charger des âmes charitables [1].

J'en aurai fini avec cette triste époque quand j'aurai cité les noms des personnes qui se dévouèrent nuit et jour, et dont le gouvernement chercha plus tard à récompenser les services.

Dès le 6 juin 1832, l'adjoint Compoint avait signalé à l'autorité préfectorale les deux médecins dont l'un « M. Louis-Joseph du Planty, domicilié à Saint-Ouen depuis quelques mois, n'a cessé, depuis le commencement jusqu'à la fin de la maladie, de donner ses soins *nuit et jour aux pauvres* et à tous les habitants, et qui a failli être la victime des fatigues qu'il a éprouvées, » et dont l'autre, « M. Grégorio Léonardi, s'est trouvé être le très digne collaborateur de M. du Planty [2]. »

Comme témoignage de satisfaction L.-N. Compoint délivra, à chacun d'eux, un certificat constatant leur belle conduite, et « contenant l'expression de notre reconnaissance ».

En pleine épidémie, le 16 avril, la conduite du Dr du Planty, particulièrement digne d'éloges, avait déjà été remarquée et signalée dans un long rapport par un M. Loyer, notaire à Aubervilliers, membre secrétaire de la commission de salubrité instituée pour le canton de Saint-Denis, lors de l'invasion du choléra.

Je ne veux pas augmenter le nombre des citations élogieuses à l'égard des médecins qui prodiguèrent

---

1. Archives de la Mairie : *Journal*, Reg. II, folio 13.
2. *Ibid.*, II, folio 12.

leurs soins aux cholériques et qui eurent la chance d'être secondés par quelques personnes zélées.

Je m'en voudrais de ne pas signaler le dévouement admirable de Mme Chaulin, sœur du baron Ternaux, « qui à cette époque malheureuse allait dans les maisons de nos pauvres, les consolait, leur faisait distribuer des bouillons, et toutes les sortes de comestibles qui pouvaient leur convenir, et enfin leur distribuait sa bourse ».

Ainsi s'exprimera L.-N. Compoint, le 28 septembre 1832, lorsque l'épidémie enfin terminée, le gouvernement songera à récompenser tous les mérites.

Des médailles d'argent furent, en effet, distribuées « aux personnes les plus zélées », entre autres à Mme Chaulin et M. du Planty [1].

Toutefois, le Conseil municipal estimant que le zèle de son médecin communal n'avait pas été suffisamment récompensé, « et la commune, vu l'exiguïté de son budget, étant au regret de ne pouvoir récompenser ses soins généreux », le proposa officiellement au roi, en fin d'année 1832, pour la Légion d'honneur [2].

La demande n'eut pas la suite que le Conseil espérait.

Malgré ses mérites incontestés et incontestables, le Dr du Planty devra patienter jusqu'en 1849 pour avoir la croix que ses services administratifs et son dévouement, mis une seconde fois à l'épreuve, lors de l'épidémie cholérique de 1849, allaient enfin lui faire obtenir.

---

1. Archives de la Seine : D. M^s. Carton 3 [1].
2. Documents de Mme Lubeck, papiers à en-tête de la Mairie de Saint-Ouen.

Mais il est bon de reconnaître que le Conseil municipal, en cette année 1832, chanta ses louanges sur tous les tons, avec en tête le nouveau maire, L.-N. Compoint, lequel, à défaut de grandes qualités politiques, avait au moins un bon cœur, et dont la carrière administrative n'offrira rien de bien saillant.

LE CHATEAU ET LE PARC DU BARON TERNAUX

Ancienne propriété de Necker vendue en 1804. Le parc était planté d'arbustes rares destinés à la nourriture des chèvres de Cachemire que Ternaux avait importées en France en 1819.

CHAPITRE VII

L.-N. Compoint, maire. — Mort du baron Ternaux. — Poids et mesures. — Comité de l'instruction publique. — Demande Albrecht. — ollicitude du maire pour ses administrés. — Sa vigilance. — Contrôle préfectoral. — Projets d'Hérouville. — Travaux communaux. — L'horloge. — État civil. — La garde nationale. — Vols en 1835. — Réparations à l'église. — Police municipale. — Rejet de différentes demandes.

Louis-Nicolas Compoint, qui succéda à G.-D. Crétu comme maire de Saint-Ouen, le 29 juin 1832, en remplissait déjà les fonctions, avec toute la conscience voulue, depuis deux ou trois mois.

Il ne ressemble, comme caractère et comme homme, à aucun des maires qui l'ont précédé. Il n'avait point l'apathie de J.-B. Poirié et encore moins l'audace de S. Lachaume. Ce n'était pas non plus un homme emporté comme son prédécesseur immédiat, mais une nature calme, tranquille, quelque peu tatillonne.

Il craignait toujours d'aller trop loin ou trop vite, et d'encourir par le fait même les foudres administratives. Il avait plus de style que Crétu et savait tourner en termes corrects et parfois élégants, les choses administratives les plus ardues. Aussi son administration sera-t-elle le triomphe de la paperasserie officielle. Il avait toujours besoin d'explications préfectorales ou sous-préfectorales, avant de remuer le moindre pavé des rues ou d'entreprendre quoi que ce soit.

Jamais la haute administration ne fut si bien renseignée que sous son pouvoir de ce qui se passait dans la commune. Il poussait même la complaisance, je ne dis pas la servilité, jusqu'à prévenir les autorités des dessous des choses municipales, sans cependant jamais dénoncer ses collègues. Et il disait tout cela en termes filandreux, dans des lettres longues, longues qu'il terminait toujours par des formules de la plus exquise politesse.

Ce cultivateur lettré eût fait un excellent courtisan sous l'ancien régime.

Il était et il demeura un flatteur du pouvoir. Aussi pendant les huit années que dura son administration, la commune vécut en excellents termes avec les autorités. Cependant il ne leur demanda rien et, bien entendu, elles ne lui donnèrent rien non plus. Tout compte fait, il faut bien reconnaître qu'elle avait besoin d'un peu de repos, entre la magistrature sans cesse agissante de S. Lachaume qui représentait le passé et celle, non moins entreprenante, du docteur du Planty, qui allait être celle de demain.

Nous avons raconté le rôle administratif joué par L.-N. Compoint pendant la durée du choléra. En sa qualité d'adjoint, et à cause de la maladie du maire, il fit à l'administration tous les rapports demandés. Ils furent rédigés consciencieusement, envoyés au sous-préfet, et transcrits sur le registre des procès-verbaux.

C'est grâce à cette minutieuse tenue des livres municipaux que nous avons pu donner tant de détails sur l'épidémie cholérique. Mais cette épidémie fut cause du retard anormal dans sa nomination de maire, puisque Crétu étant décédé le 11 mai, il ne lui succéda que le 11 juin et ne fut installé que le 29 juin 1832, en présence du Conseil municipal réuni en séance [1].

Il prêta entre les mains du sous-préfet de Saint-Denis présent à la séance « le serment de fidélité au roi des Français, d'obéissance à la charte constitutionnelle et aux lois du Royaume ».

En souvenir du proverbe : Charité bien ordonnée commence par soi-même, une de ses premières préoccupationt fut de se faire régler la dette arriérée dont la commune lui était redevable. Le 4 août, il se fit rembourser par le Conseil les 175 francs qu'il avait payés de ses deniers « pour la célébration des fêtes anniversaires des glorieuses journées de juillet »[2].

Fait à peine croyable, malgré l'épidémie qui désola la commune, le patriotisme en cette année 1832 ne perdit pas ses droits, et la gaieté populaire retrouva son entrain, pendant la période d'accalmie cholérique.

Comme les années précédentes « des lampions illuminèrent la place et la façade de l'hôtel de la mairie »; le bal public eut lieu également et « deux pièces de vin, du prix de 140 francs, furent distribuées aux habitants de cette commune, pendant les jours de fête ».

L'année 1832 qui avait été si agitée présente un

---

1. Archives de la Mairie : *Délibérations*, Reg. II, folio 14.
2. *Ibid.*, folio 15.

contraste parfait avec celle de 1833, qui ne nous montre aucun acte digne de retenir l'attention, en dehors de la résiliation du bail de la vaine pâture par le baron Ternaux. Il en avait été déclaré adjudicataire pour 650 francs par an, quelques mois avant « sa fin malheureuse », survenue subitement dans la nuit du 2 avril 1833, lors de l'incendie qui dévora en partie son château, vraisemblablement occasionné par une imprudence du vieillard, comme semble le prouver la minutieuse enquête ouverte à ce sujet par le maire [1].

Elle démontra que le baron Ternaux, quelque peu souffrant, avait sonné son valet de chambre à deux heures du matin, pour l'habiller et faire du feu dans la cheminée. Au bout d'un quart d'heure il le congédia. Le larbin était à peine sorti de l'appartement, qu'une forte odeur de fumée se répandit dans le château, semblant partir de la chambre à coucher de M. Ternaux. Le domestique revint sur ses pas, appela au secours, essaya de pénétrer dans la chambre, vit les rideaux du lit, le lit et deux fauteuils qui brûlaient, mais chercha inutilement le baron.

En présence du danger, le vieillard s'était levé, avait pénétré dans la salle de billard où, après de nouvelles recherches on le trouva mort « étendu sur le dos, dans une encoignure au pied du billard ». Il avait succombé à une apoplexie foudroyante, d'après le rapport du docteur du Planty, que Mme Chaulin avait immédiatement envoyé chercher.

L'incendie se propagea vite et aurait pu prendre de

---

[1]. Archives de la Mairie : *Journal*, Reg. II, folios 24-25.

grandes proportions sans les secours promptement organisés par les habitants et les gens de Mme du Cayla, accourus avec des seaux et la pompe à incendie du château de la comtesse.

Ternaux Guillaume-Louis, manufacturier, qui finissait son existence d'une façon aussi triste, était né à Sedan, le 8 octobre 1763, et habitait Saint-Ouen, depuis les premières années du XIXe siècle, dans l'ancienne propriété de Necker, que son père Louis-Étienne avait achetée en 1802 [1].

Ses convictions royalistes et les expériences célèbres auxquelles il se livra, avec plus ou moins de succès, lui valurent de Louis XVIII le titre de baron en 1819 [2].

L'Europe lui doit l'importation des chèvres de Cachemire... qui se perfectionnent comme les mérinos, par le soin qu'on apporte au croisement des races.

Un troupeau originairement composé de 1.500 têtes atteignit le territoire français, en 1819, au nombre de 250 seulement. Depuis cette époque les chèvres asiatiques n'ont cessé de multiplier et se sont répandues sur divers points de la France.

Le premier il essaya l'élevage de ces bêtes capricieuses et difficiles à nourrir, qu'il laissait brouter en liberté les arbustes variés dont son parc était garni, ainsi qu'en témoigne une curieuse gravure de l'époque [3].

Avec les produits qu'il obtint il fabriqua dans ses

---

[1]. Étude de Me Goupille. Acte de vente de la propriété.
[2]. *Bibliographie nouvelle des Contemporains*, 1825, t. XIX, p. 409, 415.
[3]. Bibliothèque nationale : Cabinet des estampes.

ateliers de Saint-Ouen, un nouveau genre de châles connus sous le nom de cachemires Ternaux, lesquels pouvaient rivaliser par la finesse, l'éclat et la richesse avec les cachemires indiens, tout en étant d'un prix abordable pour les petites bourses.

Il fut moins heureux dans les expériences qu'il tenta en 1820 pour la conservation des grains, par l'ensilage, prétendant, que celles précédemment entreprises par la ville de Paris avaient été mal conduites [1].

Il fit creuser dans sa campagne de Saint-Ouen, d'après les renseignements qu'il avait pris en Italie, en Espagne et en Barbarie, des silos, ou fosses souterraines, par le moyen desquels les grains sont parfaitement conservés, avec une économie des neuf dixièmes dans les frais.

Il réitéra ses expériences pendant cinq années de suite, les dirigeant lui-même, mais la pratique ne répondit pas à la théorie, et la cause de l'ensilage des grains fut peu à peu complètement perdue.

Malgré cet insuccès, les expériences de cet esprit inventif sont demeurées célèbres dans différentes branches de l'industrie, et ce qui en reste est encore assez important et durable pour lui assurer une place fort enviable dans la postérité.

Ses mérites sont énumérés, en style lapidaire, dans le médaillon que la Bourse du commerce de Lille a consacré à sa mémoire « Esprit novateur et ingénieux, la France lui doit ses plus grands progrès dans la fabrication des draps et des mérinos, l'introduction des

---

1. *Bibliographie nouvelle des Contemporains*, 1825, t. XIX, p. 413.

machines à filer la laine peignée et la création de l'industrie des châles de cachemire »[1].

Localement, l'industrie de cet homme entreprenant assura, pendant de longues années, un travail quotidien à de nombreuses familles audoniennes.

Sa dispartion subite fut le grand événement de l'année 1833; elle faillit prendre les proportions d'une catastrophe locale, malgré la sollicitude du maire pour les ouvriers de la fabrique, et la générosité du nouveau propriétaire à leur égard, comme nous allons le voir bientôt.

Au nombre des autres faits de cette année, je signalerai la création d'un comité de l'instruction primaire, l'acquisition de poids et mesures, enfin la vente de la propriété Ternaux.

Entre temps, le maire aura à s'occuper de questions municipales d'ordre secondaire. L'installation du comité de l'instruction primaire, organisé conformémemnt à la loi du 28 juin 1833, fut faite par le maire en personne, le 7 juin 1834, à six heures du soir. Les membres qui le composaient étaient dans l'ordre suivant : M. Serreau, L.-F.-M., curé, membre de droit; M. le prince de Craon; M. Séraci Lachaume, ancien maire; M. Louis-Joseph du Planty, médecin [2].

Ce comité devait se réunir périodiquement « le premier lundi de chaque mois, heure de midi, à la salle de la mairie ». Il avait dans ses attributions le choix du personnel enseignant et celui des ouvrages

---

1. Le buste du baron Ternaux surmonte cette inscription qu'on peut lire sous les arcades situées à gauche de la cour d'honneur de la Bourse du commerce.

2. Archives de la Mairie : *Délibérations*, Reg. II, folio 22.

destinés aux écoliers; il était, en somme, destiné à seconder le maire dans son rôle de grand maître de l'instruction publique.

Cette réforme fut bien accueillie, comme aussi celle qui prescrivait à la commune l'acquisition « de poids et mesures étalons, cotés au prix de 35 francs l'assortiment », pour assurer l'exécution de l'article de loi relatif « à la surveillance de la fidélité du débit de marchandises qui se vendent aux poids et à la mesure »[1].

Par contre, dans cette même année, le Conseil se montra hostile à l'autorité préfectorale, laquelle, pour la troisième ou quatrième fois, voulait soumettre à des droits d'octroi, certains articles de consommation courante, dans le but, louable assurément, d'augmenter les ressources communales.

Il ne voulait pas non plus se créer des revenus par l'établissement de taxes sur les concessions perpétuelles dans le cimetière, qu'en réalité il ne pouvait pas accorder, à cause de son peu d'étendue et de l'impossibilité de l'agrandir.

Le 24 septembre 1834, il maintint les précédentes délibérations du Conseil sur ce sujet, et, en ce faisant, il agit sagement et contribua à rendre plus certaine et plus prompte sa désaffectation.

Il est vrai que ce refus de concession perpétuelle lui créera quelques ennuis lorsque, par exemple, le 19 novembre 1834, il se verra dans la douloureuse nécessité d'opposer un refus courtois mais formel, qu'il s'efforça de rendre le moins dur possible, à la

---

[1]. Archives de la Mairie : *Délibérations*, Reg. II, folio 24.

demande des enfants de feu M. Albrecht, qui avait rendu tant de services à la commune par sa générosité.

« Ce n'est pas sans peine, écrivait le maire à Mlle Albrecht, en réponse à sa lettre du 17 juillet, que nous sommes obligés de vous déclarer qu'il ne nous est pas permis de faire cette concession perpétuelle, attendu que notre cimetière n'est pas assez vaste pour pouvoir faire des concessions de ce genre [1]. »

L'offre de la famille était pourtant engageante, si j'ose dire, puisqu'elle proposait au maire, « pour obtenir ce terrain, le prix de 550 francs, le même que l'on paie au Père-Lachaise ».

Mais le Conseil ne put passer outre à ses précédentes délibérations et refusa à la famille en question la faveur qu'il avait déjà dû refuser aux restes de J.-B. Poirié, son ancien maire, et à ceux du père du baron Ternaux.

Et pourtant, la commune devait beaucoup à ces personnages locaux qui, par leur bienfaisance, leur générosité, leur dévouement, leur sollicitude pour les habitants, s'étaient acquis des droits incontestables à la reconnaissance publique.

La difficulté avait été tournée une première fois en 1814, par l'autorisation accordée à M. Ternaux, de faire transporter les restes de son père dans un caveau qu'il avait fait creuser à proximité de la glacière de la rue des Châteaux, qui dépendait de la propriété [2].

La seconde fois, le maire Lachaume n'avait pas cru devoir accéder au désir de la Vve J.-B. Poirié et

---

1. Archives de la Mairie : *Journal*, Reg. II, folio 41.
2. Archives de la Seine : *Bureau de bienfaisance*, série X, carton 36.

n'avait consenti qu'une concession temporaire de quinze à vingt ans.

La troisième demande de concession ne fut pas accordée, mais le maire, dans une longue lettre qui lui fait le plus grand honneur, a bien soin de faire ressortir à Mlle Albrecht que « son digne père » a déjà été l'objet de la part du Conseil d'une attention particulière « qui a répondu à ses intentions d'être inhumé le plus près possible de sa maison, en dérangeant l'ordre ordinaire des inhumations »[1].

La sollicitude du maire s'était donc montrée touchante, dans le cas particulier envers de riches personnes; elle allait être aussi entière, aussi généreuse envers les malheureux, victimes d'un chômage forcé.

Après la mort du baron Ternaux, sa propriété fut mise en vente; naturellement, l'industrie dont il avait été le créateur et le grand administrateur périclita et atteignit par contre-coup les ménages audoniens qui en vivaient. Un personnel nombreux était occupé dans les ateliers, installés tant dans l'île du Chatelier pour le lavage des laines, que dans les dépendances de son château, principalement dans les bâtiments situés en bordure de la rue des Châteaux, désignés sous le nom de fabrique, et où étaient groupés les métiers à tisser, pour la confection des cachemires.

Indépendamment de ces ouvriers et ouvrières en fabrique, beaucoup d'autres travaillaient chez eux au tissage de ces belles étoffes, dont la richesse était le secret du maître de la maison.

Tous ces braves gens allaient bientôt se trouver

---

1. Archives de la Mairie : *Journal*, Reg. II, folio 41.

sans ressources, si l'acquéreur du château ne leur procurait pas un travail quelconque et si la manufacture fermait ses portes.

L'âme compatissante du maire s'émut du sort réservé à ces malheureux, et exhala ses plaintes dans une lettre au ministre des Finances, en apprenant que les bonnes dispositions de M. Legentil vont être réduites à néant, si les bruits qui circulent sont fondés.

12 octobre 1834.

Monsieur le Ministre,

Le château que possédait le baron Ternaux dans la commune de Saint-Ouen a été adjugé à M. Legentil. Depuis quelques jours le bruit s'est répandu qu'une surenchère avait été faite et que par suite d'un changement de maître, cette propriété allait être démolie.

Plusieurs habitants sont venus me faire à cet égard, des représentations fondées, que j'ai l'honneur de vous transmettre.

La commune de Saint-Ouen est très pauvre; le commerce y est dans une stagnation déplorable; aussi un grand nombre des individus qui y exerçaient une profession industrielle se sont-ils vus dans l'obligation d'en sortir. Une seule manufacture existe encore et procure quelque travail aux habitants. Cette manufacture fait partie du château de Monsieur Ternaux et sa démolition laisserait sans ressource toute une classe d'ouvriers, dont la plupart pères de famille, n'ont littéralement aucun autre moyen d'existence.

Ce sont ces ouvriers que je viens recommander à votre sollicitude. Ils méritent toute votre bienveillance, si près de la froide saison. Ils ont droit d'espérer que leur position malheureuse sera comprise par un gouvernement dont tous les actes sont empreints d'une justice et d'une bonté paternelles.

L'intérêt général exige aussi, M. le Ministre, que je me joigne à mes administrés pour vous supplier d'intervenir en cette affaire. M. Legentil offre, dit-on, de couvrir la surenchère et manifeste le dessein de faire faire de nombreuses réparations au château, ce qui procurerait ainsi quelque soulagement à beaucoup d'artisans nécessiteux, que l'hiver va laisser sans travail et qui n'auraient pas même la possibilité d'en solliciter ailleurs, parce que de graves obligations les attachent au sein de leurs familles et petits établissements qu'ils se sont créés.

Il serait donc bien à désirer que ce propriétaire nous fût conservé afin de donner à ses intentions philanthropiques tout leur développement.

Ces différents motifs me font espérer, M. le Ministre, que vous aurez égard à ma respectueuse observation et c'est dans cette confiance que j'ai l'honneur d'être avec respect, M. le Ministre

Le maire de Saint-Ouen [1].

Les craintes des habitants et du maire n'étaient pas absolument fondées, puisque M. Legentil demeura le propriétaire définitif du château de M. Ternaux. Il y fit faire de grands travaux, suivant sa promesse, mais l'industrie textile qui, pendant près de vingt ans, avait assuré une certaine prospérité à la commune, demeura définitivement perdue.

Il faut reconnaître, d'ailleurs, que cette industrie, dans les années qui précédèrent la mort du baron Ternaux, avait baissé sensiblement dans la commune.

Lui-même faisait de longues absences de sa propriété, et, finalement, la mettait en location en l'année 1831.

En 1832, elle avait été louée à Mme la duchesse de Dalmatie par sa sœur, Mme Chaulin, « pour les deux mois restant de la saison, » moyennant 2.500 francs.

---

1. Archives de la Mairie : *Journal*, Reg. II, folio 45.

Et c'est dans cette maison de campagne que le maréchal Soult était venu s'installer « pour le rétablissement de sa santé »[1].

Par le fait de l'abandon de la propriété, mais surtout de la mort du propriétaire, la situation d'une partie de la population était en somme critique, et le maire de Saint-Ouen, dans sa lettre au ministre, s'en faisait l'écho éloquent.

Sa sollicitude administrative n'était pas un vain mot, elle s'étendait à tous et sa vigilance était parfois attirée par des choses en apparence insignifiantes. Il savait, dans certains cas, déjouer les calculs les mieux combinés et montrer, à l'occasion, qu'il entendait bien n'être ni dupe ni complice.

Une anecdote, puisée aux meilleures sources manuscrites, en apporte une preuve évidente. Le 24 décembre 1834, un conseiller municipal, ayant sans doute de nombreux amis sur lesquels il croyait pouvoir compter, fait entendre à ses collègues « que les arbres qui sont plantés sur la place de l'Église, au nombre de dix, en nature d'orme, sont en état de dépérissement », et qu'il y avait urgence « de faire une nouvelle plantation de quarante essences de tilleul »[2].

Le Conseil avait émis un vote favorable, mais une enquête ultérieure prouva que le conseiller, auteur de la proposition, était charron de son métier et quelque peu spéculateur, comme le démontre la note envoyée au sous-préfet par l'administration.

« Le rapport sur la coupe des arbres de la place de

---

[1]. *Le Journal du Commerce*, 23 août 1832.
[2]. Archives de la Mairie : *Délibérations*, Reg. II, folio 26.

l'Église eût été plus court, si j'avais pu vous dire qu'un charron, membre du Conseil municipal, me paraît avoir provoqué la délibération. Il me semble connaître fortement les grands arbres dont il ferait très bien timons, jantes, etc. Il les achèterait volontiers 15 francs chacun; c'est le prix qu'il les estime; ils en valent au moins 30. Il se chargerait même de la plantation que le maire évaluait à 5 francs par arbre. Voilà, si je ne me trompe, la moralité de l'affaire que je crois devoir mettre à jour. Il en résulterait que dix arbres valant 30 francs chacun et, achetés 15, donnent 150 francs de bénéfice. Les tilleuls valant 2 francs, et vendus 5 francs, donnent 120 francs, total : 270 francs de bénéfice, indépendamment du bénéfice ordinaire [1]... »

On ne peut pas faire un crime au charron-conseiller Dodé d'avoir cherché à mettre à profit son mandat électoral, pour en tirer quelque avantage; mais on ne peut pas, non plus, blâmer l'auteur de la note révélatrice, laquelle, d'ailleurs, produisit l'effet attendu.

L'architecte communal Lequeux fut chargé, le 6 février 1835, d'étudier la question. Il fit un rapport dans lequel il constate que « les arbres dont il s'agit n'ont que quarante années de plantation... qu'ils ont été mal élagués... mal soignés... mais qu'ils peuvent, malgré tout, être conservés » [2].

Le sous-préfet prit donc un arrêté spécifiant « qu'il sera sursis à l'abatage d'arbres et à leur remplacement ».

---

1. Archives de la Seine : *Administration communale*, carton O-7.
2. *Ibid.*

Le contrôle préfectoral avait eu du bon en déjouant une petite tactique municipale. En 1836, ce contrôle fut encore nécessaire pour permettre l'installation de certains jeux publics, et en particulier de tirs au fusil, que des marchands de vin du port et de la gare d'eau voulaient organiser pour la fête du quartier, ayant lieu dans les derniers jours de mai [1].

Cette même autorité avait encore approuvé, en 1836, la construction d'une digue au moulin de Cage dont le sieur Clément était fermier et avait en outre le monopole du transport, par bateau, des passagers à destination de l'île Saint-Ouen.

Elle avait également donné son adhésion au séduisant projet de M. Jean-Simon d'Hérouville qui venait de passer un traité avec le Conseil les 9, 10, 11 juillet 1836, pour amener les eaux de la Seine dans la commune de Saint-Ouen et dans celles de La Chapelle et de La Villette.

Ce traité, en 17 articles, assurait des avantages très sérieux à la commune. M. d'Hérouville s'était engagé à édifier sur la place d'Armes, « au pied de la croix qui est plantée au centre de cette place », une fontaine publique munie de deux robinets. L'un d'eux était réservé au service public « d'arrosement et d'incendie », l'autre était destiné à servir, moyennant finances, aux usages journaliers des habitants [2].

Je n'insiste pas plus longuement sur les avantages de cette concession qui ne devait pas avoir de suite,

---

1. Archives de la Seine : *Police arr. de Saint-Denis*, carton M [4] série S. Z.

2. Archives de la Mairie : *Délibération*, Reg. II, folios 33-34, 35-36.

ni sur l'utilité d'un service public, qui ne devait fonctionner régulièrement que sous la magistrature d'Alexis Godillot.

Et cependant, l'espérance, je dirai presque la certitude, de voir alors ce projet promptement exécuté stimula le zèle du Conseil. Le 3 novembre 1836, il vota, d'après un devis établi par M. Thorès, la grosse somme de 3 000 francs pour le pavage et la mise en viabilité de la route de Paris et sa canalisation le long de la propriété de Mme du Cayla, pour assurer l'écoulement des eaux jusqu'à la Seine [1].

Comme toujours, quand il s'agissait de fortement financer, le maire fut invité à solliciter des pouvoirs publics la plus large subvention possible.

Le Conseil municipal se trouva tellement à sec après cette grosse opération de voirie, qu'il ne lui resta plus aucun sou vaillant pour acheter une horloge communale.

Le maire dut envoyer aux bourgeois de la localité une circulaire leur expliquant la situation.

31 juillet 1836.

Monsieur,

Toutes les ressources du budget de la Commune de Saint-Ouen ayant été épuisées par le vote de 3.000 francs nécessaires à l'entier achèvement des travaux de la Rue de Paris, et pourtant l'achat d'une horloge communale étant devenu indispensable, je viens vous inviter, Monsieur, à vouloir bien concourir, par votre offrande volontaire, au paiement de la dette supplémentaire que nous avons été forcés de contracter.

Les motifs sur lesquels ma demande est basée sont trop

---

1. Archives de la Mairie : *Délibérations*, Reg. II, folio 38.

appréciables, pour que je croie devoir vous les déduire, votre sagacité les a sans doute suffisamment compris.

Agréez, Monsieur, l'assurance de ma haute considération.

Le maire [1].

Le besoin d'une horloge n'était tout de même pas aussi urgent que celui de mettre en état, non seulement la rue de Paris, mais encore de veiller au bon entretien de toutes les rues de la commune.

La construction d'égouts ou de caniveaux était particulièrement réclamée par le préfet de la Seine, qui avait encore présents à la mémoire les récents ravages du choléra de 1832, particulièrement terribles dans la commune, à cause, peut-être, des eaux contaminées de certains puisards ou puits qu'il importait de supprimer une fois pour toutes.

Le Conseil était, d'autre part, opposé au percement de nouvelles rues, et se déclarait satisfait de celles existantes. Il répondit dans ce sens au préfet, le 30 janvier 1837, en affirmant que les quatorze chemins communaux sont entretenus convenablement et sont visités chaque année par une commission, et que de plus ils suffisent à tous les besoins des habitants [2].

Pour se conformer encore aux instructions préfectorales soigneusement observées pendant l'épidémie cholérique, le 8 février 1837, le Conseil rétablit le service des constatations de décès, quelque peu négligé depuis cette époque, et qui, en tout cas, n'avait pas été payé au médecin communal, le sieur du Planty, en 1835 et 1836.

---

1. Archives de la Mairie : *Journal*, Reg. II, folio 72.
2. Archives de la Mairie : *Délibérations*, Reg. II, folios 39-40-41-42.

Cette année 1837 vit encore quelques événements plus ou moins sensationnels se produire.

Le 23 avril, le maire reçut en grande cérémonie, « sur la place d'Armes, en présence de la compagnie de la garde nationale armée », le serment du nouveau capitaine commandant, Louis-Nicolas Vallet, qui, à son tour, le fit prêter à ses hommes, après quoi commença le défilé, devant les autorités locales, de tous nos gardes nationaux, se dirigeant alors d'un pas alerte vers la Chapelle et le pont de Flandre, au cri de « Vive le Roi ! »[1].

La fête terminée, le Conseil se réunit et vota une surimposition de 550 francs, à répartir entre tous les contribuables, pour assurer le traitement du garde champêtre, dont l'utilité se faisait pressante en cette année 1837, exceptionnellement féconde en vols de toutes sortes.

Il semble résulter de la lecture des nombreux procès-verbaux de police municipale, qu'une véritable nuée de voleurs se soit abattue sur la commune, car je dois dire, au plus grand honneur des habitants, que les voleurs étaient des étrangers ou plutôt des voisins.

Parmi les vols les plus importants, je signalerai celui « d'un calice et de sa pathène en argent doré », audacieusement commis dans la sacristie pendant que le curé, M. Delarbre, était occupé à accompagner un convoi[2]. L'enquête ouverte par le maire ne donna aucun résultat sur l'auteur de ce vol ; toutefois, elle permit de constater, par l'inspection des lieux, « que non

---

1. Archives de la Mairie : *Délibérations*, Reg. II, folio 44.
2. Archives de la Mairie : *Journal*, Reg. II, folio 91.

seulement il était urgent de poser des barréaux en fer aux croisées de l'église », isolée de toute habitation, et où deux tentatives de vol venaient d'être faites, mais que de coûteuses réparations étaient indispensables pour la conservation de l'église, dont « la construction remonte à des temps éloignés »[1].

Le 8 novembre 1837, le maire expose au Conseil que « l'église paroissiale réclame des réparations d'autant plus urgentes que la faible somme de 100 francs, annuellement votée et affectée à ces réparations, n'a pu suffire à l'entretien de vieux bâtiments, dont quelques-uns menacent ruines ». Afin de ne pas augmenter les charges communales, il propose au Conseil de faire une demande de secours au préfet, auquel il énumère en détail les réparations nécessaires dont il le prie de bien vouloir se charger.

Pour avoir une idée de leur importance, il faut savoir qu'on prévoyait :

1º Le rétablissement du portail de l'église, dont les parties qui forment le soubassement sont tellement dégradées que le frontispice surplombe;

2º le rétablissement du clocher, qui penche également sur sa base;

3º la réparation et le changement d'une gouttière, dont les eaux d'infiltration compromettent la solidité de la voûte;

4º la démolition de la sacristie qui occupe la partie de l'église la plus humide, et, par conséquent, la plus malsaine, ce qui présente le double inconvénient de priver d'air et de jour une assez grande partie de la

---

1. Archives de la Mairie : *Délibérations*, Reg. II, folio 48.

nef tout en ne préservant pas les ornements sacerdotaux des attaques de l'humidité qui les détériore insensiblement;

5° le percement d'un mur dans l'aile droite de l'édifice, et, au moyen de la cession proposée par M. le curé d'une des salles basses du presbytère, l'établissement en ce lieu d'une nouvelle sacristie;

6° la construction, sur l'emplacement qu'occupe en ce moment la sacristie, d'une chapelle dans laquelle seraient renfermés les fonts baptismaux, et, par suite, la réouverture des trois fenêtres qu'elle masque ou obstrue en grande partie;

7° enfin, la pose des barreaux de sûreté[1].

Telles étaient les grosses réparations que le Conseil, sans s'étonner, demandait au préfet de prendre à sa charge et dont le devis, dressé par M. Lequeux, architecte, montait à la somme de 5.040 francs. Cette somme n'était pas définitive, puisqu'une autre de 2.625 francs avait été jugée nécessaire, par le même architecte, pour exécuter, à la maison commune et aux écoles, les modifications que le Conseil désirait y apporter.

Le préfet fit savoir qu'il prendrait à sa charge le tiers de la somme totale, mais que la commune aurait à fournir les deux autres tiers.

C'est alors que, l'année d'après, le 6 septembre, le maire dut convoquer les principaux imposés pour leur demander de voter une nouvelle surimposition, en vue de l'exécution de ces travaux. Cette surimposition s'ajoutait à deux autres existantes déjà, l'une

---

[1]. Archives de la Mairie : *Délibérations*, Reg. II, folios 47-48.

destinée à faire face au traitement du garde champêtre, et l'autre, récente également, était réservée à l'amélioration des rues communales.

Les douze plus imposés, convoqués par lettre close, MM. Hennecart, Ardoin, Legentil, Lachaume, du Planty, Vallet L.-N., Lebert, Barat François, Crétu Guillaume, Thomas Alexandre, Compoint et Raget Pierre-Paul, après avoir entendu les explications de M. le maire, « consentent à l'unanimité à une nouvelle surimposition » et expriment le vœu que ces travaux soient promptement exécutés[1].

Cette grosse affaire avait été précédée d'une autre moins onéreuse pour le budget, mais importante pour la sécurité publique.

La police municipale avait été renforcée le 7 mai 1838 de quatre gardes honoraires choisis parmi les propriétaires cultivateurs, pour veiller plus spécialement aux déprédations commises dans les vignobles.

Le maire avait eu soin de faire remarquer à ses conseillers « 1º que le territoire de Saint-Ouen est d'une étendue qui ne permet pas au garde champêtre de le surveiller sur tous les points à la fois; 2º qu'il en résulte que des délits sont fréquemment commis et échappent à la vindicte publique; 3º que la proximité de la capitale amène sur le territoire de Saint-Ouen, pendant les beaux jours, c'est-à-dire dans les saisons où les récoltes ont le plus besoin d'être surveillées, de nombreux promeneurs qui y commettent des dégâts », qu'en conséquence, il proposait au Conseil de « nommer à la pluralité des suffrages

---

[1]. Archives de la Mairie : *Délibérations*, Reg. II, folio 53.

quatre gardes honoraires, choisis parmi les propriétaires cultivateurs, afin qu'ils puissent, concurremment avec le garde champêtre, veiller à la conservation des propriétés »[1].

Le choix du Conseil s'arrêta sur : Compoint Bon, conseiller municipal; Vallet, Gabriel-Thomas; Delacroix, M.-S.; Compoint, Jean-Jacques. Ils étaient nommés « à vie », mais « avec réserve de pouvoir donner leur démission ou d'être révoqués par le Conseil pour cause de malversation »[2].

Ils devaient être « décorés » d'insignes pour verbaliser, et les faire connaître. Ils portèrent en conséquence, « une bandouillère et une plaque y adhérente », l'une et l'autre fournies par la commune.

Nous verrons par la suite que cette fonction, honorifique en apparence, sera surtout périlleuse. L'innovation municipale n'aura qu'une durée presque aussi éphémère que celle d'un service « d'omnibus », qu'un entrepreneur de Clichy avait tenté d'organiser entre Saint-Denis et les Batignolles, avec arrêt sur la place d'Armes, et à la maison Blanche.

En cette même année 1838, le Conseil rejeta une fois encore, le 29 septembre, le projet de création d'un octroi de banlieue, prétextant que la commune avait à peine un millier d'habitants, et repoussa, l'année d'après, en 1839, le 6 juin, la proposition intéressée du Conseil municipal de la commune des Batignolles-Monceaux, demandant la création d'un nouveau canton, dont elle serait le chef-lieu. Nos conseillers

---

1. Archives de la Mairie : *Délibérations*, Reg. II, folio 50.
2. *Ibid.*, folio 51.

déclarèrent vouloir continuer « comme par le passé à faire partie de la juridiction du canton de Saint-Denis »[1].

Après avoir reçu de l'autorité préfectorale une subvention de 79 francs pour le budget de l'instruction publique, et avoir admis, comme instituteur communal, le 19 octobre 1839, sur la proposition du comité de l'Instruction publique, M. Maître, Désiré « qui justifie de son diplôme de capacité et d'un certificat de moralité », le Conseil s'occupa de dresser la liste des électeurs communaux, en vue des futures élections municipales, fixées au 21 juin 1840, « afin de pourvoir au remplacement des six conseillers désignés par le sort, le 28 mai, et dont les pouvoirs expiraient ».

Ces élections allaient incessamment amener une nouvelle orientation dans la marche des affaires communales, consécutive à la nomination du nouveau maire.

---

[1]. Archives de la Mairie : *Délibérations*, Reg. II, folio 59.

FAÇADE ET CLOCHER DE L'ÉGLISE SAINT-OUEN

Le 19 novembre 1840, le maire du Planty posa la première pierre de ce portail. L'édifice date du XIIe siècle. Le clocher a été rebâti au XVIIe siècle. Il renferme une belle cloche du XVIIIe siècle mutilée pendant la Révolution.

(Cliché Guy.)

CHAPITRE VIII

Nouveaux Conseillers. — Étaiement du fronton de l'Église. — Pose de la première pierre. — Le maire du Planty. — Le curé Leştrade. — Différend avec l'ancien curé. — Découverte de statuettes. — L'île Saint-Ouen. — Le passage des cendres de Napoléon Ier. — Nouvelles taxes. — Hygiène communale. — Lettres de Mme du Cayla. — Droits de voirie. — La pompe à incendie. — La visite de M. Stoffer. — Augmentation des revenus financiers. — Vente d'une parcelle de terrain communal.

Depuis la loi du 21 mars 1831, le Conseil municipal de Saint-Ouen était composé de douze membres, nommés pour six années, par les électeurs communaux qui étaient au nombre de cent exactement, et dont la liste avait été dressée par les commissaires-conseillers, désignés par leurs collègues.

Le Conseil était renouvelable, par moitié, tous les trois ans.

Cette façon de procéder, avait l'incontestable avantage d'assurer la marche régulière des affaires municipales, en ne désorganisant pas complètement l'assemblée communale, lors des élections. Les six nouveaux élus étaient sûrs de trouver tout de suite, et pendant trois ans, les renseignements dont ils avaient besoin pour la connaissance des affaires que les six anciens continuaient d'administrer conjointement avec eux.

Nous connaissons les anciens conseillers élus le 28 mai 1837 : MM. Vallet, G.; Delacroix, M. S.; Compoint, L.-N., maire; Leclercq, O.-G.; Faber, L.-A.; Compoint, B.-P. qui légalement restaient en fonctions.

Les nouveaux, nommés le 21 juin 1840, étaient : MM. Lachaume; du Planty; Legentil; Bourdin, N., élus à la majorité absolue, et MM. Bénard, F.; Guérard, M.-G., élus à la majorité relative [1].

La réception du serment de ces nouveaux membres eut lieu entre les mains du maire, le 12 juillet 1840, le jour même de leur installation.

Le Conseil municipal ainsi composé allait de suite se mettre à l'œuvre et se trouver immédiatement en présence de grosses difficultés pécuniaires, qu'il surmonta cependant, grâce à son désintéressement et surtout grâce à l'initiative d'un des nouveaux élus, le Dr du Planty qui, dès le 8 août, remplaça L.-N. Compoint dans ses fonctions de maire [2].

Dans la séance de ce jour, à laquelle les principaux imposés assistaient, « M. le maire a donné lecture de la lettre du sous-préfet, ayant pour objet les travaux à exécuter tant à l'église qu'à la maison commune et au presbytère ». Le devis de ces travaux, primitivement fixé à la somme de 7.600 francs, le 23 mars 1839,

---

[1]. Archives de la Mairie : *Délibérations*, Reg. II, folio 67.
[2]. Archives de la Seine : Série M, carton 36.

s'élevait maintenant à celle de 17.785 fr. 10, par la faute de l'architecte départemental qui, après avoir commencé à l'église certains gros travaux dans des conditions déplorables, jugea inutile de les surveiller [1].

Cette négligence coupable qui faillit amener une catastrophe avait été signalée au sous-préfet, le 1er novembre 1839, par le maire L.-N. Compoint.

> Nous sommes menacés de voir la façade qui donne entrée dans l'Église, tomber au premier moment, par suite des réparations qu'on a faites dans le soubassement, sans que l'architecte en ait surveillé l'exécution et sans qu'on ait ordonné d'étayer préalablement le fronton de l'Église, qui déjà était saillant par son ordre d'architecture.
>
> Ce n'est que lorsque les ouvriers se sont aperçus du danger de l'écroulement de la façade entière, qu'ils sont allés à plusieurs reprises trouver M. l'Architecte; et le Curé lui ayant écrit pour lui témoigner les craintes de l'événement, il s'est enfin décidé à venir voir ce qui se passait dans les travaux de la commune, et c'est alors qu'il a dit qu'il était indispensable d'étayer le fronton.
>
> Il n'est plus revenu, il s'est contenté de m'écrire pour charger les ouvriers de faire cet étaiement et n'a plus reparu, de telle sorte que, lui n'étant pas revenu voir cet étaiement, il sera peut-être mal fait.
>
> Je suis désolé, M. le Sous-Préfet, d'être obligé de vous signaler une négligence aussi préjudiciable pour la commune, de la part de M. l'Architecte. Il est évident que cette négligence nous entraînera à une dépense plus que double à celle préalablement jugée par lui-même, pour faire les réparations indispensables.
>
> Vous remarquerez, monsieur le Sous-Préfet, que nous allons être dans l'impossibilité de subvenir à cette augmentation de dépenses, puisque déjà nous sommes imposés au maximum et pour le délai voulu par la loi.

---

1. Archives de la Mairie : *Délibérations*, Reg. II, folio 57.

Je vous supplie, M. le Sous-Préfet, d'avoir la bonté qu'à l'avenir nos travaux soient surveillés de manière à ce qu'il ne puisse s'y glisser des erreurs aussi grossières[1]. »

Les craintes de l'ex-maire n'étaient point imaginaires, mais il appartenait à son successeur de prendre les mesures nécessaires pour réparer le mal que L.-N. Compoint s'était contenté, philosophiquement, de signaler à l'attention du sous-préfet, sans oser prendre les moyens que comportait la situation : ces mesures consistaient principalement à trouver les fonds suffisants pour mettre fin à un état de choses déplorable qui, tout en grevant le budget communal, ne solutionnait en rien la question.

Il y avait urgence à hâter l'achèvement des travaux entrepris « car leur retard causerait un préjudice énorme à la commune, vu le danger qu'il y aurait à laisser l'église dans l'état actuel, son fronton étant soutenu par des étais qui coûtent beaucoup », mais dont le maintien était cependant indispensable, tout en laissant le mal s'aggraver. En effet « l'écartement causé par la séparation du fronton au corps principal de l'édifice laisse pénétrer dans l'intérieur l'eau du ciel, qui couvre quelquefois le pavé de l'église de 0 mètre 15 cm. d'eau, dans les grandes pluies »[2].

Une commission départementale était venue à Saint-Ouen, le 6 avril 1840, et avait décidé « que de nombreux travaux étaient indispensables ». Ils s'élevaient, dans leur ensemble, à la jolie somme de 17.195 fr. 10. Naturellement, la commune ne pou-

---

1. Archives de la Mairie : *Journal*, Reg. II, folio 118.
2. Archives de la Mairie : *Délibérations*, Reg. II, folio 68.

vait pas toute seule en supporter les frais; l'administration supérieure lui vint en aide, « connaissant nos ressources communales et nos obligations à remplir; elle a proposé l'allocation d'un secours des trois cinquièmes de la dite somme », laissant à la charge de la commune le paiement des deux cinquièmes.

Le Conseil municipal et les principaux imposés avaient dû se réunir pour discuter, et, finalement accepter le devis de l'architecte, tout en cherchant la combinaison financière qui permettrait de faire face aux dépenses. Ils avaient décidé, « vu l'impossibilité qu'il y avait d'augmenter le chiffre de la surimposition qui frappe lourdement les contribuables », de voter la prolongation de cette surimposition, sans en changer le chiffre, pendant quatre ans, à partir de la fin de l'année 1842, jusqu'à la fin de 1846 [1].

L'urgence de l'exécution fut également décidée et, quelques mois plus tard, eut lieu la pose de la première pierre, en présence de toutes les autorités locales et du nouveau curé Jean-Baptiste-Gervais Lestrade.

« L'an Mil huit cent quarante, le dix-neuf Novembre à deux heures de relevée, immédiatement après l'installation de Monsieur l'Abbé Lestrade curé de cette Commune, LOUIS-PHILIPPE Ier, étant ROI des Français,........., Ministre de l'Intérieur, le Pair de France, Comte DE RAMBUTEAU, Préfet de la Seine, L. MÉCHIN, sous-Préfet de l'Arrondissement de Saint-Denis; a été posée la première pierre du Portail de l'Église paroissiale de Saint-Ouen (Seine) par LOUIS-JOSEPH DU PLANTY, Maire de cette Commune, laquelle contient l'inscription ci-dessus, gravée sur une plan-

---

1. Archives de la Mairie : *Délibérations*, Reg. II, folio 62.

che d'étain, plus une pièce de un Franc unité monétaire de la présente année.

Étaient présents : MM. BÉNOIT JACQUES; LEBERT J^a J^b f^{ols}; COMPOINT L. N^{as}; LECLERC O. G^{as}; GRINDEL Membres de la Fabrique; et MM. LACHAUME, LEGENTIL, N. BOURDIN, G. VALLET, P.-B. COMPOINT, M.-J. GUÉRARD, F. BENARD, LECLERC et FABER, Membres du Conseil Municipal, MICHEL-SÉBASTIEN DELACROIX, Adjoint au Maire, M. LEQUEUX Architecte de l'Arrondissement de Saint-Denis et P.-P. RAGET Entrepreneur de Maçonnerie. [1] »

Ce procès-verbal nous apprend que M. Lestrade venait de succéder à M. Delarbre, comme curé de Saint-Ouen. Une difficulté surgie en septembre, entre le maire et le curé, relativement à la distribution des prix qui se faisait habituellement dans l'église, n'avait peut-être pas été étrangère au changement du titulaire de la cure.

Dans une lettre datée du 18 septembre 1840, le Dr du Planty expose ainsi la question au sous-préfet de Saint-Denis :

Monsieur,

Je viens d'apprendre à l'instant que M. l'Archevêque de Paris avait fait défendre à M. le Curé de Saint-Ouen de permettre que la distribution des prix de nos écoles communales, fixée au 20 courant, ait lieu dans l'Église comme les années précédentes, n'ayant pas dans notre commune un local convenable où puissent être réunis deux cents enfants avec leurs parents.

Les années précédentes le plus grand calme et la plus grande décence présidaient à cette solennité, et l'Église lui donnait une gravité salutaire. Je viens vous demander, M. le Sous-Préfet, quelle conduite je dois tenir en cette circon-

---

[1]. Archives de la Mairie : *Journal*, Reg. III, folio 1.

stance. Il me serait pénible de frustrer nos bons élèves de l'espoir qu'ils ont justement conçu en ne réunissant pas les écoles pour cette distribution.

J'espère, Monsieur, que vous prendrez en considération cette lettre et me direz dans le plus bref délai possible si je dois passer outre et ordonner l'accomplissement de la cérémonie comme par le passé.

Le contraire aurait de graves résultats dans cette commune dont les habitants supportent avec peine et murmurent après les sacrifices que leur impose l'Église.

J'ai l'honneur d'être avec respect, M. le Sous-Préfet, votre très humble et très obéissant serviteur.

Du Planty [1].

J'ignore en quel sens le sous-préfet de Saint-Denis trancha le différend signalé par le maire et quelle part de responsabilité incombait au curé Delarbre; en tout cas, ce dernier n'était plus à Saint-Ouen lors de la cérémonie d'inauguration des travaux.

Ceux relatifs à la reconstruction du portail furent poussés avec activité, sous la surveillance de M. Lequeux et sous celle, non moins vigilante, du Dr du Planty, qui avança une forte somme pour en hâter l'exécution.

Plusieurs versions existent sur l'architecture de l'ancien portail et sur la découverte de statuettes. J'emprunte au *Moniteur* du 21 décembre 1842 la description de l'une et de l'autre :

« Le portail de l'Église du village de Saint-Ouen, près de Paris, menaçait ruine, quoique à peine un siècle se fût écoulé depuis sa construction. Ce portail, d'un style lourd et tout à fait en désaccord avec le

---

[1]. Archives de la Seine : Série Te, carton 78.

surplus de l'église, dont quelques parties sont fort remarquables, dut être démoli, et M. Lequeux, architecte de l'arrondissement de Saint-Denis, fut chargé de refaire un portail nouveau.

« Cet architecte, en faisant démolir les fondations mal construites qui s'étaient écrasées sous le poids de l'ancien portail, trouva, parmi les moellons et les blocages, cinq statues en pierre, hautes d'environ un mètre, et un bas-relief.

Ces sculptures remontent à la fin du XVe siècle et faisaient probablement partie de la façade que le portail, démoli récemment, avait remplacée. Les statues, quoique mutilées dans quelques parties, et sans doute par la pioche des bâtisseurs, ne sont pas sans intérêt; une d'elles représente un évêque qui, assis, la crosse en main, donne la bénédiction; les autres sont debout et représentent, l'une, sainte Catherine, tenant dans la main gauche une petite roue, comme signe caractéristique de son martyre; l'autre, un évêque; et les deux dernières, des saintes femmes.

Dans le bas-relief on voit un ange présentant l'hostie à une jeune femme.

M. le comte de Rambuteau ayant accordé, sur les fonds mis à sa disposition, la somme nécessaire pour la restauration de ces sculptures, l'architecte les a fait concourir à la décoration du nouveau portail, qui rappelle, par son style, l'architecture du XVe siècle en Italie, au temps des Bramante et des Baccio-Pintelli [1]. »

---

[1]. Archives de la Seine : *Le Moniteur universel*, 21 décembre 1842, p. 2347.

Dans mon *Histoire de Saint-Ouen pendant la Révolution*, j'ai rapporté, d'après des documents puisés aux archives de la Seine, que ces statuettes avaient été enterrées secrètement par les habitants de Saint-Ouen, en 1789, peu de jours après la prise de la Bastille, dans l'endroit où elles ont été trouvées en 1841.

Quant aux personnages qu'elles représentent, toujours d'après ces mêmes documents, il s'agirait de saint Ouen, saint Jean, et d'un personnage inconnu, sur le tympan frontal de la façade; sainte Catherine et sainte Agnès seraient représentées, la première dans la niche de la façade terminant le bas côté droit, la seconde dans la niche de gauche. Le bas-relief encastré dans la clef de la porte principale figurerait la Visitation [1].

Dans son *Écho pastoral*, M. Guy, curé de Saint-Ouen, voit, dans ce bas-relief, « la communion de la sainte Vierge par saint Jean » [2].

Toutes ces opinions peuvent se concilier facilement; elles se complètent même, et, en somme, n'ont entre elles rien de trop contradictoire.

Un fait acquis, c'est que ces antiques statuettes sont du même style que certaines parties de l'église, et, par conséquent, lui appartiennent bien.

En amateur d'antiquités et en fin connaisseur, le Dr du Planty s'intéressa vivement à la découverte des terrassiers, et obtint de l'architecte que les statues seraient utilisées pour la décoration de la façade de l'édifice.

---

1. Archives de la Seine : *Inventaire général des œuvres d'art*, t. I.
2. *Écho pastoral*, octobre 1911, p. 225.

Tout en donnant ses soins à cette restauration architecturale, le maire ne perdait pas de vue les différents services communaux. Dès le 3 septembre 1840, il avait obtenu le vote de 3.038 fr. 30 pour le pavage de la rue de Paris, depuis l'impasse de l'Écu-de-France jusqu'à la rue Saint-Denis [1].

Cette question de l'entretien des rues sera une de ses grosses préoccupations et deviendra une lourde charge pour le budget communal, pendant quelques années, par suite des travaux de construction des fortifications de Paris.

Beaucoup de matériaux étaient débarqués ou embarqués sur la rivière de Seine, et il résultait, du passage des lourdes voitures à travers les rues de la commune, une usure incessante des pavés et de continuelles réparations. La rue du Landy, la plus fréquentée des voies communales, voyait passer chaque jour, à elle seule, « cent cinquante » véhicules de toutes sortes.

Aussi, pour faire face à ces charges véritablement écrasantes, et pour pouvoir réaliser différents projets communaux, le maire chercha-t-il à établir différentes taxes municipales.

Il avait pensé, dès le début de son arrivée au pouvoir, retirer quelque bénéfice de la suppression du monopole du passage d'eau de Saint-Ouen à Gennevilliers, qui était affermé au sieur Clément, meunier du Moulin de Cage, dans l'île dite du Chatellier. Il croyait qu'il y allait de l'intérêt de tous, — et aussi un peu de celui des finances communales, — « de

---

1. Archives de la Mairie : *Délibérations*, Reg. II, folio 69.

multiplier les points d'embarquement et de débarquement, surtout où il y a danger ». Il réclamait le droit pour la commune « de gérer la matière » pour le bien général et, en particulier, « pour la morale et le salut public ».

Malheureusement, la surveillance de l'île du Chatellier, appelée aussi île de Saint-Ouen, avec intention peut-être, n'était pas du ressort de la commune [1]. Cette dernière, en réalité, avait tous les inconvénients de ce voisinage, sans en retirer aucun avantage pour ses finances. Le moyen proposé par le maire pour remédier à la situation n'eut pas plus de succès que les réclamations des précédents Conseils qui, déjà, s'étaient intéressés au sort de l'île dans un but plus ou moins avoué.

Elle était très fréquentée pendant la belle saison « par de nombreux baigneurs qui venaient s'ébattre sur ses rives », et aussi par les promeneurs et les amateurs de plaisirs champêtres. Ils prenaient, sans contrainte, leur ébats dans la longue avenue du Moulin de Cage, située au milieu de l'île, qu'elle parcourait dans toute son étendue et où se tenaient les bals publics.

Quantité de guinguettes étaient bâties sur pilotis, dans un équilibre plus ou moins stable, en bordure de la Seine. Les pêcheurs à la ligne pouvaient y savourer, tout à loisir, leur friture de Seine arrosée du picolo des vignobles de Saint-Ouen.

La grande vogue de l'île date de cette époque et dura jusqu'en 1852; puis, elle fut peu à peu délais-

---

1. Fernand Bournon, *l'Ile Saint-Denis*, p. 14.

sée, mais eut encore un certain succès jusqu'en 1870.

Un poète contemporain, Blanc du Fugeret, dans ses poésies légères, publiées en 1834, célèbre les beautés du paysage et les charmes de « ces rives fleuries », déjà chantées par Mme Deshoulières, dans son style idyllique, avec la grâce que l'on sait. Il se plaît à faire l'éloge de Saint-Ouen, qu'il appelle « joli petit village de Paris sur les bords de la Seine », dans une ronde qui se chantait sur l'air du quart d'heure de Rabelais, et dont voici quelques couplets [1] :

> Nymphes à qui de la Seine
> Jupin confia le soin,
> Je veux de votre domaine
> Chanter le plus joli coin.
>
> De vous j'ai grand besoin,
> Guidez ma voix incertaine
> Ne me refusez point,
> Ensemble chantons Saint-Ouen
>
> Ici l'on dit ce que l'on pense
> Ici l'on fait ce que l'on veut,
> Ici l'on chante et l'on danse
> Ou bien l'on dort, si l'on peut.
>
> Trouvez-moi donc un coin,
> Un pays dans notre France,
> Où l'on soit à tout point
> Aussi libre qu'à Saint-Ouen.

Cette beauté romantique, gâtée une première fois par la construction du pont qui réunissait l'île à la commune, devait subir un dommage irréparable

---

1. Blanc du Fugeret, *Poésies légères*, p. 17.

quelque vingt ans plus tard, lorsque le génie militaire ordonna son déboisement, en même temps que la destruction du Moulin de Cage, lequel faisait partie intégrante du paysage et dont l'effet pittoresque était particulièrement saisissant, vu de la place de l'Église.

C'est sur cette terrasse, d'où la vue embrasse un horizon superbe et découvre une assez longue étendue du cours de la Seine, que la population de Saint-Ouen se rassembla le 14 décembre 1840, par une froide journée d'hiver, pour contempler, au milieu des feux de joie allumés sur les rives du fleuve, un spectacle inoubliable [1].

Une flottille, composée de dix petits bateaux à vapeur, s'avançait majestueusement, sous les ordres du prince de Joinville, accompagnant les restes de Napoléon Ier, ramenés de Sainte-Hélène par la frégate *La Belle-Poule*.

Le bateau portant la dépouille mortelle était peint en noir, et avait arboré à son grand mât le pavillon impérial.

Le cercueil de l'Empereur, recouvert du drap mortuaire rapporté de Sainte-Hélène, se trouvait à l'avant. Il était entouré de prêtres brûlant de l'encens, et de marins, la hache d'abordage sur l'épaule.

A l'arrière du bateau, un canon tonnait de distance en distance, annonçant le passage du convoi funèbre.

Bientôt il disparut dans la direction de Courbevoie, où il s'arrêta, pour reprendre le lendemain sa marche triomphale, qui se termina aux Invalides [2].

---

1. Renseignements fournis par Mme Bourdin, témoin du spectacle.
2. Henri Martin, *Histoire de France*, t. V, p. 312.

La municipalité de Saint-Ouen, contrairement à celle de la ville voisine, Saint-Denis, n'avait organisé aucune réunion officielle pour saluer le passage des cendres de l'Empereur. C'est que le nouveau maire, du Planty, né pendant l'exil de sa famille en Angleterre, où elle demeura jusqu'à la chute de l'Empire, n'était point un partisan de la politique impériale.

La population partageait, en général, les sentiments du maire à l'égard de l'Empire.

Il n'y eut donc aucune manifestation officielle, mais un simple mouvement de curiosité respectueuse.

Les registres municipaux n'enregistrèrent pas le passage du funèbre convoi, qui, dans certaines localités, comme à Saint-Denis, prit les proportions d'un événement sensationnel [1].

Le principal souci du maire, pour l'heure présente, était de consacrer son temps, ses forces et son intelligence à l'administration de la commune, dont il aurait bien voulu enrichir le budget.

Il se proposait, dans ce but, d'établir certains droits que les nombreux amateurs des plaisirs champêtres de l'île Saint-Ouen auraient supportés en majeure partie, s'il avait pu réussir dans le projet qu'il caressait, de la rattacher, administrativement parlant, au territoire communal. N'ayant pas abouti de ce côté, il chercha par ailleurs le moyen d'augmenter les finances.

Dans la séance du 8 février 1842, le Conseil, considérant que les dépenses de la commune surpassent

---

[1]. Fernand Bournon, *Histoire de la ville et du canton de Saint-Denis*, p. 62.

de beaucoup les recettes, « est d'avis qu'il y a toute nécessité de profiter des droits que la loi accorde aux communes pour se créer des revenus ». En conséquence, il commence par décider que la taxe municipale de 20 francs, votée le 12 mai 1830, pour chaque demande administrative en vue d'entourer la tombe d'un défunt, et dont la pose d'une croix en bois était exempte, serait portée à 25 francs et étendue, à l'avenir, « à tout demandeur » d'une autorisation quelconque [1].

Il décide encore ce même jour « l'établissement et le tarif des droits à percevoir sur les bateaux, les trains qui stationnent pour chargement et déchargement sur la rivière de la Seine ». Un arrêté du maire, en neuf articles, fixe ces droits et ceux concernant « le dépôt de moellons et de sable depuis le lieu dit : la Côte, jusqu'à la commune de Clichy ».

La préfecture se montra quelque temps hostile à cette création, dont elle craignait les conséquences fâcheuses pour le commerce et maintint son *veto*, malgré plusieurs délibérations successives.

Toujours dans le but d'augmenter les ressources financières et aussi dans celui d'une hygiène bien comprise, dont le Dr du Planty se montra fort soucieux dès le début de sa magistrature, il prend, le 10 février 1842, un arrêté pour organiser un service municipal de nettoyage public, portant, comme sanction, la peine d'une amende pour quiconque ne se soumettrait pas à ce nouveau règlement de police municipale.

---

1. Archives de la Mairie : *Délibérations*, Reg. II, folio 75.

Il allait bientôt créer un service public hebdomadaire d'enlèvement des ordures ménagères et domestiques, que l'incurie des habitants laissait trop souvent en permanence dans les rues ou à la porte de leurs demeures. Une somme était prévue au budget pour être donnée « à forfait à un demandeur, à condition par lui de se conformer aux règlements de police communale », lesquels prévoient :

« 1° Les dimanches et fêtes, à dix heures du matin, il (le concessionnaire) sera tenu d'enlever les immondices, fumiers qui, à cette heure, ne l'auraient pas été et qui deviendront sa propriété;

« 2° Cet enlèvement devra être fait dans le délai de deux heures, et toute contravention sera punie d'une amende de un franc, retenue le trimestre suivant.

« En outre, tout habitant de la commune qui, à dix heures du matin, les jours sus-mentionnés, n'aura pas balayé la devanture de sa maison ou propriété, sera passible d'une amende de deux francs ou, sur refus, procès-verbal sera dressé à qui de droit.

« La même amende ou formalité sera infligée à tout cultivateur ou entrepreneur qui, les jours fériés, laisserait sur la voie publique, toute voiture ou dépôt d'instruments [1]. »

Nous n'étions plus aux beaux jours de l'administration du débonnaire J.-B. Poirié, attendant la réquisition des officiers étrangers, pour acheter des balais et des pelles, afin de procéder au nettoyage du village.

Les registres municipaux ne nous apprennent pas

---

[1]. Archives de la Mairie : *Délibérations*, Reg. II, folio 76.

si les amendes prévues furent souvent appliquées. Il y a tout lieu de supposer que, pour les gens intéressés, la peur de la contravention fut le commencement de l'exécution des règlements de police. Le résultat le plus immédiat devait être une meilleure hygiène communale.

Il était temps d'agir et de mettre un peu d'ordre dans toutes les questions d'hygiène rurale, lesquelles, jusqu'à ce jour, avaient été par trop négligées.

L'incurie des habitants n'était, d'ailleurs, souvent égalée que par le sans-gêne avec lequel ils agissaient les uns envers les autres. Il en résultait parfois des réclamations en bonne et due forme, adressées aux pouvoirs publics que le Dr du Planty, en sa qualité de maire, devait examiner et chercher à solutionner.

Reconnaissons que certaines plaintes étaient fondées, comme celle, par exemple, de la comtesse du Cayla qui, dans sa lettre « à M. du Planty, maire de Saint-Ouen », signale un fait précis, anti-hygiénique par excellence, et fixe, en même temps, un petit point d'histoire locale [1].

Paris, 11 juin 1842.

Dans toutes mes petites détresses injustes et désagréables qui m'arrivent pour Saint-Ouen, vous voulez bien, Monsieur, être mon refuge et je viens vous supplier aujourd'hui, de réclamer en mon nom, contre un nouveau procédé qui, je l'espère, se trouvera en contradiction avec les loix (*sic*) :

Au lieu de murs pour clôture, j'ai préféré en placer un plus bas que le sol avec un saut de loup; et aujourd'hui au

---

[1]. L'autographe de cette lettre et de la suivante m'a été très obligeamment communiqué par Mme Lubeck.

risque de détruire le mur et d'empoisonner les alentours, on a pris mon fossé pour faire un égout; et cela rapidement, sans en prévenir, comme l'on ferait une escroquerie.

Veuillez, monsieur, comme maire et comme ami, me défendre, vous y opposer : et me dire s'il faut employer les voies judiciaires pour faire cesser cet état de choses le plus promptement possible.

Je m'en remets à votre justice et à votre obligeance. Si je ne partais en ce moment, je me serais tout de suite transportée à Saint-Ouen, où je compte bien aller dans le courant de la semaine prochaine, mais il ne faut pas perdre de tems (sic).

Je serai bien reconnaissante de tout ce que vous voudrez bien faire pour moi.

Recevez, monsieur, avec l'expression de ma gratitude, celle de toute ma plus parfaite considération.

T., Comtesse du CAYLA.

Malgré l'intervention du maire pour faire cesser l'abus dont se plaignait Mme du Cayla, la solution, qu'elle espérait prompte, dut se faire attendre quelque peu, puisque nous la voyons revenir à la charge, quatre mois plus tard, dans une seconde lettre envoyée de Benon (Charente-Inférieure), le 23 septembre 1842, où la délicate comtesse était allée respirer un air plus pur et moins odorant que celui du voisinage de sa propriété de Saint-Ouen.

Monsieur du Planty, maire de Saint-Ouen,

Je suis toujours charmée, monsieur, de recevoir une preuve de votre souvenir et de votre intérêt pour ma maisonnette (sic), il me semble impossible avec votre bonne persévérance, que vous ne parveniez pas à empêcher ce fleuve empoisonné de tomber sur mes fleurs.

Je ne saurais trop vous prier de ne pas lâcher prise contre

les iniquités de l'administration, et sur ce point M. B. fera tout ce que vous lui conseillerez; mais vous, la première autorité de la commune, devez enfin être écouté avant tout autre.

Veuillez ne pas négliger en grâce l'affaire aquatique dont je suis désolée, et recevoir, monsieur, l'assurance de mes sentimens (sic) les plus distingués.

T., Comtesse du Cayla.

Le fleuve empoisonné, en l'occurrence le saut du loup transformé en égout à ciel ouvert, contournant la propriété, coulait peut-être avec moins d'abondance en été qu'en hiver, mais dégageait sans doute la même odeur insupportable et demeurait, en toutes saisons, un danger permanent.

Les mesures de police municipale prises par le maire s'imposaient donc, et des sanctions devenaient nécessaires envers tous ceux qui, par négligence ou par habitude, plutôt que par parti pris, étaient trop enclins à les considérer comme nulles et non avenues.

Quant à la circulation des voitures dont nous avons déjà parlé, elle avait le gros inconvénient d'être particulièrement onéreuse pour la commune en cette année 1842. « Les fortifications et la construction des routes occasionnent un passage continuel de voitures surchargées; il en résulte un dommage continuel, consistant dans l'écrasement du pavé, dommage auquel elle ne peut parer faute des crédits suffisants [1]. »

Pour comble de malheur dans la situation financière déjà fort précaire, l'année d'après, en 1843, la foudre tombe sur l'église paroissiale en cours de

---

[1]. Archives de la Mairie : *Délibérations*, Reg. II, folio 78.

restauration, et occasionne des dégâts qui, ajoutés à diverses dépenses de construction non prévues, augmentent de 7.526 fr. 19 le devis primitif, « portant ainsi la somme totale des mémoires relatifs aux réparations de l'église, du presbytère, de la mairie, etc. à 24.115 fr. 42 centimes [1] ».

Le Conseil, ne pouvant supporter ce surcroît de dépenses, « supplie donc l'autorité supérieure de lui accorder une allocation particulière pour le paiement du dit supplément ».

Il fallait s'ingénier à trouver des ressources pour tâcher de réparer tous ces désastres et aussi pour venir en aide « aux malheureux ouvriers » employés à la construction des fortifications, dont « chaque jour l'admission dans les hospices et hôpitaux de Paris » devenait de plus en plus difficile, par suite de l'encombrement, et qui, alors, en cas de maladie, restaient à la charge de la commune.

Pour faire face à ces besoins pressants, dont la nécessité était inéluctable, le maire prit une mesure énergique, le 24 octobre 1843, d'accord avec les anciens conseillers et les six nouveaux élus le 25 juin, en faisant voter l'établissement de droits de voirie, au profit de la caisse municipale, sur toutes les rues publiques à l'intérieur de la commune, et l'adoption d'un tarif sur les constructions neuves, les constructions en saillie, fixes ou mobiles, et sur tous les travaux ou réparations. Ces droits devaient être perçus à partir du 1er janvier 1844 [2].

---

1. Archives de la Mairie : *Délibérations*, Reg. II, folio 80.
2. *Ibid.*, folios 84-85.

Le 27 octobre, le maire publia un règlement d'administration publique sur cette question.

Il est inutile et il serait fastidieux d'entrer dans les détails des tarifs et de réglementation. Je me contenterai de dire que le régime du bon plaisir était fini, et, qu'à l'avenir, les permis de construire ne devaient être donnés qu'à bon escient et allaient devenir une cause sérieuse de revenus pour le budget, qui en avait grand besoin. La situation financière devait encore s'améliorer prochainement par la perception des droits de stationnement sur « les bateaux, trains et les batelets », que le ministre avait, tardivement et non sans peine, approuvés en fin d'année 1843.

Le sieur Maître, secrétaire de la mairie et instituteur communal, fut nommé « préposé à la perception de ces droits ». Il devait toucher une remise de 10 p. 100 « pour l'indemniser des peines de sa gestion »[1].

Le Dr du Planty est vraiment le premier maire de Saint-Ouen qui se soit ingénié à chercher les moyens efficaces pour augmenter sensiblement les revenus communaux, afin d'améliorer tous les services municipaux et conséquemment la situation communale.

Une de ses principales réformes après sa réinvestiture dans ses fonctions de maire[2] et l'approbation par l'autorité préfectorale de ces nouvelles taxes municipales, fut l'acquisition d'une pompe à incendie dont le besoin était urgent, et pour laquelle le Conseil vota une somme de 200 francs le 9 novembre 1843[3].

La commune ne disposait jusqu'à ce jour, en cas de

---

1. Archives de la Mairie : *Délibérations*, Reg. II, folio 88.
2. Archives de la Seine : Série M, carton 36.
3. Archives de la Mairie : *Délibérations*, Reg. II, folio 87.

sinistre, que de deux pompes « à feu », qui ne lui appartenaient pas, mais qui, plusieurs fois déjà, lui avaient été obligeamment prêtées par leurs propriétaires, M. Hennecart, dans le quartier du port, et Mme du Cayla.

Le 9 novembre 1844, le Conseil vota le complément de la somme nécessaire pour le paiement de la pompe et de ses accessoires, vendus le 22 août 1844, par le sieur Thirion, mécanicien. Le mémoire s'élevait à la somme de 925 francs, mais la part de la commune se trouvait réduite à 479 fr. 50, la Cie d'Assurance Mutuelle (A. M.), à laquelle étaient assurés les bâtiments communaux, depuis 1830, ayant pris à sa charge la moitié de la somme sus-énoncée [1].

Par suite de l'insuffisance des ressources communales que les nouvelles taxes n'avaient pas encore eu le temps d'enrichir suffisamment, la compagnie des sapeurs-pompiers, indispensables pour le transport et la manœuvre de la pompe, ne put être équipée qu'en l'année 1846, où le Conseil vota, le 4 novembre, une somme de 665 francs [2].

Le maire avait été plus heureux dans l'acquisition d'une pompe à incendie qu'avec son projet « de construction d'un mur de soutènement au bas de la côte, en face de l'église, pour s'opposer aux éboulements continuels des terres formant cette côte, et de décoration de la place de l'église ».

Malgré toutes les bonnes raisons données à l'appui de sa demande et qui, semble-t-il, auraient dû faire

---

1. Archives de la Mairie : *Délibérations*, Reg. II, folio 92.
2. *Ibid.*, folio 101.

décréter ce projet d'utilité publique, il ne reçut pas l'approbation de M. Stoffer, ingénieur des ponts et chaussées. Ce dernier, après avoir examiné les lieux dans le courant d'avril 1844, en présence du maire et de son Conseil, adressa un rapport où il concluait « qu'il n'y avait pas lieu à construire le mur demandé ».

Il s'efforça, en outre, pendant son inspection, d'être désagréable envers tout le monde et y réussit parfaitement.

Le maire ne put admettre les conclusions du rapport de M. Stoffer ni surtout sa façon de faire. Convaincu de l'urgence de sa demande, il rétorqua tous les arguments de l'ingénieur, et après avoir pris l'avis de M. Lequeux, sur l'utilité de la construction, il insista de nouveau près de l'autorité supérieure, en spécifiant « qu'il espérait qu'un nouvel examen de l'état des choses serait fait et que droit serait fait à sa demande »[1].

Il crut devoir protester, en même temps, en son nom et au nom des conseillers, contre la conduite de M. Stoffer « qui, lors de sa visite à Saint-Ouen, en avril dernier, oublia même les égards dus à l'autorité locale non rétribuée, surtout lorsque cette autorité bien disposée fait son possible pour l'entretien des biens communaux ».

Ce cri de protestation semblait d'autant plus justifié que la demande de la commune était très modérée, et d'autre part, motivée par les accidents arrivés aux nombreux promeneurs et enfants qui gravissaient

---

1. Archives de la Mairie : *Délibérations*, Reg. II, folio 83.

cette « dangereuse berge », dont les éboulements, occasionnés par les pluies qui y creusaient de profonds sillons, étaient continuels, surtout depuis que le pied de la côte avait été tranché pour donner au chemin de halage la largeur voulue.

La commune ne demandait au département que la construction du mur de soutènement et offrait de faire, à ses frais, tous les travaux de nivellement et de décoration de la place « d'où la vue embrasse une vaste étendue ».

Mais, hélas ! grâce à la tutelle préfectorale qui, trop souvent, semble éprouver un malin plaisir à paralyser les efforts des communes et à décourager les meilleures volontés, de longs retards devaient être apportés à la réalisation d'un projet trop beau pour être exécuté de suite.

Le Dr du Planty ne fut pas plus heureux, en 1846, dans ses négociations relatives à l'achat de la maison de M. Diseret, située sur la place d'Armes, possédant de vastes dépendances et un grand jardin d'environ 15 ares, « et où il voulait aménager de nouvelles écoles, attendu la nécessité où se trouve la commune de pourvoir au logement des élèves dans les meilleures conditions hygiéniques possibles »[1].

Cette opération pouvait être faite, financièrement parlant, en prolongeant la surimposition finissant en cette même année, par suite de l'achèvement des travaux exécutés à l'église, au presbytère et à la mairie.

Il dut se contenter, en fait d'amélioration immé-

---

1. Archives de la Mairie : *Délibérations*, Reg. II, folio 98.

diate, d'accorder une gratification de 100 francs à l'instituteur et de porter son traitement à 300 francs pour l'année 1846, « désirant reconnaître le zèle de M. Maître, qui donne aux élèves indigents, dont le nombre était beaucoup plus considérable que celui fixé par le Conseil, des leçons aussi complètes qu'à ses meilleurs élèves »[1].

L'état des finances communales, sans être encore bien brillant, permettait, cependant, au maire de récompenser le zèle de ses collaborateurs. Les droits de stationnement des bateaux-trains perçus par l'instituteur avaient rapporté 928 fr. 34; ceux de voirie et ceux sur les constructions avaient été beaucoup plus rémunérateurs encore; enfin, le droit de location de la vaine pâture venait d'être porté à 600 francs, lors de l'adjudication du 18 août 1845.

La caisse municipale allait encore s'enrichir de 2.000 francs, produit de la vente volontaire, par la commune au département, d'une parcelle de terrain « appartenant à la charité de Saint-Ouen, situé en face le chemin des Rosiers », pour la construction d'un caniveau d'assainissement des routes départementales 11 et 13[2].

Cette vente, consentie librement par le Conseil, le 22 mai 1846, « désirant *aider* l'administration supérieure », réduisait à néant un rapport tendancieux représentant la commune comme voulant faire de la spéculation, « en ayant une prétention exagérée sur la vente de ce terrain, lorsque, au contraire, la somme

---

1. Archives de la Mairie : *Délibérations*, Reg. II, folio 92.
2. *Ibid.*, folio 99.

demandée est à peine la valeur réelle de la parcelle de terrain nécessaire »[1].

Bref, les rapports continuèrent d'être excellents entre la commune et le département, lequel, de son côté, témoigna sa gratitude au maire, en augmentant la subvention accordée annuellement, pour ses fournitures de livres aux élèves indigents, pour ses distributions de prix et pour l'entretien des classes d'adultes pendant les trois mois d'hiver.

Tout réussissait donc au maire, qui était en excellente posture, tant par ses services rendus à la commune que par ses bonnes relations administratives, pour affronter les suffrages des électeurs communaux.

On peut affirmer, sans crainte de se tromper, que sa manière de faire fut appréciée de ses administrés, puisque, arrivé au terme de son mandat municipal, il fut réélu le premier de la liste à la majorité absolue, le 21 juin 1846.

---

1. Archives de la Seine : Série X, carton 36.

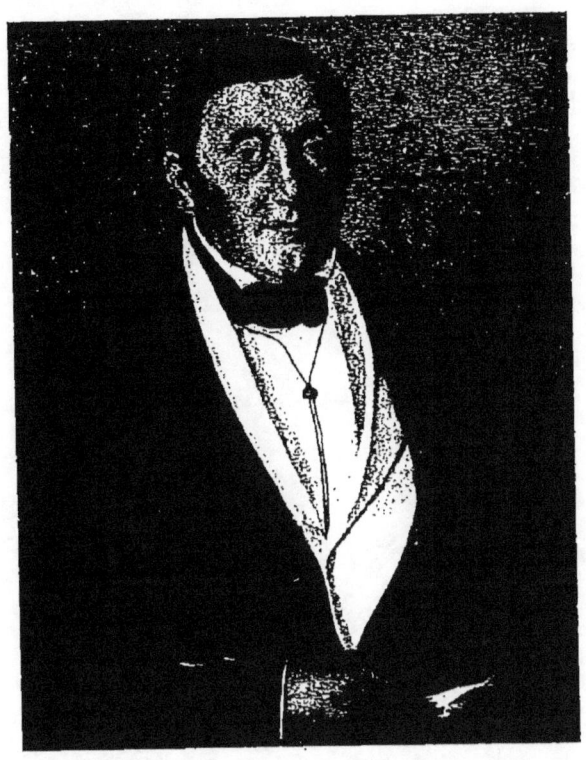

MICHEL-SÉBASTIEN DELACROIX (1785-1857)

Propriétaire cultivateur,
Maire de Saint-Ouen (1851-1857).

(D'après un portrait appartenant à Mme Bourdin.)

CHAPITRE IX

Suite de l'administration du Planty. — Accident de chemin de fer. — Projet d'une nouvelle mairie. — Désaffectation du cimetière. — Industries communales. — Le budget. — Projet de rues nouvelles. — Révolution de 1848. — Désordres locaux. — Conduite du maire. — Fêtes civiques. — Nouveaux tarifs. — Choléra de 1849. — Service de voitures publiques. — Travaux municipaux. — Révocation du maire.

Les conseillers réélus à la majorité absolue, le 21 juin 1846, étaient MM. du Planty, L.-J.; Legentil, Charles; Bourdin, N.; Bénard, F.; Lachaume, S.; et Rollet, Julien, ce dernier élu à la majorité relative.

Le maire du Planty continua d'exercer ses fonctions et, en attendant l'installation du Conseil qui ne devait se faire qu'en août, faillit être victime d'un accident de chemin de fer dans les circonstances suivantes, racontées avec force détails par le *Moniteur*, dans une de ses chroniques :

« A quelques minutes de Paris, près du château de Saint-Ouen, on a construit un tronçon de chemin de fer, destiné à expérimenter le système de traction atmosphérique. Cette miniature de railways, qui n'a que 3.000 mètres de longueur, fait le tour du parc, en dehors des murs.

« Plusieurs essais ont déjà été faits sans qu'il soit survenu d'accidents; mais, jeudi dernier, à sept heures du soir, l'ingénieur constructeur du chemin de fer, le directeur et plusieurs actionnaires se livraient à une nouvelle expérience, à laquelle ils avaient convié M. Duplanty, docteur en médecine et maire de Saint-Ouen, un Anglais, M. Lyons, propriétaire de l'ancienne savonnerie de la Gare, et plusieurs autres personnes. Le wagon dans lequel ils étaient montés était entouré d'une foule de curieux. L'ingénieur en invita plusieurs à monter, ce qui compléta un nombre d'à peu près vingt personnes. On fit le vide dans le tuyau et on partit.

« La vitesse était très modérée et on avait parcouru tout le côté méridional du parc, lorsque, près de l'angle de la gare, il y eut un déraillement et le wagon, lancé hors de la voie, culbuté, fut jeté sur le côté, enfoncé dans la terre, et, malheureusement, le côté qui touchait le sol était précisément celui de la portière

« L'effroi fut grand, plus grand pour les spectateurs que pour ceux qui étaient dans le wagon; car ils sortirent tous, sains et saufs, hissés par les fenêtres du wagon; une femme seule, quelque peu contusionnée, a réclamé les secours de M. le Dr Duplanty.

« Bientôt remis de cette panique, on chercha la cause de l'accident, cause bien simple, qui n'est autre que la rupture de la première roue gauche du wagon.

« Le déraillement a produit un singulier effet. On sait que sur les chemins de fer atmosphériques, les rails sont à dos arrondis; les roues, creusées en forme de poulie, portent sur ces rails; il semble donc que les roues peuvent bien enfoncer les rails en terre, mais ne peuvent pas les en arracher, et, cependant, c'est ce dernier effet qui s'est produit; dans une longueur de plusieurs mètres les rails étaient arrachés, les coussinets forcés.

« Quoi qu'il en soit de cet accident qui n'a été accompagné d'aucun malheur, la cause bien connue étant la rupture d'une roue, il ne laisse rien à préjuger contre le système expérimenté [1]. »

Tout le monde se tira, en somme, de cette catastrophe avec plus de peur que de mal, et le Dr du Planty, à qui le gouvernement venait une nouvelle fois d'accorder sa confiance en lui renouvelant son mandat de maire, put réunir les conseillers élus, le 7 août 1846, pour recevoir leur serment politique, dans les formes accoutumées.

Voulant continuer à se montrer digne de la confiance gouvernementale et récompenser aussi la fidélité des électeurs qui venaient de lui donner une preuve manifeste de l'approbation de sa conduite municipale, il s'occupa immédiatement d'agrandir la maison commune, afin d'améliorer les services municipaux, dont certains y étaient trop à l'étroit.

La maison commune, appelée dans les grandes circonstances hôtel de ville, lors, par exemple, de l'illumination de sa façade, était située rue de l'Église, comme nous l'avons dit. Sa destination et sa disposition intérieure avaient quelque peu été modifiées depuis l'aménagement du presbytère. Elle servait en-

---

1. *Le Moniteur universel*, 14 juillet 1846, p. 2037.

core d'école, de mairie, et de logement à l'instituteur.

Le rez-de-chaussée était occupé par les classes de garçons et de filles. Au premier étage se trouvait une grande salle, réservée aux réunions du Conseil et à la célébration des mariages. Le deuxième étage était destiné à l'instituteur et à l'institutrice. On l'utilisait, en un mot, pour les différents services municipaux, sauf pour la distribution des prix qui se faisait dans l'église.

Un moment, le maire du Planty pensa l'abandonner complètement avec l'intention de la placer au centre de la commune, sur la place d'Armes, dans un immeuble plus vaste et mieux situé. Il avait d'abord projeté, en 1845, d'acheter la maison Diseret, d'accord en cela avec ses conseillers. Tout était prêt pour en faire l'acquisition, le prix avait été fixé et la promesse de vente jointe à la demande. Mais M. Lequeux, l'architecte, mandé pour estimer ladite maison, formula un avis contraire « et fortement motivé »[1].

On lisait dans ce rapport « que la superficie du terrain n'était que de 13 ares au lieu de 15, comme le prétendait le propriétaire et que les matériaux provenant de démolition étaient de mauvaise nature; le prix de 30.000 francs, consenti de part et d'autre, était exagéré et onéreux pour la commune ».

Le maire se rendit aux raisons de l'architecte, mais, attendu l'urgence de pourvoir à l'agrandissement des écoles, il obtint le 13 octobre 1846 que « la mairie actuelle serait agrandie par l'acquisition de la maison voisine, appartenant à un sieur Buchette... On

---

1. Archives de la Mairie : *Délibérations*, Reg. II, folio 100.

vota l'urgence « d'acheter cette maison, qui augmenterait considérablement la valeur de la maison commune et assurerait tous les services, d'une manière on ne peut plus convenable ». Au cas où le propriétaire refuserait, l'expropriation serait prononcée après enquête.

Cette opération permettrait au maire « d'assurer des classes spacieuses, avec entrées bien séparées et par deux rues différentes »; d'agrandir la mairie et d'aménager un local pour remiser la pompe à « feu », dont l'utilité venait d'être tout récemment démontrée, lors d'un incendie allumé par la foudre, lequel, sans le secours de la pompe, eût complètement détruit une maison de la rue Dumoutier.

Une réforme, plus importante encore que l'agrandissement de la maison commune, et sur laquelle l'attention du Conseil municipal avait été attirée, dès le 13 octobre 1846, restait à accomplir. Il s'agissait de « la translation du cimetière », pour laquelle la majorité du Conseil s'était toujours montrée réfractaire.

Le cimetière était situé à gauche de l'église, dans un terrain de 2 mètres plus élevé que le sol de la place; on y accédait par un escalier intérieur en pierre, après avoir franchi une porte à deux battants, surmontée d'un linteau portant une croix [1].

Il se trouvait exactement à l'endroit où ont été bâtis *provisoirement*, en 1892, les baraquements qui servent toujours d'école maternelle au quartier. Sa configuration était telle qu'il ne fallait pas songer

---

1. Bibliothèque nationale : *Topographie de la France*, D. Seine (arr. St Denis, carton 7.

à l'agrandir, malgré le besoin qui s'en faisait sentir, par suite de l'accroissement rapide de la population. A cette raison s'ajoutaient encore des raisons budgétaires et d'hygiène.

Nous avons vu que son exiguïté avait, jusqu'à ce jour, empêché le Conseil de donner une réponse favorable à des demandes de concession perpétuelle ou temporaire, frustrant, par ce refus, le budget de revenus appréciables. Enfin, le maire, en sa qualité de médecin, reconnaissant le bien fondé de la récente ordonnance préfectorale, enjoignant à la municipalité « de le situer en dehors de la commune », ne voulait point s'y soustraire, malgré la répugnance de certains conseillers pour cette opération.

Après l'examen de plusieurs projets « y relatifs » on songea à l'établir « à l'est de la commune, au lieu dit la Maison Blanche ».

Les pourparlers amiables engagés en 1846 avec les sieurs Auguste Legrand, Denis Deligny et M.-S. Delacroix n'ayant pas réussi, « attendu les demandes exagérées de deux propriétaires », l'expropriation pour cause d'utilité publique fut demandée [1].

M. Lequeux fixa le prix d'estimation des terrains et on conclut le marché « pour la somme totale de 5.987 fr. 96 ».

Sa contenance était de 34 ares 10 centiares, et le devis des travaux à faire montait à 14.700 francs. A ces premières dépenses s'en ajoutaient d'autres importantes, pour la mise en état des écoles et de la mairie, lesquelles, finalement, atteignirent le chiffre

---

[1]. Archives de la Mairie : *Délibérations*, Reg. II, folio 100.

énorme de 51.412 fr. 96, dont la moitié seulement restait au compte de la commune, et devait être fournie par une surimposition de 20 centimes extraordinaires pendant huit ans.

Ainsi en fut-il décidé le 10 février 1847 [1].

L'accroissement sensible de la population, invoqué par le Conseil pour motiver cette création, tenait en partie à l'installation dans la commune de différentes industries, de création récente, qui occupaient de nombreux ouvriers.

Il nous faut citer parmi elles, dans le quartier du port, la maison Farcot, modeste à ses débuts et dont les ateliers furent construits en 1846 et 1847. Elle ne tarda pas à prendre une grande importance dans l'industrie mécanique, sous l'impulsion de Joseph Farcot. En 1848, il devint chef du bureau des études de son père, qui lui en confia bientôt l'absolue direction [2].

Il existait dans ce même quartier une fabrique de savonnerie et une de caoutchouc, cette dernière concurrencée depuis 1844 par celle de M. Barthélémy sur la place du Calvaire, qui fabriquait spécialement des sondes en caoutchouc et des étoffes en tissus imperméables [3].

Beaucoup plus au sud de la commune, dans la plaine des Malassis, était établie « une glacière artificielle », alors en pleine prospérité, et dont les affaires furent longtemps florissantes. « Elle a défrayé presque seule, jusqu'en 1861, la consommation parisienne, mais à cette époque elle eut une redoutable concur-

---

1. Archives de la Mairie : *Délibérations*, Reg. II, fol. 102.
2. *Bulletin des Anciens Élèves de l'École Centrale*, mars 1908, p. 149.
3. Archives de la Mairie : *Procès-verbaux*, Reg. III, folio 23.

rente dans la glacière du Bois de Boulogne [1]. » Elle avait été fondée vers 1826, et, peu à peu, un village s'était formé autour d'elle. Le chemin des Rosiers qui y conduisait finit même par perdre sa séculaire dénomination, et pendant des années ne fut plus appelé que le chemin de la Glacière.

Il y avait encore, sur les bords de la Seine, un atelier de poterie en grès, et une fabrique d'impression sur étoffes, dont le directeur avait sollicité et obtenu l'autorisation, en date du 4 novembre 1846, d'établir une prise d'eau dans la Seine, pour le service de l'usine Lebrasseur [2].

Cette autorisation, accordée moyennant finances, et les ressources dont la commune disposait permirent l'exécution de certains travaux de voirie. On put réparer « le mur de soutènement de la place du Préau qui venait de s'écrouler et obstruait la rue de la Seine, interceptant ainsi complètement la circulation des voitures.

On procéda à la réparation du pavage de cette rue et à la réfection de celui de la rue du Landy, jusqu'à la place d'Armes, « qui avait été presque entièrement détruit par suite des travaux des fortifications, des forts, et autres ouvrages publics » [3].

Malgré tous ces travaux occasionnant des dépenses continuelles, le budget communal se soldait par un excédent de 400 francs de recettes en cette année 1846. Le 3 mai 1847, l'examen du compte administratif du maire montre que les recettes se sont élevées à la

---

1. Emile de la Bédollière, *Histoire des environs de Paris*, p. 180.
2. Archives de la Mairie : *Délibérations*, Reg. II, folio 100.
3. *Ibid.*, folio 104.

somme de 7.288 fr. 12, et les dépenses à celle de 6.887 fr. 28.

La gestion était donc bonne et le maire pouvait songer à doter la commune de nouvelles voies, pour augmenter le nombre des constructions et agrandir la région habitée. La chose était d'autant plus faisable que, dans le projet proposé au Conseil, le principal propriétaire, M. Delavigne, « offre gratuitement tout le territoire nécessaire, à la condition que les autres propriétaires riverains des rues projetées consentiraient au même abandon gratuit »[1].

Le 15 décembre 1847, le maire « dépose sur le bureau du Conseil un plan et un projet de rues, devant s'ouvrir de l'angle de la rue du Landy et de la route départementale de la Révolte, se dirigeant vers le nord et aboutissant en ligne droite, presque en face de la rue des Châteaux, dans le haut de la commune ; la seconde rue serait parallèle à la rue du Landy et couperait la première, à angle aigu, vers sa moitié. Elles auraient dix mètres de largeur. »

Pour faire adopter son projet, il avait bien soin d'ajouter « que ces rues ouvriraient une nouvelle circulation de la route de la Révolte au Château, et viendraient permettre de nouvelles constructions et augmenter ainsi la population et le bien-être de la commune ».

Ce projet bien étudié, bien présenté, montrant l'intérêt réel que le maire portait à la commune, qui prouve, en outre, le désintéressement dont M. Delavigne faisait preuve dans la circonstance, en abandon-

---

[1]. Archives de la Mairie : *Délibérations*, Reg. II, folio 109.

nant gratuitement, à lui tout seul, les deux tiers du terrain nécessaire à la construction des rues, ne devait pas aboutir.

Les calculs « de quelques propriétaires intéressés, membres du Conseil », le firent échouer. Ils prétendirent, dans leur sagesse, se réserver le droit « d'étudier le projet sur le terrain, avant de donner leur consentement », ce qui signifiait, en bon français, qu'ils étaient bien décidés, le cas échéant, à sacrifier les intérêts communaux à leurs intérêts personnels.

Inutile d'ajouter que le projet ne fut pas exécuté. La bonne volonté du maire se brisa contre l'entêtement de quelques conseillers qui s'empressèrent de démissionner peu après.

Il ne devait être réalisé qu'en 1910 ! par le lotissement du parc Delavigne, demeuré à l'état inculte pendant plus d'un demi-siècle ; et encore la ténacité de quelques propriétaires a-t-elle empêché de prolonger, jusqu'à la route de la Révolte, la rue des Pavillons, parallèle à la rue du Landy, que le Conseil municipal vient de dénommer rue J.-J.-Rousseau.

Les obstacles qui existaient en l'année 1847 n'étaient pas encore complètement levés en 1910 !

Le temps passe, les maires se succèdent à la maison commune, mais la mentalité de certains cultivateurs demeure toujours la même et se transmet, intacte et incompréhensible, de génération en génération.

Cette année 1847, qui se terminait par un échec pour le maire, n'avait été témoin d'aucun autre fait saillant. Elle s'acheva dans le calme, en attendant le terrible réveil du 24 février 1848.

Les grands événements politiques qui se passèrent

alors en France eurent leur répercussion dans la marche des affaires municipales, lesquelles subirent un temps d'arrêt, et au sein même du Conseil, obligé de se réunir trois jours de suite, les 8, 9 et 10 mai, pour approuver les comptes municipaux et voter le budget de 1849.

Le bruit des canons de la Révolution de 1848 eut, dans la commune, un retentissement plus douloureux que celui des journées de juillet 1830.

L'avènement de la deuxième République fut plus brutal et ne devait pas être marqué exclusivement par des fêtes civiques, comme en 1830. Des scènes de désordre, rappelant celles de la première Révolution, et auxquelles les gens de la localité restèrent étrangers pour la plupart, éclatèrent sur divers points du territoire dès les derniers jours de février.

Elles procurèrent au Dr du Planty l'occasion de donner de nouvelles preuves de son courage et de son sang-froid devant le danger.

Dès le 24 février il se trouva aux prises avec de grandes difficultés, dont il triompha par sa présence d'esprit.

Des bandes d'insurgés parisiens qui, déjà, avaient répandu la terreur dans la banlieue, « en incendiant les stations de chemin de fer, les ponts, les châteaux de Neuilly et de M. de Rothschild », arrivèrent à Saint-Ouen par la route de la Révolte et se dirigèrent vers le château de la comtesse du Cayla, qui en était absente[1].

Les insurgés, au nombre de 3.000 environ, péné-

---

1. Ces renseignements et les suivants sont tirés des papiers de famille communiqués par Mme Lubeck.

trèrent dans la propriété par la grande grille du parc qu'ils se firent ouvrir, et allèrent droit au château avec l'intention de le détruire par le feu. Ils se trouvèrent brusquement en présence du maire du Planty, qui les attendait de pied ferme, et leur en imposa beaucoup plus, par son éloquence et son énergie, que par la poignée de gardes nationaux qui l'accompagnaient, et dont l'un d'eux, Guillaume Compoint, vient de mourir, en septembre 1913.

Il finit par les convaincre, que l'acte criminel qu'ils avaient l'intention d'accomplir, était inutile à la proclamation de la liberté dont lui-même se déclarait un des plus chauds partisans. Joignant le geste à la parole, il dit encore, pour calmer la fureur incendiaire des plus exaltés, que s'ils voulaient à toute force brûler une nouvelle habitation et ajouter ainsi un forfait inutile à ceux déjà commis, il allait leur remettre les clefs de sa maison pour la piller, ne leur demandant que le temps nécessaire d'en faire sortir sa femme et ses enfants.

Devant la ferme attitude du maire, les insurgés hésitèrent, puis se retirèrent, emmenant comme butin le bétail et la basse-cour de la ferme modèle attenante au château, enlevés sous les yeux du gardien, sans résistance de sa part, conformément aux ordres de Mme du Cayla.

Quelques jours après cette première échauffourée, le 29 février, une bande d'individus envahit la boutique du sieur Halkein, armurier aux fortifications, et la mit au pillage [1].

---

1. Archives de la Mairie : *Procès-verbaux*, Reg. III, folio 50.

Le 4 mars il déposa une plainte à la mairie de Saint-Ouen pour retrouver « les pistolets d'arçon, les pistolets écossais, le fusil à piston » et les diverses munitions « en poudre, plomb, et capsules » qui lui avaient été dérobés.

Le 29 avril, le *citoyen* Brutus Joly retire de la Seine un cadavre que le *citoyen* du Planty examine et reconnaît porter « trois blessures faites avec un instrument tranchant ». On transporta à la Morgue ce cadavre suspect « pour savoir s'il y a eu crime ou suicide », et l'autopsie en fut faite par le *citoyen* Tardieu [1].

De nombreuses rixes éclatèrent entre citoyens d'opinions politiques différentes, et parfois des citoyennes elles-mêmes furent les victimes de discussions passionnées, auxquelles elles avaient eu le tort incontestable de prendre part [2].

« Aux affaires de mai, après l'envahissement de la salle des séances par le peuple, le maire du Planty descend à Paris, accompagné de sa petite troupe de gardes nationaux et rend de bons services en soignant les blessés, et en maintenant militairement l'ordre dans certaines fractions de la garde nationale de Paris, qu'un vent de révolte emportait à faire cause commune avec les insurgés [3]. »

En juin, pendant les sanglantes journées insurrectionnelles et la répression de l'émeute par le général Cavaignac, « il arrête un grand nombre de rebelles »,

---

[1]. Archives de la Mairie : *Procès-verbaux*, Reg. III, folio 51.
[2]. *Ibid.*, folio 55.
[3]. D'après des documents manuscrits communiqués par Mme Lubeck.

et, lors du désarmement, « fait rentrer dans les magasins de l'État les fusils qui y avaient été pris »[1].

Le 24 août, pour prévenir les désordres locaux que la fermeture des ateliers nationaux aurait pu susciter, en augmentant le nombre des maraudeurs, il élabore un règlement sévère, afin de protéger les vignes « contre une multitude d'individus de tout âge et de tout sexe qui pourraient s'introduire dans les vignes et y faire un tort considérable »[2].

Huit cultivateurs vignerons devaient chaque jour monter la garde, se conformer aux instructions données par le maire et assurer le service sous peine d'amende.

L'ébullition générale des cerveaux obligeait le maire à prendre des moyens énergiques pour sauvegarder la situation. Il s'improvisait ainsi le défenseur de l'ordre public, des gens et des propriétés.

Dès les premiers jours de la Révolution, il ne faillit pas à sa tâche, et « alors qu'aucun pouvoir régulièrement constitué n'était capable d'assurer l'ordre dans la rue, il organisa une police locale qui, sous sa direction, rendit les plus grands services » et lui valut plus tard des compliments mérités[3].

Sa mission locale ne devait pas être toujours aussi ardue ni aussi périlleuse, et il lui fut donné, en cette même année 1848, témoin de tant de désordres et d'insurrections, d'assister parfois à des spectacles plus calmes et mieux en harmonie avec l'amour de la liberté, que certains individus, sous prétexte de justice

---

1. D'après les manuscrits de Mme Lubeck.
2. Archives de la Mairie : *Journal*, Reg. III, folio 55.
3. D'après les documents de Mme Lubeck.

à rendre au peuple, venaient de proclamer d'une façon brutale contre les propriétés et contre les citoyens.

En général, la population audonienne se montra calme. Elle blâmait ces attentats stupides, et tout d'abord ne songea à manifester son enthousiasme pour le nouveau régime que par des fêtes publiques, mi-patriotiques, mi-religieuses, et par la plantation d'arbres de la liberté.

Cette dernière fête, toute pacifique, se fit sous la présidence du maire, avec une certaine solennité, en deux endroits principaux, sur la place d'Armes et dans le quartier de la gare, en présence de la garde nationale, pour une fois à l'honneur, après avoir été si souvent à la peine. Les arbres symboliques furent solennellement bénis par M. Lestrade, curé de la paroisse, accompagné du clergé et des enfants de chœur.

La cérémonie revêtit un caractère particulier au quartier de la gare. Elle se passa en partie dans la cour d'honneur de la maison Farcot, ouverte depuis peu, devant les ouvriers assemblés et ayant à leur tête le fondateur de l'usine, Marie-Joseph-Denis Farcot, mort en 1876, et son fils, Joseph, alors récemment sorti de l'École Centrale [1].

La bénédiction de l'arbre s'accompagna de copieux arrosages et de réjouissances diverses, destinés à égayer l'après-midi de cette journée mémorable.

Une sorte de cavalcade parcourut les rues de la

---

[1]. Ces détails m'ont été donnés par Joseph Farcot lui-même en 1904, décédé à Saint-Ouen le 19 mars 1908.

ville, depuis la place d'Armes jusqu'au quartier de la gare, avec des chars décorés de verdure, ornés de drapeaux et d'oriflammes multicolores, et dans lesquels paradaient des personnages allégoriques, affublés d'oripeaux divers, gesticulant et dansant aux sons d'un orchestre ambulant.

Le soir il y eut illumination officielle, continuation du bal et toujours abondante distribution de vin.

Cette année 1848, qui avait fêté de manières si différentes l'avènement de la liberté, devait être plutôt néfaste pour la commune, et cependant la vigilance du maire veilla à tout, fit le nécessaire, escomptant l'approbation de ses collègues et des pouvoirs publics.

Après la tourmente, il rendait compte à son Conseil, le 13 février 1849, de ce qu'il avait dû faire, forcé par les circonstances. Il en demandait la ratification, en exposant les raisons qui l'avaient fait agir, lorsqu'il prenait, sans autorisation préalable, dans la caisse communale, la somme de 2.573 fr. 40, pour payer les travaux d'agrandissement exécutés dans les écoles communales, en fin d'année 1848.

Il avouait, parlant plutôt en médecin soucieux de l'hygiène qu'en maire respectueux de la loi : « Le bureau connaissait l'irrégularité qu'il commettait, mais la saison étant déjà avancée et la santé des enfants compromise, par suite de l'agglomération de cent enfants dans une pièce grande à peine pour en contenir la moitié; le bureau espérait que l'autorité supérieure apprécierait les motifs qui le faisaient agir [1]. »

---

1. Archives de la Mairie : *Délibérations*, Reg. II, folio 111.

Sa conduite fut approuvée, effectivement, et le maire put, le mois suivant, convoquer le Conseil municipal, pour établir les conditions dans lesquelles se feraient à l'avenir les inhumations dans le nouveau cimetière.

Dans deux réunions, le 10 mars et le 15 avril, le Conseil établit « le tarif du prix des différentes concessions » perpétuelles ou temporaires et celui des droits mortuaires.

Les prix en étaient relativement élevés. « Chaque concession perpétuelle simple, fixée à un mètre sur deux mètres, sera payée 300 francs. Les concessions temporaires, de dix ans, renouvelables à volonté, seront payées 50 francs. Le simple droit d'entourage, soit pour une croix en fer ou en pierre, sera payé 25 francs. Le droit de mettre seulement une croix en bois, 5 francs. » Le tiers de ces sommes, versées à la caisse communale, devait être réservé aux pauvres [1].

Le tarif mortuaire était à peine établi et approuvé que se déclara une nouvelle épidémie de choléra, destinée à en rendre l'application immédiate à un certain nombre de familles, contribuant ainsi, d'une façon brutale, à augmenter les recettes communales.

Cette longue épidémie, qui allait durer plus de deux cents jours, débuta le 21 mars 1849, où le Dr du Planty constate le premier cas de choléra et aussi, hélas ! le premier décès.

Elle fut plus meurtrière et plus démoralisante que celle de 1832.

---

1. Archives de la Mairie : *Délibérations*, Reg. II, folio 112.

En mars, en avril, en mai, en juin surtout, elle frappe la population audonienne à coups redoublés, occasionnant souvent deux décès par jour, pour atteindre son maximum d'intensité le 12 juin 1849, où elle fait cinq victimes dans la même journée [1].

En juillet, il se produit une légère accalmie dans l'épidémie, qui reprend avec une nouvelle intensité au mois d'août, pour enfin se ralentir et cesser complètement dans le courant de septembre.

La population paya un lourd tribut à la maladie. Elle lui enleva cinquante-sept personnes, pendant les cinq mois qu'elle exerça ses cruels ravages.

Les mois de mai et de juin comptèrent à eux seuls trente-quatre décès [2].

La mortalité fut très élevée, étant donné le chiffre de la population qui n'atteignait pas 1.500 habitants.

Quant à la morbidité, elle fut effrayante.

Je n'étonnerai personne, en disant que la consternation était dans beaucoup de familles, qui ne mouraient pas toutes mais qui, toutes, étaient atteintes.

Je renonce à décrire la tâche accablante incombant, pour la seconde fois, au Dr du Planty, depuis son séjour à Saint-Ouen.

Comme lors de la première épidémie cholérique, il fit appel au concours dévoué d'un élève en médecine, qu'à défaut d'un docteur et d'un officier de santé, il avait mandé près de lui, pour le seconder. Cet élève, qui s'appelait Candrowitz, fut entouré des mêmes attentions que celles prodiguées jadis au médecin ita-

---

[1]. Archives de la Seine : D M ^{5}, cartons 28-29-31.
[2]. Archives de la Mairie : *État civil*, 1849.

lien, dans des circonstances aussi dramatiques et aussi pénibles [1].

Pour donner une idée de l'état de prostration dans lequel se trouvaient les habitants au milieu de toutes ces hécatombes familiales, il me suffira de dire que certains d'entre eux en étaient arrivés à refuser les derniers secours à leurs parents, amis ou voisins, qu'ils laissaient mourir faute de soins et qu'ils abandonnaient ainsi à leur triste destinée.

Dans le désarroi général, le Dr du Planty fut, tout à la fois et pendant toute la durée de l'épidémie, « médecin, pharmacien, infirmier; voyant le peu d'empressement de la population, il ensevelit lui-même les victimes »[2].

Il prit, naturellement, toutes les mesures hygiéniques exigées par la situation, et n'hésita pas, le 1er juillet 1849, à publier un arrêté « qui interdisait aux porteurs d'eau des Batignolles, de Montmartre, et de la Chapelle, de venir remplir leurs tonneaux à la Seine, à Saint-Ouen ».

Les dangers de contamination devenaient ainsi moindres; et cette mesure permettait aux « fontaines marchandes » de livrer leur eau potable à la consommation.

D'autre part, les véhicules parisiens n'encombrant plus à l'avenir les rues de Saint-Ouen, le pavé serait aussi moins dégradé par le passage des tonneaux,

---

1. Archives de la Seine : D. M [5], carton 29.
2. D'après les papiers de Madame Lubeck, qui m'ont été d'un grand secours pour la reconstitution de cette époque, en l'absence des documents officiels dont la majeure partie a été brûlée, lors de l'incendie de l'Hôtel de ville en mai 1871.

tous avantages fort appréciables pour la santé publique et le budget des communes.

Je n'entends pas développer plus longuement l'étude de l'épidémie cholérique de 1849 et n'entrerai pas dans les détails des rapports fournis aux pouvoirs compétents, montrant, comme de juste, le rôle du Dr du Planty qui, ne l'oublions pas, était alors maire de Saint-Ouen.

Ces rapports, fort élogieux, et aussi les services rendus comme maire, dans l'administration de la commune, lui valurent le 15 avril 1850 la croix de la Légion d'honneur [1], et, le 29 mai « l'une des cinquante médailles d'argent qui avaient été réparties entre les arrondissements de Saint-Denis et de Sceaux par le ministre du Commerce, afin de récompenser le devoir accompli pendant la période du choléra en 1849 » [2].

L'élève en médecine, Candrowitz, qui avait été à la peine, fut appelé à l'honneur et reçut également la médaille commémorative de l'épidémie.

Le lendemain de la réception de cette dernière récompense, qui lui avait été remise par le sous-préfet de Saint-Denis, dont il avait assuré les fonctions par intérim, le maire du Planty convoque le Conseil.

Il s'agissait de procéder à l'installation des nouveaux conseillers Delavigne, Farcot, Vion et Lebert, nommés en remplacement de Bourdin, Vallet, Lachaume et Leclerc, démissionnaires, et de faire approuver son compte administratif, particulièrement chargé,

---

1. Grande chancellerie n° 49-139.
2. Archives de la Seine : D. M⁸. Carton 31.

puisque le chiffre des recettes s'élevait à la somme de 40.053 francs, et celui des dépenses à 36.047 fr. 13 [1].

L'ère du déficit n'était pas ouverte, grâce à la prévoyance administrative du maire, laquelle se manifesta encore le 20 juillet 1850, en autorisant la commune de Clichy « à établir le marché aux comestibles » qu'elle sollicitait de créer sur son territoire, sous réserves que cette création ne porterait aucun préjudice au marché de La Chapelle, qui « était compté parmi les marchés d'approvisionnement de Paris », et dont la suppression eût été funeste à la commune [2].

Un avis favorable fut également donné, l'année d'après, à la demande de M. Buchette, administrateur d'une Compagnie de voitures publiques dénommées « les Batignollaises et Gazelles réunies », sollicitant l'autorisation de faire passer les voitures de la dite compagnie, dans l'intérieur de la commune de Saint-Ouen, par les rues de Paris et du Landy, avec stationnement sur la place d'Armes, « à raison de trois départs par jour dans chaque sens » [3].

Les pourparlers étaient engagés depuis longtemps déjà, quand le Conseil donna un avis favorable, le 14 septembre 1851.

A seule fin que ce nouveau service pût se faire dans les meilleures conditions possibles de confort et de sécurité pour les habitants de Saint-Ouen, le maire du Planty avait demandé aux pouvoirs publics la continuation, jusqu'à la place d'Armes, du pavage de

---

1. Archives de la Mairie : *Délibérations*, Reg. II, folio 116.
2. *Ibid.*, folio 117.
3. *Ibid.*, folio 120.

la rue du Landy, dont la moititié seulement, soit environ 150 mètres, avait été effectuée en 1847.

Quant à la rue de Paris, la mise en viabilité exigeait de plus grands frais encore. Il était nécessaire « de remanier le pavage, d'établir des caniveaux pour changer la direction de l'écoulement des eaux, de poser des bordures de chaque côté pour l'établissement des trottoirs ».

La commune offrait d'exécuter ces travaux en prenant à sa charge un tiers de la dépense, en mettant un tiers à la charge des propriétaires riverains, et en demandant au département le complément nécessaire [1].

Cette délibération avait été prise le 26 juillet 1851, mais le maire du Planty ne devait pas en assurer l'exécution.

Depuis quelques mois déjà, son crédit politique baissait. Il ne se gênait pas de dire, dans certains milieux, ce qu'il pensait des ambitions chaque jour plus manifestes du prince président de la République, dont, par atavisme, il n'entendait pas servir la politique.

Cette liberté de langage lui fut fatale. Dès le 1er juillet, le sous-préfet de Saint-Denis avait songé à lui trouver un successeur plus docile et disposé à accepter le nouveau régime politique qui allait bientôt être instauré.

Il signala à son chef hiérarchique le préfet de la Seine, l'homme sur lequel son choix s'était arrêté, dans les termes suivants :

---

1. Archives de la Mairie : *Délibérations*, Reg. II, folio 120.

Le 1ᵉʳ juillet 1851.

Monsieur le Préfet,

En conséquence des rapports que j'ai eu l'honneur de vous adresser, concernant M. du Planty maire de Saint-Ouen, et dans le cas où, comme je le pense, vous persévéreriez dans l'intention de pourvoir au remplacement de ce fonctionnaire, j'ai l'honneur de vous adresser les propositions nécessaires à cet effet.

M. Delacroix, adjoint depuis plus de 18 ans, m'a été signalé comme devant succéder à M. du Planty.

C'est un homme simple, honnête, animé de bons sentiments, qui est né dans le pays, en connaît tous les habitants et a leurs sympathies.

Je vous prie de lui confier les fonctions de maire et de nommer pour adjoint, M. Compoint Bon, cultivateur, âgé de 48 ans, homme doué d'intelligence et qui sera pour M. Delacroix un utile auxiliaire [1].

Agréez, etc.

On peut se rendre compte, par cette lettre, que les fiches politiques et la candidature officielle ne datent pas d'aujourd'hui, et que tous les régimes les pratiquent plus ou moins ouvertement.

La révocation ne se fit pas attendre bien longtemps. Le 8 août 1851, le président de la République signa, « à l'Élysée national, » sur le rapport du ministre de l'Intérieur, le décret qui révoquait de ses fonctions « le sieur du Planty, maire de Saint-Ouen » [2].

La transmission des pouvoirs eut lieu quelques jours après, sitôt la nomination officielle de son successeur à la mairie. « L'an 1851, le 29 août, à midi, devant nous, Michel-Sébastien Delacroix, nommé

---

1. Archives de la Seine : Série M., carton 36.
2. Ibid.

maire de la commune de Saint-Ouen, par arrêté de M. le préfet, en date du 26 août, présent mois, s'est présenté devant nous M. Louis Joseph du Planty, à qui nous succédons dans les fonctions de maire, lequel nous a fait remise de tous les registres, papiers et pièces relatifs à l'administration de la commune, et aussi des objets mobiliers appartenant à la commune, et détaillés dans l'inventaire en date de ce jour, de laquelle remise, M. du Planty a demandé acte, et après avoir rédigé le présent procès-verbal qu'il a signé avec nous, nous lui en avons délivré une expédition signée de nous pour sa décharge.

« Fait à Saint-Ouen, les jour, mois et an que dessus [1].

« Dr du Planty. *Le maire* : M.-S. Delacroix.

Le « sieur » du Planty qui se voyait enlever, pour des raisons politiques, la première place qu'il occupait dans la commune, était maire de Saint-Ouen depuis plus de dix ans. Il serait exagéré de dire qu'il fut très sensible à cet acte d'autorité gouvernementale. La révocation ne précéda que de quelques jours la démission qu'il allait offrir, pour des raisons de convenance, et aussi pour des faits personnels, sur lesquels je crois inutile d'insister [2].

Nous allons d'ailleurs le voir adopter, sur le terrain municipal, la ligne de conduite d'un de ses prédécesseurs les plus méritants dans la carrière admi-

---

1. Archives de la Mairie : *Délibérations*, Reg. II, folio 120.
2. Dr H. Perraudeau : *Le Marquis du Planty*, p. 91-92.

nistrative, S. Lachaume. A l'instar de ce dernier, il continuera à s'intéresser aux choses communales, comme simple conseiller municipal, après les avoir dirigées en tant que maire.

J'ai étudié, longuement peut-être, le rôle joué par M. du Planty. Il faut bien reconnaître, qu'en sa double qualité de médecin et de maire, ce rôle fut considérable, et qu'il est une des personnalités audoniennes dont le souvenir mérite d'être conservé [1].

---

1. Je me suis borné dans ces deux chapitres à raconter la carrière publique, administrative du Dr du Planty dont la vie tout entière est longuement étudiée dans la biographie que je lui ai consacrée.

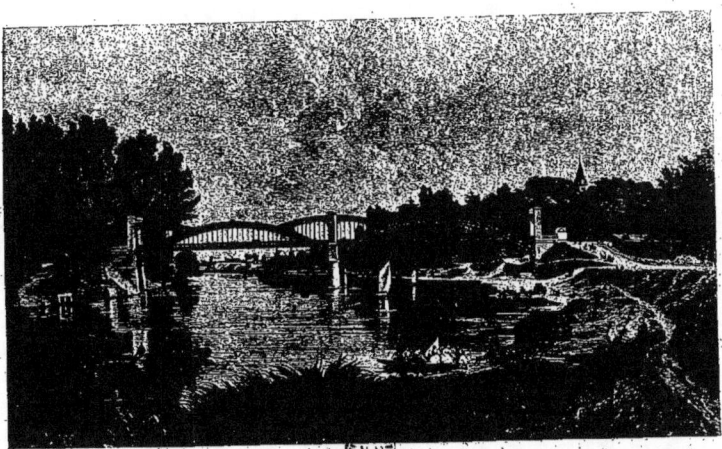

LE PONT VERNIER

Construit en 1856 sur le bras navigable de la Seine, complété en 1866 par un deuxième pont sur le bras mort. Inutilement détruits l'un et l'autre en 1870 par le génie, furent rebâtis en 1873 et affranchis du droit de péage en 1882.

(Lith. par Ed. Holstein.)

CHAPITRE X

Descente de police dans le quartier de la gare. — Le maire M. S. Delacroix et son conseil. — Éclairage public. — Construction d'un pont. — Auguste de Châtillon. — Contribution conditionnelle. — Sociétés de secours mutuels. — Subvention patriotique. — Taxe sur les chiens.

L'exercice de la magistrature de M. S. Delacroix devait être de courte durée, et troublée dès le début dans le quartier du Port, par des réunions clandestines d'ouvriers de la maison Farcot, mécontents, à juste titre, des mesures restrictives de la liberté, prises par le nouveau gouvernement.

Une descente de police eut lieu, le 21 décembre 1851 et le lieutenant de gendarmerie de Saint-Denis qui la dirigea fit fermer « deux maisons au dit lieu... par mesure d'ordre public... dans lesquelles, sous prétexte de faire ce qu'ils appellent l'éducation populaire... les ouvriers déblatèrent contre le gouvernement et tous principes de l'ordre public... »[1].

Ainsi s'exprimait l'officier de police dans son rapport au sous-préfet de Saint-Denis.

---

1. Archives de la Seine : *Police*, carton M [4], série Z.

Les victimes de ce coup de force ne se tinrent pas pour battues et, tout en manifestant leur mécontentement, essayèrent de tenter une diversion. « Un nombre considérable d'ouvriers de l'usine Farcot adressèrent une protestation au préfet de police, en même temps qu'une demande d'autorisation de se réunir pour vivre plus économiquement. »

La police locale, représentée en l'occurrence, par la gendarmerie à cheval, dont le maire du Planty avait réussi à doter la commune en 1850 [1], pour renforcer l'action du garde champêtre, ouvrait l'œil et surveillait les faits et gestes des ouvriers.

Le brigadier de Saint-Ouen, nommé Klein, informa son lieutenant de ce qui se passait et celui-ci dans un nouveau rapport au sous-préfet, daté du 9 octobre 1852, conclut : « qu'il y a danger à autoriser de nouveau de semblables associations, qui ne sont autres que des clubs et d'une espèce d'autant plus dangereuse qu'ils ne sont point publics » [2].

Le coup d'État du 2 décembre donna raison au lieutenant, et on ne parla plus du droit de réunion ni d'association.

Quant au nouveau maire, il assista, impassible, à tout ce qui se passait autour de lui.

Dans sa lettre confidentielle au préfet de la Seine, le sous-préfet de Saint-Denis l'avait dépeint comme « un homme simple, honnête, animé de bons sentiments », présentant, en un mot, toutes les qualités désirables, pour ne pas porter ombrage au pouvoir

---

1. Archives de la Mairie : *Procès-verbaux*, Reg. III, folio 68.
2. Archives de la Seine : *Police*, carton M [4], série Z.

et peut-être même pour servir avec docilité la politique d'évolution du gouvernement.

Le sous-préfet était bien renseigné sur la valeur morale de M.-S. Delacroix, qui pouvait bien avoir quelques qualités administratives, et, en tout cas, devait être au courant de la vie municipale, puisque, depuis dix-huit ans, il était adjoint. Mais il allait manquer au nouveau maire cet esprit d'imitation de la politique impériale, laquelle, en matière municipale, pour ne parler que de cette question, voulait faire des réformes que le tempérament, et aussi le grand âge de M.-S. Delacroix, ne lui permettaient pas d'entreprendre.

De plus, il était originaire de la localité, et, comme tel, devait trouver que tout était pour le mieux dans la meilleure des communes. La force d'inertie que, plus tard, il opposa à certaines réformes d'ordre général, devait le perdre et lui faire céder la place à un autre plus entreprenant.

En résumé, ce brave homme n'était pas à la hauteur de sa tâche et ne pouvait pas continuer bien longtemps, malgré ses qualités intrinsèques, le programme municipal élaboré par le précédent maire et resté inachevé.

Il débuta par rejeter, — la mort dans l'âme, peut-être, — le projet gouvernemental de création d'une garde nationale à cheval, impossible à réaliser effectivement, « attendu qu'il ne se trouve pas dans la commune de citoyens qui s'engageraient à équiper à leurs frais et à entretenir un cheval »[1].

---

1. Archives de la Mairie : *Délibérations*, Reg. II, folio 121.

Il lui avait été plus aisé de faire prêter et de prêter lui-même, le 9 mai 1852, le nouveau serment exigé des fonctionnaires publics et dont la formule est ainsi rédigée : Je jure obéissance à la constitution et fidélité au Président.

Tranquille avec sa conscience sur ce point, il put s'occuper, avec son Conseil, le 8 août, « de conférer le caractère de vicinalité » à certains chemins non encore reconnus, comme ceux des Bateliers, de la Croix-au-Comte et de la Glacière, lesquels commençaient à être fréquentés par suite de l'extension de la partie habitée de la commune.

Quelques mois après, en 1853, on songea à l'éclairage public, à l'aide de vingt-deux réverbères répartis dix-sept dans la commune, trois à la gare et deux au port [1]. Ces nouvelles lampes à l'huile furent fournies par le sieur Levent, moyennant la somme de 2.418 fr. 70.

Cette même année 1853 vit approuver par le Conseil, le 1er novembre, le projet départemental de construction d'un pont reliant Saint-Ouen à l'île, dont l'utilité était évidente, encore qu'il dût enlever au paysage, une partie de son charme et de sa beauté, et que le projet, tel qu'il était présenté, fût lui-même incomplet et insuffisant, pour répondre aux besoins véritables du pays.

Primitivement, en effet, ce pont qui devait être « à péage »[2], ne comportait qu'une construction sur le grand bras de la Seine, le plus rapproché de la com-

---

1. Archives de la Mairie : *Délibérations*, Reg. II, folio 127.
2. *Ibid.*, folio 129.

mune, sur lequel se faisait la navigation. Il ne reliait en somme que Saint-Ouen à l'île, où il s'arrêtait, sans franchir l'autre bras du fleuve, le « bras mort », comme on l'appelait, et sans établir de communication réelle entre la commune et les villages de la presqu'île de Gennevilliers ; ainsi comprise, son utilité était contestable.

Cette lacune dans le projet départemental n'avait pas échappé à la clairvoyance du Conseil. Il avait, en outre, émis un vœu demandant à voir ce projet agrandi et complété « par l'ouverture d'une route nouvelle pour aller de ce pont à Gennevilliers », et voté, le 6 mai 1854, une subvention de 4.000 francs, en spécifiant qu'elle ne serait accordée qu'à la condition « que le pont ne s'arrêtera pas dans l'île Saint-Ouen, qu'il franchira l'autre bras de la rivière, afin d'établir une communication non interrompue entre Saint-Ouen et Gennevilliers »[1].

Cette condition était raisonnable, acceptable même, malgré la modicité de la participation offerte dans les dépenses, mais surtout d'une réalisation plus facile que le deuxième vœu de nos conseillers, demandant « que ce pont soit construit en face de la place d'Armes de Saint-Ouen, dans l'axe de la rue du Landy, afin de rattacher la route de grande communication d'Aubervilliers qui aboutit sur la dite place avec la route nouvelle ».

Il faut bien reconnaître que les prétentions municipales étaient, sur ce dernier point, exagérées, tant à cause des difficultés techniques à surmonter que des expropriations nécessaires.

---

1. Archives de la Mairie : *Délibérations*, Reg. II, folio 131.

En voulant trop demander, le Conseil n'obtint rien et ses vœux successifs émis à deux années d'intervalle, sur la même question, ne devaient pas être pris en sérieuse considération.

Il ne fut point tenu compte des desiderata municipaux lors de la construction de ce premier pont en 1856, dont une belle gravure a conservé le souvenir.

Il comportait deux arches en fonte de cinquante-cinq mètres d'ouverture, dont le modèle était tout à fait nouveau, et dont l'ensemble produisait un assez bel effet décoratif.

Il coûta 670.000 francs et n'eut qu'une durée de dix années à peine [1].

Il était connu alors sous le nom de pont Vernier, comme nous l'apprend Auguste de Châtillon. Ce poète-peintre, tout en lui reconnaissant un bel aspect monumental, n'en déplore pas moins amèrement la transformation, — la mutilation, pourrait-on dire, — du paysage, si joli encore qu'il lui consacra toute une brochure.

Je ne puis résister au plaisir de citer quelques-unes de ces strophes élégantes et bien tournées, lesquelles ont l'avantage de rappeler, en termes heureux, les beautés, les plaisirs d'une île aujourd'hui privée de tous ses charmes de jadis.

Le poète nous apprend qu'il part des Batignolles, pour venir festoyer en joyeuse compagnie, suivant son habitude, dans l'île de ses rêves.

Après être descendu de voiture à la Maison-Blanche et avoir suivi « un parc qui s'étend loin et jusque vers

---

[1]. Fernand Bournon, *État des communes, Saint-Ouen*, p. 77.

l'eau se projette », il nous trace l'éblouissement dont ses yeux sont frappés, prélude des plaisirs plus intimes réservés par la mystérieuse île Saint-Ouen à ses admirateurs [1].

> Lors c'est un beau spectacle à voir.
> Cette île ainsi qu'en un miroir,
> Dans la Seine au loin se reflète,
> Et comme fait une coquette
> Se mire du matin au soir.
>
> Tout scintille sous la lumière,
> Tout retentit sur la rivière,
> Tout est un signe avec l'écho,
> Le bruit de la rame sur l'eau,
> Le battoir de la lavandière ;
>
> Malgré l'éclat du pont nouveau
> Je préfère l'ancien bateau.
> Là, chaque coup de lame berce ;
> Pendant le temps que l'on traverse
> On laisse aller sa main dans l'eau.
>
> Cette île semble un coin de la terre
> Pour l'amour et pour le mystère.
> On doit visiter avec soin
> Cette île Saint-Denis-Saint-Ouen ;
> C'est comme une île de Cythère.
> . . . .
> Que de plaisirs dans ces lieux,
> Aux sons d'orgues harmonieux !
> Les dames ont l'escarpolette,
> Les *monsieurs* ont la pistolette.
> Le jeu de boule est pour les vieux.

---

[1]. Auguste de Châtillon, *Promenade à l'Ile Saint-Ouen-Saint-Denis en partant des Batignolles*, 1857.

> De Saint-Ouen pour traverser l'eau.
> On ne se rendait qu'en bateau.
> Depuis, le pont Vernier existe,
> C'est monumental, mais c'est triste,
> Et pour moi, peintre, c'est moins beau.
>
> Sous le prétexte de l'utile,
> Bientôt on transformera l'île
> On y bâtira des quartiers,
> Plus de foins, plus de peupliers.
> . . . .
> Saint-Ouen-Saint-Denis tes rivages,
> Font faire à tous bien des voyages
> Aussitôt que vient le printemps.
> — Moi je t'admire en tous les temps
> Au revoir, reçois mes hommages
> . . . .

Laissons le poète avec ses regrets de voir le nouveau pont « monumental et triste » enlever au paysage une partie de sa beauté, et constatons que si les visiteurs de l'île éprouvaient quelque déplaisir du nouvel état de choses, les habitants de Saint-Ouen, au contraire, trouvaient l'innovation départementale tout à fait incomplète. Ils réclamaient, par la voix de leurs élus, l'achèvement de l'œuvre, et la construction d'un deuxième pont « sur le bras mort de la Seine ».

Ils devaient attendre plusieurs années encore, puisque cette dernière construction ne fut achevée qu'en 1866, malgré leurs réclamations et nonobstant la part contributive que la commune offrait de payer dans les dépenses [1].

Cette contribution si minime, représentait le maxi-

---

[1] *Le Moniteur universel*, 6 janvier 1867, p. 14.

mum d'effort dont le Conseil était capable, car l'état des finances ne permettait pas de consentir un nouveau sacrifice pécuniaire. Les nombreuses charges absorbaient toutes ses ressources, lesquelles se trouvaient même insuffisantes à payer la part communale exigée par la ville de Paris, pour l'hospitalisation des malades de la commune.

Cette part avait été fixée à 700 francs pour l'année 1853, mais le Conseil demanda « à ce que cette somme fût considérablement réduite et mise en rapport avec les ressources communales, considérant que la plupart des malades qui sont envoyés dans les hôpitaux de Paris ne sont pas habitants de Saint-Ouen, mais bien de Paris et des communes environnantes, lesquels viennent travailler dans les ateliers de la gare Saint-Ouen ».

Le Conseil faisait encore observer « que la plupart des malades de la commune reçoivent du Bureau de bienfaisance des sommes de toute nature, et sont traités gratuitement par M. Roussel, médecin communal »[1].

Le Conseil aurait pu ajouter que l'initiative privée venait en aide, de son côté, aux infortunes ouvrières et qu'elle contribuait dans une large mesure à les soulager.

C'est, en effet, de cette année 1855 que date la création de la première société de secours mutuels de Saint-Ouen. Elle fut approuvée le 5 novembre et prit le nom de société des ouvriers de la maison Farcot[2]. Sa caisse était en partie alimentée par les dons

---

1. Archives de la Mairie : *Délibérations*, Reg. II, folio 131.
2. Fernand Bournon, *État des communes : Saint-Ouen*, p. 64.

volontaires de son fondateur, Joseph Farcot, dont la générosité lui assura une longue et prospère existence de près d'un demi-siècle.

Comme elle était exclusivement réservée aux ouvriers de la maison, et que les résultats obtenus satisfaisaient ses adhérents, on en créa une autre, la société de Saint-Jean-Baptiste, approuvée le 25 avril 1856. Elle admettait comme membres-adhérents les mutualistes avant la lettre, qui voulaient bénéficier des avantages de la prévoyance sociale [1].

Les imprimés et toute la paperasserie nécessaire au bon fonctionnement de ces deux sociétés, étaient fournis gratuitement par la commune, conformément à la loi, et un crédit de 20 francs était prévu au budget communal en l'année 1856, « pour le prix des imprimés que nécessite la nouvelle législation ».

Ce nouveau crédit ne grevait pas trop le budget du Conseil qui, tout en se débattant sans cesse, dans des transes financières, n'hésitait pas cependant, le cas échéant, à faire le geste que comportait la situation.

On l'avait vu l'année d'avant, le 12 août 1855, s'empresser de voter la somme de 200 francs comme don patriotique en faveur de l'armée[2], « à titre de secours, devant être distribués aux familles des militaires morts devant l'ennemi, voulant ainsi s'associer aux sentiments de généreuse sympathie pour la vaillante armée qui soutient si noblement l'honneur du drapeau français en Crimée ».

---

1. Fernand Bournon, *État des communes : Saint-Ouen*, p. 64.
2. Archives de la Mairie : *Délibérations*, Reg. II, folio 134.

La charité et le patriotisme marchèrent de pair dans la circonstance, et une seconde somme de 100 francs fut votée ce même jour « pour être distribuée aux pauvres de la commune ».

Cette dernière générosité dut être également la bien reçue des malheureux, car le budget du Bureau de bienfaisance était assez maigre, encore que les ressources dont il disposait fussent complètement employées. Les prévisions « de la charité » pour l'année 1856 comprenaient, au chapitre des recettes, la somme de 923 francs, et à celui des dépenses, celle de 918 francs [1].

C'était peu, assurément, mais les disponibilités budgétaires ne permettaient pas de faire mieux.

La situation financière allait, heureusement, s'améliorer en 1856, par suite de l'application d'une nouvelle taxe municipale établie sur les chiens, dans toutes les communes de l'Empire, en vertu de la loi du 2 mai 1855.

Le 9 septembre, le Conseil se réunit pour délibérer « sur le tarif à établir ». Il rangea les chiens en deux classes : la première classe comprenait les chiens d'agrément ou servant à la chasse, taxés 10 francs; la seconde, ceux de garde, tarifés 5 francs; 300 francs étaient ainsi escomptés tomber dans la caisse communale [2].

Cet appoint était faible, mais suffisant pour contenter le maire, dont toute l'ambition s'était limitée à terminer quelques-unes des réformes commencées

---

[1]. Archives de la Mairie : *Délibérations*, Reg. II, folio 135.
[2]. *Ibid.*, folio 134.

par son prédécesseur, ou encore à approuver certains projets départementaux.

Cédant aux pressantes sollicitations de sa famille, qui le voyait avec peine accomplir une tâche bien au-dessus de ses forces, il se résigna à envoyer sa démission de maire.

Le 20 juin 1857, l'Empereur lui donna un successeur, en nommant maire de la commune l'homme de ses rêves, qui allait continuer, en l'amplifiant encore, l'œuvre d'assainissement, d'embellissement, de transformation, commencée par le maire du Planty : j'ai nommé Alexis Godillot, auquel M. S. Delacroix remit « les registres municipaux, papiers et pièces relatifs à l'administration de la commune », le 2 juillet 1857.

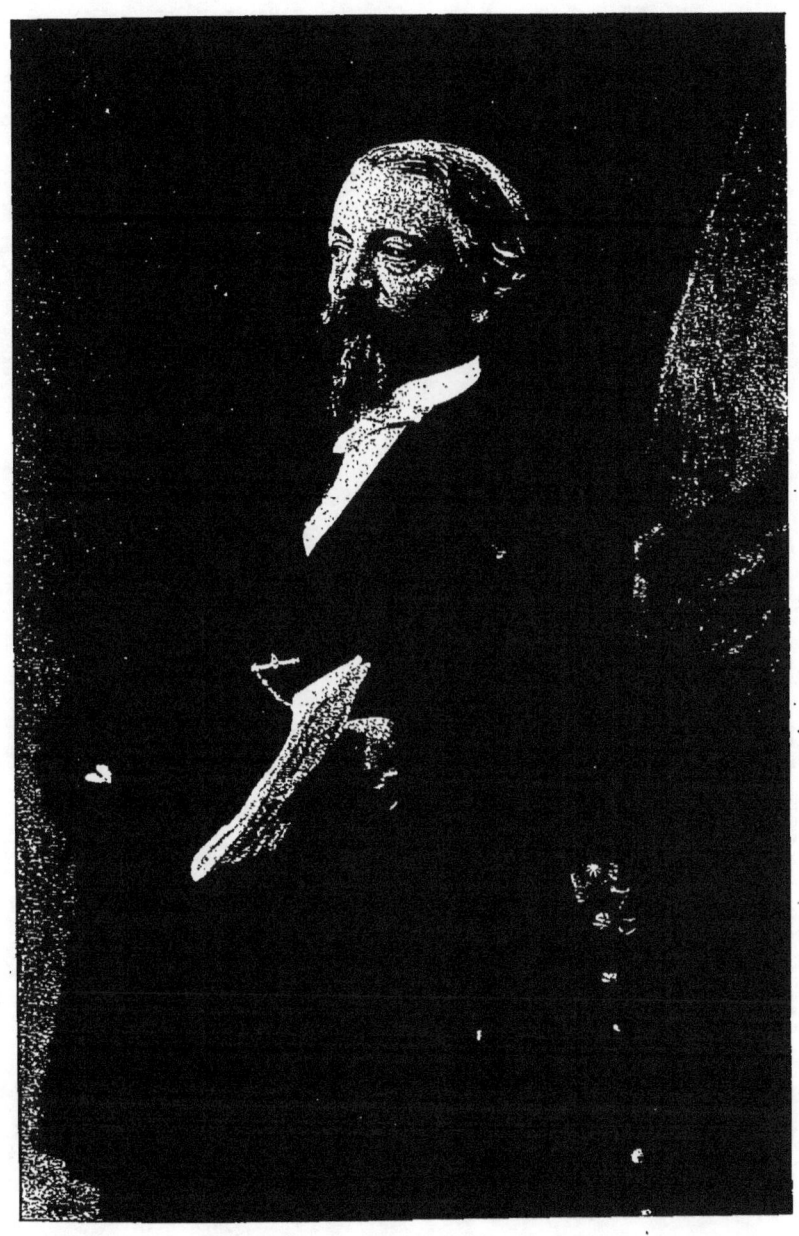

ALEXIS GODILLOT (1816-1893)

Chevalier de la Légion d'honneur, fournisseur des armées,
Maire de Saint-Ouen (1857-1870).

(Cliché Pierre Petit.)

CHAPITRE XI

Premiers travaux d'Alexis Godillot, maire. — Règlement de Police. — Création d'un octroi. — Excavation sous le Grippot. — Pont-Passerelle. — Révision du plan communal. — Asile de la gare. — Enseignement privé. — Funérailles de M. Lestrade. — Nouvelles rues. — Population. — Visite du Sous-Préfet. — La nouvelle mairie. — Éclairage au gaz. — Inauguration des Docks. — Port de commerce. — Avenue des Batignolles. — Abords de la mairie. — Difficultés avec Mme de Craon. — Agrandissement du cimetière. — Histoire. — Armoiries. — Caisse communale. — Élections d'août 1870.

L'œuvre accomplie par Alexis Godillot, pendant les treize années qu'il dirigea les affaires municipales, est considérable. Je me vois dans l'obligation de n'en indiquer que les parties principales, sans entrer dans trop de détails, ne désirant pas augmenter outre mesure la longueur de ce travail.

Je n'envisagerai, bien entendu, que l'homme public, l'administrateur municipal, laissant intentionnellement de côté, l'industriel, l'homme privé, au sujet duquel certaine légende s'entête à vouloir expliquer le rôle prépondérant qu'il exerça dans la localité [1].

Alexis Godillot avait été nommé maire de Saint-Ouen, par décret impérial du 20 juin 1857.

Le 30 juin, il se présenta à la sous-préfecture de Saint-Denis, pour prêter, en présence du sous-préfet, « le serment dont la teneur suit : Je jure obéissance à la constitution et fidélité à l'Empereur [2]. »

Le 2 juillet, il reçoit à son tour pareil serment des six nouveaux membres du Conseil municipal, nommés par l'Empereur le 20 juin, et qui étaient : MM. Ardoin ; Beurdeley ; Vallet, Th.-Gab. ; Barlet ; Vallet, Fréd.-Nic. ; Lagoutte, Gabriel [3].

Ces formalités administratives remplies, il allait donner tous ses soins à la commune et mettre en jeu

---

1. Alexis Godillot est né à Besançon en 1816 et décédé à Paris le 24 avril 1893.

« Il débuta dans la vie en aidant son père de son travail manuel ; il était alors « sellier » et faisait spécialement des faux colliers (pour chevaux).

» L'intelligence et la ténacité le mirent à même de créer une maison d'articles de voyage au Pont de Fer (Boulevard Poissonnière).

» En 1849, lors des voyages à travers la France, de Louis-Napoléon Bonaparte, Président de la République, il entreprit la décoration d'apparat de chacune des villes que traversait le Président.

» Pour mener à bien cette entreprise, Alexis Godillot eut l'idée géniale, d'avoir et un double matériel et une double équipe d'ouvriers, ce qui lui permettait d'établir un roulement de ville en ville. Pour rendre mémorable ce voyage, il fit fabriquer dans ses ateliers un nombre incommensurable de drapeaux dont il inonda les campagnes.

» La réussite de son entreprise lui donna l'idée de faire les illuminations parisiennes, et il fut sinon l'inventeur, tout au moins le grand promoteur de la lanterne en papier dite vénitienne.

Une fortune naissante ainsi acquise de travail et de génie, lui permit de soumissionner les fournitures militaires et de devenir le grand chef des importants établissements universellement réputés. »

Moniteur de la Sellerie, 12 mai 1895.

2. Archives de la Seine : Série M. carton 36.
3. Archives de la Mairie : *Délibérations*, Reg. III, feuillet 1.

toute son influence politique, pour l'aider à réaliser son programme local, lequel peut se résumer en un seul mot : *transformation* de Saint-Ouen.

Nous allons le voir s'occuper successivement des questions d'hygiène, d'enseignement, de vicinalité, d'embellissement, de construction d'édifices municipaux, de recherches historiques, et finalement, d'assistance.

Le 1er août 1857, il convoque le Conseil et fait voter, avec l'approbation des seize habitants les plus imposés, la construction d'une fontaine sur la place d'Armes et de huit fontaines-bornes, dans l'étendue de la commune, le déblaiement de l'ancien cimetière, désaffecté en 1849 où la dernière inhumation avait été faite le 19 mai de cette année, alors que l'épidémie cholérique désolait la commune, en semant autour d'elle la ruine, la misère et le deuil.

Ils furent exécutés en 1858, par les soins et sous la direction des conseillers qui, dans un but de généreuse philanthropie, avaient décidé, le 7 novembre, qu'ils seraient faits en régie « afin de procurer du travail, pendant la mauvaise saison, aux ouvriers qui se voyaient condamnés à un chômage forcé, ainsi qu'aux malheureux de la commune »[1].

Le transfert dans le nouveau cimetière des ossements, non réclamés par les familles, eut lieu en grande solennité, sous la conduite du clergé paroissial, avec le concours de la garde nationale escortant le cortège. Les fonds nécessaires avaient été votés le 1er août 1857, en même temps que ceux destinés à

---

1. Archives de la Mairie : *Délibérations*, Reg. III, feuillet 3.

l'édification de la fontaine monumentale de la place d'Armes.

Elle devait être construite à l'endroit même où se dressait, pour peu de temps désormais, sur un piédestal entouré de trois marches, clos par une petite balustrade en bois, la grande croix en fer que la comtesse de Guibert avait naguère donnée à la commune, et au pied de laquelle la tradition demandait aux jeunes époux de venir s'agenouiller le jour de leur mariage.

Cette fontaine, qui remplaça le calvaire, et dont l'utilité était incontestable, est ce monument en fonte et pierre que nous voyons, surmonté d'une statue symbolique et entouré d'un bassin circulaire, toujours utilisé par les habitants du quartier. Pendant des années ce bassin servit d'abreuvoir public aux animaux domestiques.

Tout ce qui évoquait le passé allait disparaître ainsi peu à peu sous la pioche des démolisseurs, devant les exigences de la vie moderne, lesquelles demandaient encore la construction d'une galerie d'égout allant de la place d'Armes à la propriété de Craon.

Le maire s'empressa de réaliser cette création, réclamée par l'hygiène, et, en attendant de pouvoir transformer la commune, en augmentant le nombre de ses rues, en les faisant droites et larges, il s'efforça d'améliorer les chemins de Montmartre, de Saint-Denis, de la Chapelle, et la fameuse descente à la Seine, appelée le « Grippot ».

Les dépenses nécessaires pour exécuter ces différents travaux s'élevaient à la somme de 82.071 francs, et devaient être couvertes par une imposition de centimes additionnels à répartir sur dix années. Un secours de 14.000 francs avait été alloué par le département pour aider la commune [1].

Les six premiers mois de la magistrature du nouveau maire avaient été bien employés. Du premier coup il avait fait consentir de gros sacrifices d'argent pour commencer l'exécution de son plan, qui n'était encore qu'ébauché.

Inutile de dire que, malgré la bonne volonté et le désintéressement des conseillers et des principaux imposés, les travaux communaux n'auraient jamais pu être menés à bonne fin, sans le concours pécuniaire du gouvernement impérial.

Maintes fois sollicitée par le Conseil, la bienveillance administrative lui fut toujours acquise, et de nombreuses subventions vinrent constamment en aide à l'insuffisance des ressources communales.

Aussi, pour témoigner sa reconnaissance envers les pouvoirs publics, le Conseil municipal s'empressera plus tard, de donner le nom de rue Impériale à la rue de Paris prolongée, tracée dans la propriété du prince de Craon, après des péripéties nombreuses et une lutte héroï-comique, engagée entre le maire et le propriétaire, et le nom de rue Napoléon au nouveau chemin de Montmartre, la rue actuelle de ce nom, créée avec des difficultés non moins grandes, résultant des exigences des propriétaires riverains [2].

Ces dénominations, dictées par la reconnaissance, n'existèrent, la première que sur le papier, et la seconde, que jusqu'à la fin du régime impérial.

---

1. Archives de la Mairie : *Délibérations*, Reg. III, folio 7.
2. *Ibid., passim.*

De son côté, le Conseil ne resta pas inactif et chercha, au contraire, à se créer des ressources par l'augmentation de certaines taxes municipales déjà en vigueur, en élevant à 2 francs le prix de la rétribution scolaire, le 28 mars 1858, ou encore en portant à 5 francs, au lieu de 3 francs, le 9 mai 1858, le droit de stationnement sur la voie publique, pour les tables des cafetiers, marchands de vins, restaurateurs, etc.

Le maire veillait à la stricte observation des règlements de police, et la nomination d'un agent spécial dénommé « surveillant de la salubrité » avait été faite pour dresser des contraventions aux délinquants et fournir, en cas de besoin, un certain apport au budget communal.

Mais la vraie mesure financière, propre à procurer une grande partie de l'argent nécessaire, fut enfin prise le 21 août 1859.

C'est à cette date seulement, laquelle doit faire époque dans les annales communales, que le maire réussit à vaincre la résistance de ses conseillers et à faire adopter la création d'un octroi.

Quatre ou cinq fois déjà, l'autorité préfectorale avait tenté d'imposer à la commune cette création, toujours repoussée avec perte et fracas, par les différents conseils auxquels la proposition avait été soumise [1].

C'était pourtant le seul moyen réellement efficace de procurer à la commune des ressources, de façon à faire face aux charges toujours nouvelles et sans cesse

---

[1]. Archives de la Mairie : *Délibérations*, Reg. III, folios 29-34-35.

plus considérables, résultant de l'importance chaque jours plus grande qu'elle prenait.

Dans la circonstance le Conseil allait même un peu trop vite en besogne, puisque l'ensemble des droits proposés à l'approbation préfectorale, s'élevant à la somme de 10.000 francs par an, fut trouvée exagérée par la commission préfectorale, qui réduisit de 2.000 francs, les nouveaux droits supposés revenir à la commune.

En même temps que le Conseil arrêtait le tarif des droits d'octroi à percevoir dès l'année 1860, il procéda à la revision de ceux de voirie établis le 27 octobre 1843, et pensa, en faisant cette opération, obtenir une plus-value de 1.800 francs environ.

Le budget avait réellement besoin de ce surcroît de recettes, tant pour modifier, en les améliorant, certains services municipaux, que pour faire face à des dépenses imprévues, comme celles consécutives à l'accident survenu dans la nuit du 18 au 19 mai 1859, pendant laquelle une excavation considérable se creusa subitement sous la descente du Grippot.

Cet accident aurait pu dégénérer en catastrophe s'il s'était produit dans des conditions différentes. Il fut l'objet d'un long rapport, très intéressant, adressé le 25 mai 1859 au maire de Saint-Ouen par l'architecte Lequeux [1].

Cette excavation est très considérable et l'on doit reconnaître que la manifestation est toute providentielle. Il y avait véritablement un danger imminent dont on ne pouvait se douter, et si, au lieu de se montrer dans le talus où il ne

---

[1]. Archives de la Seine : *Administration communale*, carton O-3.

passe personne, l'effondrement avait eu lieu au devant des écoles, sous l'ébranlement de quelque lourde voiture, il en eût résulté des malheurs très graves.

La nature de cette excavation et sa disposition font supposer avec raison, je crois, qu'elle a été faite de main d'homme à une époque déjà bien éloignée de nous, sans doute. La filtration de l'eau ne pouvait en être la cause. Quoi qu'il en soit, il est urgent de faire cesser tout péril que présente cette excavation, qui varie de 4 à 6 mètres de hauteur et qui s'étend non seulement sous le Grippot, mais encore sous la voie publique, où la voûte de la rue a à peine un mètre d'épaisseur, ainsi que sous les propriétés voisines…

Les travaux de maçonnerie consistèrent à bâtir des murs reliés entre eux par une voûte et coûtèrent 3.500 francs.

Le maire profita de la circonstance pour demander l'autorisation de construire, à ses frais, un pont et une passerelle, au-dessus de la descente en question. Il voulait relier à sa maison d'habitation, achetée au Dr du Planty vers 1852, la nouvelle propriété, dénommée alors Villa Ombrosa, que venait de lui vendre l'antiquaire Beurdeley et dans laquelle, quelques années auparavant, des ateliers de construction d'objets en caoutchouc avaient été installés [1].

En échange de l'autorisation demandée de jeter un pont et une passerelle, il abandonnait, à la commune de Saint-Ouen, 100 mètres environ de terrain de la nouvelle propriété, « formant bosse dans la rue du Moutier ». Cette opération permit l'élargissement et le redressement de la rue [2].

---

1. Archives de la Mairie : *Délibérations*, Reg. III, folios 33-36.
2. *Ibid.*, folio 33.

Tout en s'occupant de ses affaires personnelles, comme nous venons de le voir, le maire ne négligea pas les intérêts communaux.

Dans cette même année 1859, il avait trouvé le temps de donner son acquiescement à un projet de construction d'un chemin de fer américain, lequel devait transporter à Paris les habitants de Saint-Ouen, dans des conditions économiques exceptionnelles.

Il avait ouvert le chemin de Montmartre allant « en ligne droite de la route des Batignolles aux fortifications », réparé la rue du Four, signé un traité, le 7 mars 1859, avec la compagnie des Pompes funèbres et fait « une demande de révision du territoire de la commune dont la superficie était alors de 415 hect., 67 ares, 27 centiares, un peu plus petite, par conséquent, que celle d'aujourd'hui, qui est de 463 hectares [1].

Un nouveau plan devenait nécessaire, par suite de la construction des fortifications et de l'annexion des communes *intra muros*.

Une bande de terrain, s'étendant jusqu'à la Fourche dans la direction de la paroisse Saint-Michel, fut retranchée du territoire communal, et il en résulta une nouvelle circonscription de la paroisse Saint-Ouen, « approuvée le 19 février 1860 » [2].

Le territoire ainsi délimité occupait l'espace compris « entre la Seine, le chemin de fer du Nord, la zone des fortifications et des lignes conventionnelles le sé-

---

[1]. Archives de la Seine : *État des communes, Saint-Ouen*, p. 36.
[2]. Archives de la Mairie : *Délibérations*, Reg. III, folio 44.

parant à l'ouest de la commune de Clichy, et au nord de celle de Saint-Denis ».

Le maire s'était encore occupé d'une question importante concernant l'enseignement primaire. Elle avait déjà reçu, une première, mais incomplète solution, deux ans auparavant, lors de l'installation, le 16 août 1857, de quatre sœurs de Saint-Vincent-de-Paul, dans les bâtiments de l'ancienne fabrique de la maison Ternaux, rue des Châteaux, que le propriétaire d'alors, M. Legentil, avait offerts à la commune, pour les loger gratuitement pendant trente années.

En échange d'un faible traitement communal, les sœurs devaient donner, sans rétribution aucune de la part des parents, « l'instruction aux enfants des écoles, assurer la création d'une salle d'asile pour les tout petits, secourir les pauvres et les malades, enfin tenir une pharmacie »[1].

L'instruction gratuite était ainsi, partiellement organisée. Une partie du mobilier de l'ancienne école communale de la rue du Moutier avait été transférée dans le nouveau local.

Mais bientôt cette création devint insuffisante, par suite surtout de l'éloignement du quartier de la gare, lequel chaque jour devenait plus important et dont la distance était réellement trop longue à parcourir pour les enfants fréquentant l'école et l'asile. C'est alors que furent décidées, le 11 décembre 1859, « la révision du plan de la salle d'asile et la construction d'un nouveau local dans le quartier de la gare ».

Cette dernière fondation ne devait être réalisée

---

1. Archives de la Mairie : *Délibérations*, Reg. III, folio 5.

complètement qu'en 1862. Elle fournit l'occasion à deux propriétaires de Saint-Ouen, qui ne se contentaient pas de faire de la philanthropie en chambre, d'accomplir une bonne action digne d'être signalée à la postérité

« L'acquisition du terrain nécessaire pour la construction d'un asile à la gare » fut décidée en 1860, et M. Ardoin, banquier à Paris, conseiller municipal de Saint-Ouen, s'engagea à souscrire à lui tout seul pour le prix de la vente du terrain, soit environ près de 4.000 francs [1].

Quant aux constructions à édifier, dont le devis montait à 31.340 francs, « des personnes charitables se cotisèrent pour trouver les fonds nécessaires ».

« M. Farcot, ingénieur constructeur de machines à vapeur à la gare Saint-Ouen, a bien voulu se charger de la réalisation du projet de construction et des moyens de couvrir la dépense qu'elle occasionnerait. »

Il ouvrit, en conséquence, une souscription qui produisit de suite la somme de 10.066 francs [2].

Il avait été renommé conseiller municipal comme M. Ardoin lui-même, le 11 novembre 1860, et on peut voir, par ce qui précède, que l'un et l'autre s'intéressaient au sort des enfants de leurs administrés.

A côté de l'enseignement primaire public, pour lequel les parents étaient tenus de donner une légère rétribution mensuelle, en faveur de leurs enfants qui le recevaient, et en plus des asiles communaux où

---

1. Archives de la Mairie : *Délibérations*, Reg. III, folio 45.
2. *Ibid.*, folio 59.

les tout petits étaient gardés gratuitement, il existait encore, depuis l'hiver de 1844, au 30 de la rue du Landy, un « pensionnat de jeunes demoiselles »[1].

L'enseignement y était donné « conformément à la loi et à la morale ». On y apprenait même le piano, le chant et le dessin.

Ce pensionnat dirigé, depuis sa fondation, par Mme Courajot, « munie d'un brevet de 2e ordre de la Sorbonne », aidée d'une sous-maîtresse, jouissait d'une certaine prospérité.

En cette année 1859, l'établissement renfermait 24 pensionnaires et donnait l'instruction à 25 externes. « Un médecin était attaché à l'établissement et tous les dimanches les élèves assistaient à la grand'messe et à vêpres », nous apprend un rapport daté du 7 août 1859, adressé à la préfecture[2].

L'initiative privée complétait ainsi, d'une façon heureuse, les efforts du maire, des conseillers et de plusieurs personnes dévouées.

Parmi ces dernières, dont le concours fut entièrement acquis à la municipalité et qui l'aidèrent dans l'œuvre entreprise, il me faut citer le curé de Saint-Ouen, M. Lestrade.

Depuis vingt ans il administrait la paroisse quand il succomba, presque subitement, le 22 juillet 1860, quelques jours seulement après avoir pris une retraite anticipée.

Le Conseil municipal se livra à une grandiose manifestation à l'occasion de ses funérailles solennelles, cé-

---

1. Archives de la Seine : Série Te, carton 78.
2. Ibid.

lébrées le 24 juillet 1860, auxquelles il assista au grand complet.

L'inhumation eut lieu dans le cimetière communal et un monument funèbre, aujourd'hui encore parfaitement conservé, fut bientôt élevé à la mémoire de celui qui, pendant de longues années, avait su vivre non seulement en bonne intelligence avec les autorités civiles, mais encore mériter l'estime de tous ses paroissiens.

Le monument, très simple, portait sur son soubassement une plaque de marbre, enlevée depuis plusieurs années déjà, sur laquelle étaient gravés divers attributs maçonniques, et l'inscription suivante, alors tout élogieuse : « A Lestrade, curé de Saint-Ouen, la franc-maçonnerie reconnaissante ».

Quelques jours après ces solennelles obsèques, le 29 juillet 1860, le Conseil municipal crut bon d'adresser ses remerciements officiels à la Cie G^{le} des Pompes Funèbres de France, laquelle, dans cette douloureuse circonstance a « loyalement rempli ses devoirs, en mettant gratuitement à la disposition de la commune tout ce qu'elle possédait de plus beau en ornements, tenture et corbillard » pour les funérailles de celui qui était mort « n'ayant pu vaincre le chagrin que lui causait sa disgrâce »[1].

L'emploi du corbillard avait été une innovation dans la commune, et on s'aperçut, au dernier moment, que la porte du cimetière était trop étroite pour lui en permettre l'accès : il dut, en conséquence, stationner dans la rue.

---

1. Archives de la Mairie : *Délibérations*, Reg. III, fol. 43.

Pour empêcher, à l'avenir, pareille aventure de se renouveler, un crédit de 157 francs, destiné à l'agrandissement de l'entrée de la nécropole, fut voté le 16 mars 1862.

Cette année 1862, qui avait vu également la construction de l'asile du quartier de la Gare, fut féconde en créations vicinales. Le 10 février 1862, on perça la rue Georges, large de 12 mètres, dans la propriété que le maire Godillot possédait au lieu dit la Couture.

Peu après, on traça la rue Soubise et celle du Petit-Hôtel, dans le jardin de Dupuytren [1].

Toutes les trois furent mises en état de viabilité par leurs propriétaires et formèrent, avec les rues Impériale et Napoléon, qui n'avaient pu être ouvertes qu'à la suite d'un décret les déclarant d'utilité publique, un nouveau réseau de voies fort utiles aux quartiers qu'elles desservaient.

L'œuvre de Godillot ainsi comprise se développait rapidement dans toute l'étendue du territoire. Il voulut bientôt la compléter en reliant entre eux, par un point central, les quartiers neufs de la Gare, de la Couture et le vieux quartier qu'il habitait.

Ce dernier présentait le grave inconvénient d'être situé sur les confins de la commune, dont la population avait presque doublé depuis 1856. Elle était de 3.294 habitants d'après le dernier recensement, « cessait d'être agricole pour devenir chaque jour plus industrielle » et se développait principalement dans les nouveaux quartiers [2].

---

1. Archives de la Mairie : *Délibérations*, Reg. III, folios 56-58.
2. *Ibid.*, folio 69.

Le centre de la partie habitée se déplaçant, il devenait évident et nécessaire de songer à installer dans de meilleures conditions les services municipaux. Le point difficile était de faire partager cette façon de voir par les pouvoirs publics.

Le maire s'y prit adroitement, en invitant le sous-préfet de Saint-Denis à venir, à Saint-Ouen, visiter sur place et en détail les différents édifices communaux.

Il espérait ainsi le convaincre de l'utilité d'une nouvelle mairie, dans un endroit plus rapproché du centre du territoire. Commencée à midi et demie, l'inspection sous-préfectorale ne prit fin qu'à six heures [1]

La visite fut concluante, et le maire, peu après, reçut l'autorisation de faire le nécessaire pour donner suite à son projet de construction d'une mairie.

Il jeta son dévolu sur le Rond-Point de la Maison-Blanche et obtint de son Conseil, le 25 janvier 1863, un vote de principe, pour l'acquisition des terrains nécessaires.

Les excellentes raisons militant en faveur de l'urgence de sa proposition, sont méthodiquement exposées, dans une page éloquente, où le maire déploie tous les ressorts de sa dialectique, en même temps qu'il montre ses talents d'homme d'initiative [2].

« Comme vous le savez, Messieurs, notre commune est entrée depuis quelques années dans une période de transformation, son vaste territoire qui était, il y a dix ans à peine, consacré à l'agriculture, se couvre d'usines et d'habitations

---

1. Archives de la Mairie : *Délibérations*, Reg. III, folio 64.
2. *Ibid.*, folios 69-70.

dans toutes ses parties et sa population a presque doublé depuis 1856; un pareil état de choses, qui ne fera sans doute que se développer chaque jour davantage, nous impose de lourdes obligations.

Nous aurons dans un temps rapproché à transférer dans une partie plus centrale, la plupart de nos établissements communaux situés aujourd'hui à l'extrémité de la commune, là où étaient venus se grouper les premiers habitants de Saint-Ouen.

La prudence la plus élémentaire, nous fait un devoir de nous préoccuper le plus tôt possible, des moyens de satisfaire à cette nécessité, et de ne point attendre, pour déterminer les emplacements de nos nouveaux édifices municipaux, que les terrains les mieux placés pour les recevoir soient occupés par des constructions particulières.

Un coup d'œil jeté sur le plan de notre territoire suffit pour faire reconnaître que son centre est au Rond-Point de la Maison-Blanche, à la réunion des deux routes départementales n° 11 et n° 13. C'est donc là que nous devons songer à transférer nos établissements municipaux.

Il y a des terrains disponibles que les propriétaires consentiraient à céder à des conditions raisonnables, et dont il me paraîtrait utile de nous assurer la possession, sous le plus bref délai possible.

Dans cette pensée, j'ai traité provisoirement pour l'acquisition de cinq pièces de terre d'une contenance totale de 3.649 mètres pour la somme de 44.616 francs.

Cet emplacement serait suffisant pour recevoir notre mairie et les écoles, nous pourrions attendre quelques années pour y transférer nos établissements scolaires, mais nous devrions nous occuper dès maintenant d'y transporter notre Mairie car, comme vous le savez, le bâtiment qui nous sert aujourd'hui de maison commune est devenu très insuffisant pour nos besoins.

J'ai l'honneur de mettre sous vos yeux, avec le plan des lieux, les promesses de vente des propriétaires et le procès-verbal approximatif dressé par M. Lequeux, architecte de l'arrondissement. Si vous reconnaissez avec moi la nécessité pour notre Commune de réaliser les projets dont il s'agit, je vous prierai seulement, aujourd'hui, de voter le principe des acquisitions que j'ai préparées et de m'autoriser à faire dresser les plans et le devis d'une nouvelle Mairie; nous nous occuperons ultérieurement des voies et moyens pour couvrir la dépense.

Pourvu de l'autorisation qu'il sollicitait de son Conseil, le maire s'occupa activement de la réalisation de son projet, et, le 11 octobre de cette même année, il put en exposer tous les détails.

La dépense totale pour permettre de l'exécuter s'élevait à 267.064 fr. 42, comprenant les frais d'acquisition du terrain pour 44.016 francs, ceux de construction pour 222.448 fr. 42.

Il annonça que la part contributive du gouvernement serait de 67.000 francs et qu'il était nécessaire de faire un emprunt de 200.000 francs, dont le paiement serait garanti par l'aliénation pendant dix ans des droits d'octroi [1].

Les formalités administratives suivirent alors leur cours, c'est dire qu'elles s'accomplirent, comme toujours, avec une sage lenteur, et l'emprunt projeté ne put être réalisé que le 3 décembre 1865, avec un intérêt de 4 1/2 p. 100.

En attendant, le maire continua la série de ses réformes. Le 20 décembre 1863, il profita des offres faites par la Cie parisienne d'Éclairage par le gaz, pour transformer l'éclairage public et substituer la lumière du gaz à celle des lampes à huile [2].

---

1. Archives de la Mairie : *Délibérations*, Reg. III, folio 116.
2. *Ibid.*, folio 81.

Il augmenta, par la même occasion, le nombre des candélabres ou consoles appliques, et bientôt quarante-cinq becs de gaz éclairèrent les rues de la commune Ils devaient rester allumés six heures par jour et occasionner une dépense annuelle de 2.760 francs.

Le prix du mètre cube de gaz était compté 20 centimes pour l'éclairage public et 40 centimes pour les particuliers désireux de suivre le progrès, en adoptant ce nouveau mode d'éclairage.

Le mois d'après, le 10 janvier 1864, il fit approuver la vente de quelques parcelles de terrain inutilisées pour l'ouverture de la rue Montmartre. Le prix de revient devait servir à compléter les sommes dépensées à la construction de l'asile de la gare, la souscription, ouverte à cet effet, ayant été insuffisante de 970 francs environ.

Dans cette fin d'année 1864, un dimanche de novembre, il assista, au milieu d'une société d'élite, mais par un temps abominable, à la fête d'inauguration des nouveaux Docks de Saint-Ouen. Elle devait comporter le lancement d'un magasin flottant et l'irruption des eaux dans le grand bassin [1].

Les établissements de la nouvelle compagnie concessionnaire se divisaient en quatre parties : le chemin de fer, le canal, le bassin, le magasin flottant.

Quelques mois avant l'inauguration, l'Empereur était venu incognito avec l'Impératrice visiter les travaux en cours d'exécution. Sollicité par le Conseil d'administration de la compagnie de présider les

---

1. *Le Moniteur universel*, 19 novembre 1864, p. 1304.

fêtes d'inauguration, il avait délégué, pour le représenter, S. A. I. Mgr le prince Napoléon.

La Compagnie des Docks avait également invité les notabilités de la capitale et dressé, à cette occasion, un programme qui, malgré un temps affreux, et grâce à la courageuse bienveillance des invités, a pu être presque entièrement rempli.

« Le voyage de Paris aux Docks de Saint-Ouen eut lieu à l'aller par bateau, et au retour par le chemin de fer.

« Une centaine de grands dignitaires, de hauts fonctionnaires de tous les corps de l'État, des représentants de toutes les administrations et les écrivains les plus aimés et les plus autorisés de la presse scientifique, économique et industrielle, s'embarquèrent à onze heures, au Pont Royal, sur le « pyroscope *Le Parisien* », pour arriver une heure après aux Docks, rejoindre d'autres invités qui étaient venus directement en voiture [1]. »

« Au moment du départ, le prince Napoléon se fit excuser de ne pouvoir se rendre à la fête, ainsi que le sénateur préfet de la Seine, retenu au château de Compiègne, qui délégua à sa place M. Buffet, chef de division à la préfecture.

« Une tribune, pouvant contenir mille personnes, avait été dressée en face du magasin flottant qui devait être lancé et se trouvait remplie, malgré le mauvais temps, d'une foule élégante.

« Les quais du canal, débarrassés de toutes marchandises, étaient littéralement couverts de spectateurs abrités sous leurs parapluies.

---

1. *Le Moniteur universel*, 19 novembre 1864.

« A une heure, le signal du lancement a été donné et, quelques secondes après, le magasin glissait sur son berceau et flottait sur le canal, agité comme la mer, aux applaudissements deux fois répétés des tribunes et de la foule... A deux heures, au signal donné, les eaux entraient dans le bassin, lentement d'abord, pour ne pas entamer ce grand et bel ouvrage, puis, plus abondamment, lorsque aucune dégradation n'a plus été à craindre.

« Les invités se sont ensuite rendus dans une élégante salle, où un déjeuner était servi... Au dessert, le sénateur président du Conseil d'administration, prince J. Poniatowski, porta la santé de Leurs Majestés l'Empereur, l'Impératrice, le prince Impérial, et le prince Napoléon.

« Après lui, M. Jules Simon, député de l'arrondissement de Saint-Denis, porta un toast à l'administration de la Compagnie du Chemin de fer et des Docks.

« Il y eut encore trois ou quatre discours tous « accueillis par des applaudissements unanimes ». Finalement, la fête s'acheva comme elle avait commencé, sous une pluie diluvienne.

« Les invités se rendirent en toute hâte, à la station de voyageurs du chemin de fer des Docks, ouvert, pour la première fois, à la circulation.

« Un train spécial, gracieusement offert par la Compagnie de l'Ouest, les attendait pour les déposer, quelques minutes après, sous la gare de la rue Saint-Lazare[1]. »

L'inauguration des nouveaux Docks et la constata-

---

1. *Le Moniteur universel*, 19 novembre 1864.

tion qu'une grande quantité de matériaux arrivent dans le bassin de Saint-Ouen... dont la berge n'est point appropriée pour recevoir ces déchargements, « donnèrent au Conseil l'idée de demander la création d'un port de commerce sur la rive droite de la Seine, en amont du pont ». Il proposa même, le 28 mai 1865, de participer pour un tiers dans les frais [1].

Le gouvernement fit comprendre au maire qu'il vaudrait mieux songer à améliorer le port déjà existant, sur une étendue de 65 mètres environ. Il lui soumit un nouveau projet dans ce sens, qui fut adopté. Les réparations jugées indispensables, tant au port qu'à la berge, étaient estimées 45.000 francs, dont la moitié seulement payable par les deniers communaux.

Ayant obtenu satisfaction sur ce point, Alexis Godillot put continuer ses laborieuses négociations en vue d'obtenir le terrain nécessaire à l'édification de la mairie. Grâce à sa ténacité, il triompha des derniers obstacles, et réussit, le 15 octobre 1865, à acheter à Descoings, à raison de 8 francs le mètre, un champ situé au rond-point de la Maison-Blanche, au lieu dit la Croix-de-Bois, qui lui était absolument indispensable, et que l'autre s'entêtait à ne pas vouloir céder [2].

Débarrassé enfin des ennuis de toutes sortes que l'intransigeance de certains propriétaires lui avaient créés, afin d'obtenir tout l'emplacement nécessaire en vue de la construction de la mairie, il s'efforça de rendre plus belle et plus praticable la route dépar-

---

1. Archives de la Mairie : *Délibérations*, Reg. III, folios 106-112-125.
2. *Ibid.*, folio 110.

tementale, dénommée depuis peu avenue des Batignolles, qui y conduisait directement de Paris.

Le 24 février 1867, il fit décider l'arrachement des arbres de l'avenue qui étaient « très anciens » et placés trop près des habitations, et leur remplacement par une nouvelle plantation, « conforme à celle qui vient d'être faite sur la route de la Révolte »[1].

Ces beaux platanes sont toujours vivaces, bien que continuellement taillés, élagués, pour les services télégraphiques ou électriques dont les fils s'embarrassent facilement dans leurs branchages.

Le bitumage des trottoirs fut fait pour la première fois, et on creusa un égout dans toute l'étendue de l'avenue, en même temps qu'on plaçait un bureau d'octroi à la porte de Saint-Ouen et un autre à celle de Clignancourt.

Le maire s'occupa aussi de dégager les abords de la mairie en construction, et eut à soutenir un procès avec Mme de Craon, qui s'entêtait à réclamer, comme étant sa propriété, « le rond-point situé devant la grille du parc, alors planté d'arbres séculaires et orné de trente-cinq bornes monumentales en granit bleu, taillé et poli, de grandeur uniforme »[2].

L'affaire traîna en longueur, comme tout bon procès, mais la commune obtint tout de même gain de cause.

En fin d'année 1869 on put arracher huit bornes et abattre quelques-uns de ces grands arbres, fort beaux assurément, mais qui masquaient complètement la façade de la mairie.

---

1. Archives de la Mairie : *Délibérations*, Reg. IV, folio 6.
2. *Ibid.*, folio 26.

Mme de Craon conserva une partie du rond-point, des arbres et des bornes; contrainte et forcée, elle en abandonna une autre partie à la commune, et reçut, en échange, une longue bande de terrain triangulaire. Cette bande partait du rond-point, longeait toute la rue de Paris et finissait à la grille d'entrée faisant face à la rue Saint-Denis.

C'est sur ce terrain long et étroit, que se tenait la fête patronale, depuis le mois d'août 1865, au grand désespoir de Mme de Craon. Elle accabla de ses protestations et de ses récriminations le maire de Saint-Ouen, qui s'efforçait de lui donner satisfaction, sans pouvoir y réussir.

Cette solution élégante mit fin à un conflit durant depuis quelques années, et permit de dégager les abords de la nouvelle mairie, dont l'inauguration eut lieu en fin d'année 1868.

Le total des dépenses occasionnées pour la construction, s'élevant à 185.252 fr. 10, fut adopté le 3 août 1869.

Tout en dotant la commune d'une mairie centrale spacieuse, monumentale, le maire s'était occupé d'agrandir considérablement le cimetière, devenu insuffisant par suite de l'augmentation de la population qui, rapidement, atteignit 7.000 habitants [1].

L'agrandissement eut lieu en 1868, après les tiraillements accoutumés et coûta la somme de 23.000 francs, construction du mur comprise.

Indépendamment de ces grands travaux, le maire dépensa, en 1868, 244.900 francs pour l'achèvement

---

1. Archives de la Mairie : *Délibérations*, Reg. IV, folios 32-40-47.

des chemins vicinaux du Landy, de la Chapelle, des Bateliers, des Rosiers, des Poissonniers, de la Croix-Blanche.

Il n'avait pu réussir dans son entreprise de transformation générale de la commune, et n'avait eu raison des résistances opiniâtres qui trop souvent lui étaient opposées, qu'en invoquant la loi du 3 mai 1841, sur l'expropriation pour cause d'utilité publique, et en payant quantité d'indemnités pour des récoltes plus ou moins compromises, par l'élargissement de presque tous les chemins communaux qu'il poursuivit sans relâche, jusque dans les derniers mois de 1869.

Le Conseil, qui avait toujours secondé le maire dans l'exécution de ses desseins, et savait apprécier ses qualités d'administrateur, ne se montra pas ingrat envers lui, il fit bon accueil à la légitime réclamation qu'Alexis Godillot lui adressa le 9 mai 1869.

Il lui demandait, pour le dédommager des travaux de terrassement exécutés sur la place de l'Église, en 1857, au lieu dit la Côte, l'abandon à perpétuité, à titre de servitude, d'une bande de terrain communal large de 2 mètres, longue de 30, convertie en fossé, pour garantir des eaux pluviales « la maison qui fait l'angle de cette place et de la rue de l'Église », dans laquelle il habitait alors et qui avait été enterrée d'un mètre environ [1].

Ayant obtenu satisfaction sur ce point, et voyant d'autre part que son Conseil facilitait sa tâche communale, par des votes favorables, dans toutes les choses entreprises, il crut le moment propice de

---

1. Archives de la Mairie : *Délibérations*, Reg. IV, folio 81.

joindre l'agréable à l'utile, et de faire un peu de luxe municipal, en écrivant l'*Histoire de Saint-Ouen*, et en dotant la commune d'un blason en harmonie avec ses origines.

Ayant été satisfait des recherches héraldiques sur l'écusson des Godillot de Bourgogne, exécutées pour son propre compte, par un chartiste de talent et d'une vaste érudition, nommé Léopold Pannier, il lui confia le soin de composer le nouveau travail qu'il méditait, et qui devait être fait pour la partie historique, en collaboration avec un autre élève de l'école des Chartes, Georges Augé, dont les parents habitaient la localité [1].

En fin d'année 1869, le 19 décembre, la première partie de l'ouvrage ayant pour titre : *La Noble Maison de Saint-Ouen et la villa Clippiacium*, fut présentée au Conseil, mais ne put être éditée qu'en 1872, par suite des complications politiques et des graves préoccupations de la guerre.

Cette histoire de Saint-Ouen pendant le Moyen Age, que Fernand Bournon prétend être tout aussi bien celle de Clichy, les deux communes n'en faisant alors probablement qu'une seule [2], donna, en tout cas, à Alexis Godillot les éléments nécessaires pour constituer le blason communal.

Ce n'est donc pas la Restauration, comme certains pourraient le croire, mais bien l'Empire, à son déclin, qui a autorisé la commune à faire siennes les armoiries et la devise des chevaliers du roi Jean, que la démo-

---

1. Archives de la Mairie : *Délibérations*, Reg. IV, p. 104.
2. Fernand Bournon, *Rectifications à l'Histoire de Paris par l'abbé Lebeuf*, p. 483.

cratie triomphante arbore fièrement, mais d'une façon un peu trop fantaisiste parfois, sur ses papiers officiels, sur les rideaux des fenêtres de l'hôtel de ville et jusque sur le tapis vert de la grande table réservée à la municipalité, dans la salle des séances [1].

L'origine du blason de la ville de Saint-Ouen, reconstitué et adopté officiellement en 1869, remonte au 6 novembre 1351, date de la création de l'ordre de l'Étoile, en vertu d'une ordonnance signée à Saint-Christophe-en-Halate par le roi Jean II, dit le Bon.

Il le conféra solennellement aux nouveaux chevaliers, dans sa Noble-Maison de Saint-Ouen, les 5 et 6 janvier 1352 [2].

Les armes s'énoncent : d'azur, à douze soleils d'or, posés 2, 3, 2, 3, 2, et à treize étoiles aussi d'or, posées 3, 2, 3, 2, 3.

L'écu surmonté d'une couronne murale à cinq créneaux, entouré du collier de l'ordre de l'Étoile, et accompagné de sa devise :

Monstrant regibus astra viam [3].

Cette dernière innovation de Godillot ne devait malheureusement contribuer, en rien et pour rien, à sauver une situation politique déjà compromise et dont

---

1. Plusieurs sociétés locales ont pris la louable habitude de reproduire, sur leurs drapeaux ou bannières, les armoiries de la ville. La plus ancienne est, dit-on, le Choral, dont le drapeau porte la date de 1878.
Pour éviter toute erreur dans leur reproduction, il serait à souhaiter de voir adopter un modèle unique conforme à l'art héraldique.
2. Léopold Pannier, *La Noble Maison de Saint-Ouen*, p. 90.
3. Edmond Blanchard, *Armorial des communes du département de la Seine*.

les conséquences allaient porter un coup décisif au prestige du maire. Son autorité finit avec l'Empire mais demeura grande et incontestable, tant qu'elle fut soutenue par les pouvoirs publics, grâce auxquels il lui fut possible d'aller sans cesse de l'avant, envers et contre tous les obstacles semés, comme à plaisir, sur sa route, par ses administrés.

Je n'étonnerai personne, en disant que certains d'entre eux, dont les intérêts matériels avaient été quelque peu malmenés par les réformes incessantes du maire, étaient devenus ses ennemis.

D'autres, sans être lésés en aucune façon, ne voyaient qu'à regret s'opérer ce bouleversement général de la commune, qu'ils reconnaissaient à peine au milieu de ses métamorphoses.

Quelques-uns même en arrivaient à être injustes à l'égard du maire, lui reprochant certaines créations qui, prétendaient-ils, avaient été faites, plutôt dans son intérêt personnel, que dans celui des habitants. On citait comme exemple typique cette fontaine de la place d'Armes, dont le trop-plein des eaux se déversait dans son jardin.

Aussi, beaucoup virent-ils avec une réelle satisfaction, un arrêt brusque se produire dans l'activité du maire, par suite des malheureux événements de 1870.

Il devait cependant signaler la fin de sa carrière municipale, par un nouveau témoignage de sa sollicitude envers ses administrés, dont beaucoup ne surent pas ou plutôt ne voulurent pas rendre justice à ses mérites incontestables, en fondant, le 27 juillet 1870, une caisse communale, destinée à secourir les soldats et « les familles de Saint-Ouen qui prendront part à la guerre »[1].

A titre documentaire, je crois devoir publier cette page de littérature administrative, dans laquelle le maire, après un préambule optimiste que les événements, hélas! ne devaient pas confirmer, expose l'utilité, le but, le fonctionnement et l'organisation de cette caisse communale.

« Nos soldats se rendent à la frontière pour défendre l'honneur outragé de la nation. La patrie n'est pas en danger, notre vaillante armée saura accomplir, s'il le faut, des prodiges de bravoure, et l'issue de la lutte n'est pas douteuse, mais tout en ayant confiance dans le succès de nos armes, rendons-nous compte des sacrifices à faire, recherchons tous les moyens de soulager les misères de nos troupes, et que le patriotisme nous inspire autant de générosité qu'il excite d'héroïsme chez nos soldats.

Qu'ils sachent bien, ces défenseurs de la patrie, que pendant qu'ils versent leur sang sur les champs de bataille, leurs femmes, leurs enfants, leurs familles sont sous la sauvegarde de leurs concitoyens reconnaissants.

C'est cette pensée qui m'engage à proposer la création d'une caisse de dons patriotiques, destinée à fournir aux enfants de cette commune engagés dans la lutte, les moyens de se procurer les objets dont ils sont le plus privés, à aider les parents dont ils étaient les soutiens et à constituer une réserve qui sera distribuée plus tard aux blessés et aux malades.

Cette caisse serait entièrement communale, et alimentée par des souscriptions individuelles recueillies pendant toute la durée de la guerre.

On pourrait affecter à la souscription tout ou partie des intérêts de la part attribuée à la commune, dans la répartition

---

1. Archives de la Mairie : *Délibérations*, Reg. IV, folio 119.

de l'ancien fonds de la caisse départementale de la boulangerie, le capital de ce fonds demeurant réservé dans tous les cas.

Provisoirement la caisse serait gérée par un comité de six membres dont trois pris dans le Conseil, et trois parmi les principaux donateurs sous la présidence du Maire. »

Les conseillers s'empressèrent à l'unanimité de souscrire à la généreuse pensée de leur maire et d'alimenter la caisse de secours par un premier versement de 5.000 francs.

C'est sur ce beau geste philanthropique que devait se terminer la vie communale d'Alexis Godillot.

Bien qu'il eût été élu avec son adjoint Dubois aux dernières élections municipales du mois d'août 1870, il n'assista pas à la réunion du 30 août. Elle fut présidée par M. Farcot, en sa qualité de « premier membre inscrit sur la liste de l'ancien Conseil » [1].

Farcot avait pris l'initiative, en l'absence du maire et de l'adjoint, de convoquer les nouveaux membres, pour procéder à leur installation, et recevoir le serment constitutionnel que tous prêtèrent pour la dernière fois.

Malgré ce serment *in extremis* d'obéissance à la constitution et de fidélité à l'Empereur, les nouveaux conseillers étaient, en majeure partie, hostiles au régime impérial. Alexis Godillot savait quel était l'état d'esprit du Conseil, et ne voulut pas se prêter à la comédie municipale qui se joua alors.

Il entendait rester sincèrement et loyalement fidèle à son programme politique, s'il le fallait, par-

---

1. Archives de la Mairie : *Délibérations*, Reg. IV, folio 122.

tager le mauvais sort du gouvernement, et au besoin suivre l'Empire dans sa chute. Il tomba avec le drapeau qu'il avait toujours tenu haut et droit, et sous les plis duquel il avait combattu.

Il fut tout dévoué à l'Empire, mais sut faire profiter la commune qu'il administra avec intelligence, dévouement et énergie, de ses bonnes relations gouvernementales.

Il eut le talent de mener de front ses affaires personnelles et les affaires communales, réussit à souhait dans son entreprise industrielle, et contribua dans une large mesure à assurer la prospérité de Saint-Ouen.

LA BATTERIE DE SAINT-OUEN EN 1870.

Installée dans le parc Legentil à 60 mètres de l'église. Elle était formée de grosses pièces d'artillerie dont le tir fut donné aux marins. Démontée fin janvier 1871, elle reçut en mai la visite des fédérés qui en enlevèrent les canons.

Dessin de Daumier. — Bertichon sc. — Gravure de L'Illustration *27.*

CHAPITRE XII

1870. — Séance du 4 septembre. — Mesures administratives. — Départ des habitants. — Séjour à Paris. — Distribution de secours aux nécessiteux pendant le siège. — Réformes communales. — Les marins à Saint-Ouen. — La batterie du parc. — Destruction des ponts. — L'armistice. — L'ennemi. — La Commune. — Épisode de la Commune. — Le Président Crétu. — Son administration. — Bouchereau. — Vexations qu'il eut à subir. — Ses comptes. — Charpentier. — Les comptes Prat. — Le geste anglais. — Conclusion.

Je voudrais pouvoir être bref sur les tristes événements de 1870-1871, auxquels présida une vague autorité municipale dans la personne de Bouchereau.

Nous verrons qu'à cette période critique de notre histoire locale, le maire ne saura pas toujours, malgré un dévouement incontestable, être à la hauteur de la situation, ni montrer devant l'émeute, dont il sera la victime, toute l'énergie nécessaire.

Il avait été élu le premier de la liste, lors des élections municipales qui eurent lieu les 6, 7, 13 et 14 août 1870, au milieu des bruits de nos défaites.

Les nouveaux conseillers, au nombre de vingt-trois, représentant une population de 8.000 habitants, s'étaient réunis une première fois le 30 août, pour prêter serment. Ces hommes, qui bientôt devaient se signaler, à des titres divers, à l'attention de la postérité, et dont le dévouement de certains allait être récompensé par la plus noire des ingratitudes de la part de la population, sont : MM. Bouchereau, Crétu, Fouroux, Torchebœuf, Ledard, Fontaine, Sidot, Farcot, Paret, Cortade, Prévost, Bézelle, Charpentier, Vincent, Sagot, Dulphy, Prat, Pautrat, Buisson, Fournier, Mètre, auxquels vinrent se joindre, quelques jours après, MM. Dumas et Dupuis, qui prirent la place de l'ex-maire Godillot et de l'ex-adjoint Dubois.

Une deuxième réunion eut lieu le 4 septembre, jour de la capitulation de Sedan, sous la présidence du citoyen Bouchereau, proclamé maire provisoire, en sa qualité de premier élu. Il accepta cette fonction d'un cœur léger et, peu de jours après, se vit maintenu dans ses attributions municipales, par un arrêté du maire de Paris, daté du 6 septembre 1870 [1].

Cette longue séance du 4 septembre, commencée à neuf heures du matin, ne prit fin qu'à deux heures et demie de l'après-midi.

Elle avait été provoquée par une pétition « d'un grand nombre de conseillers au préfet de la Seine » pour délibérer sur différentes questions dont la solution paraissait urgente. Dans ce nombre on comptait l'approvisionnement de la commune en comestibles et autres denrées alimentaires, l'habillement des gardes nationaux peu aisés, la désignation et l'appro-

---

1. Archives de la Mairie : *Délibérations*, Reg. IV, p. 124-125-130.

priation des locaux d'approvisionnement, les secours à accorder aux indigents et autres nécessiteux, les travaux à faire exécuter aux gens valides sans ouvrage, le choix de douze conseillers pour le recensement de la garde nationale [1].

Après avoir reçu le serment d'obéissance à la constitution et de fidélité à l'Empereur du conseiller Dumas, et nommé les différentes commissions municipales, le président Bouchereau leva la séance, en invitant ses collègues à se réunir de nouveau le 7 septembre, pour continuer les opérations commencées.

Le Conseil se trouva ce jour-là être au complet, par suite de l'installation d'un certain M. Dupuis, élu le 14 août. Ce conseiller fut dispensé de prêter le serment constitutionnel, devenu désormais inutile.

On enregistra la nomination de Bouchereau comme maire de Saint-Ouen, et celle des citoyens Prat et Pautrat comme adjoints provisoires.

On désigna les six membres de la caisse communale de secours, dont Alexis Godillot avait fait voter la création. MM. Farcot, Torchebœuf, Bézelle représentèrent le Conseil dans cette commission, dont firent encore partie MM. Dubois fils, mécanicien; Lemaréchal, négociant; Gabriel-Thomas Vallet, propriétaire [2].

Elle fut bientôt en possession de 3.990 francs souscrits généreusement par les habitants.

Dans cette même séance, en présence des bruits d'investissement probable de la capitale qui, chaque jour, prenaient plus de consistance, par suite de la

---

1. Archives de la Mairie : *Délibérations*, Reg. IV, p. 124.
2. *Ibid.*, p. 132.

marche sur Paris des armées allemandes, les conseillers décidèrent, conformément aux instructions du gouvernement de la Défense nationale, que le registre des Délibérations municipales et que les Archives communales seraient mis en lieu sûr.

En conséquence, toutes les pièces officielles furent transférées au Tribunal de commerce de la Seine, palais de la Cité, où elles restèrent enfermées jusqu'au 2 novembre 1870 [1].

Cette sage précaution les sauva d'un désastre certain, et les empêcha de subir le sort des autres documents communaux, laissés, par un oubli inconcevable de la part de l'administration, à la sous-préfecture de Saint-Denis, où ils furent mis au pillage et brûlés par les troupes prussiennes d'occupation, dans les derniers jours de janvier 1871.

Le 2 novembre, le registre IV devait être retiré de sa « caisse » et transporté place du Château-d'Eau, n° 9, dans l'appartement de Bouchereau, où la mairie de Saint-Ouen demeura provisoirement installée, pendant la durée du siège et les événements qui suivirent, jusqu'au 8 avril 1871.

En attendant de voir à l'œuvre les conseillers élus à l'instigation de la Commune de Paris, nous devons raconter ce qui se passa à la mairie, où le Conseil municipal, régulièrement nommé dans le courant d'août 1870, se réunit pour la dernière fois les 15 et 19 septembre.

Le compte rendu de ces deux séances, transcrit deux mois plus tard sur le registre *ad hoc*, nous ap-

---

[1]. *Journal officiel*, 19 septembre 1870, p. 1582.

prend, entre autres choses intéressantes, que le Conseil avait fait aux pouvoirs publics une demande de 60.000 francs, pour secourir les six cents bouches inutiles, « faire manger les affamés » et envoyer le plus de gens possible dans leurs familles habitant la province non envahie [1].

Sollicité, par l'autorité militaire campant dans la commune, d'établir une ambulance, en prévision « d'un choc possible des armées », il demanda à la société de Secours aux blessés des armées de terre et de mer « de venir à Saint-Ouen remplir son bienfaisant ministère », lui offrant dans ce but les locaux nécessaires.

Il décida encore de transporter à Paris le mobilier de la mairie « en danger de perdition, dans le cas où la bataille serait imminente » [2].

Toutes ces mesures de précaution humanitaires et administratives étaient, certes, dignes d'éloges et plus urgentes à solutionner de suite, que la proposition du citoyen Bézelle.

Ce conseiller crut devoir soumettre à ses collègues, au nom, disait-il, de la population de Saint-Ouen, la demande d'une nouvelle dénomination de la rue dite Napoléon. Il insista tant et si bien que, « pour empêcher le désordre » dont on le menaçait, le Conseil décida que la rue Napoléon serait dénommée rue Montmartre.

Les conseillers se séparèrent alors pour se réunir dix jours plus tard à Paris, dans l'appartement du maire.

---

1. Archives de la Mairie : *Délibérations*, Reg. IV, p. 134.
2. *Ibid.*, p. 135.

Auparavant, dès les premiers jours de septembre, ils avaient fermé les écoles et licencié le personnel enseignant. L'instituteur, son adjoint, les directeurs des salles d'asile, et les sœurs de Saint-Vincent de Paul, institutrices congréganistes, « étaient partis avec l'intention de ne plus revenir »[1].

Eux-mêmes durent quitter la commune les 18 et 19 septembre, à l'annonce que l'avant-garde ennemie se montrait déjà sur les hauteurs environnant Paris. Ils furent suivis dans leur exode vers la capitale, par la majeure partie de la population qui n'avait pas gagné la province et, en agissant ainsi, ne firent qu'obéir aux injonctions gouvernementales.

Les dix-neuf vingtièmes des habitants se réfugièrent à Paris, dans les vingt-quatre heures qui suivirent l'ordre de départ[2].

Ce fut un sauve-qui-peut général et une précipitation insensée vers la grande ville, apparaissant à tout le monde comme le seul port de salut, devant les progrès rapides de l'armée d'investissement. Pendant toute la soirée du 19 septembre principalement, les habitants déménagèrent à la hâte, emportant avec eux, qui dans des voitures, qui dans des brouettes, qui dans des paniers ou plus simplement encore sur le dos, leur mobilier et les objets indispensables à une absence dont la durée ne pouvait pas être calculée.

Toutes les propriétés bâties, sauf une douzaine, furent abandonnées.

---

[1]. Archives de la Mairie : *Délibérations*, Reg. IV, p. 140.
[2]. *Ibid.*

Les habitants aisés se retirèrent pour la plupart chez leurs parents ou amis, et il fut loisible à quelques-uns d'entre eux, dans les jours qui suivirent cette fuite désordonnée, de pouvoir rentrer à Saint-Ouen, munis des passeports en règle, délivrés aux portes de Paris par la garde nationale, sous la responsabilité des conseillers, principalement sous celle de Crétu.

Beaucoup d'Audoniens purent ainsi franchir les barrières et les avant-postes, et venir, à leurs risques et périls, chercher, dans leurs jardins ou leurs demeures, les quelques provisions et objets divers respectés par les maraudeurs.

Les gens sans ressources, en grand nombre, hélas! avaient trouvé un asile sûr, dans certaines maisons de la place du Château-d'Eau et de la rue du Temple.

Les n°s 176 et 178 de cette dernière regorgeaient de réfugiés audoniens, auxquels l'administration municipale, siégeant en permanence au 9 de la place du Château-d'Eau, donna les secours les plus urgents, après avoir voté, pour raison d'économie, le 29 septembre, la suppression provisoire de tous les emplois municipaux [1].

Les titulaires de ces emplois avaient d'ailleurs « quitté leurs bureaux par mesure de sécurité, en cas d'invasion subite » de la commune; et il faut bien reconnaître que l'état des finances considérablement réduit, par suite de la suppression des recettes de l'octroi, qui « étaient tombées à zéro », ne permettrait plus de les rétribuer.

Seuls continuèrent à émarger au budget le garde

---

1. Archives de la Mairie : *Délibérations*, Reg. IV, p. 140.

champêtre, les tambours et clairons de la garde nationale, le secrétaire et quelques employés de mairie.

L'économie ainsi réalisée était de 3.000 francs par mois. Le maire put cependant disposer « mensuellement d'une somme de 250 francs, pour parer aux nécessités de salubrité et à différents petits faux frais ». Il demeura chargé de la distribution des secours, lesquels consistaient principalement en bons de pain, de viande, de comestibles. Il s'acquitta de cette corvée avec le plus grand et le plus complet dévouement.

Du 21 septembre 1870 au 25 octobre, plus de 6.897 kilos de pain, livrés par différents boulangers de Paris et de Saint-Ouen, plus de 1.000 bons de portions furent distribués par ses soins ou sous sa surveillance [1].

Le lundi 6 novembre, il distribua encore 650 kilos de biscuit.

La générosité municipale s'étendit, ce jour-là, jusqu'aux concierges des différents locaux municipaux, chargés, en sus du nettoyage des bureaux, « de la distribution des numéros d'ordre aux personnes secourues, dont le nombre s'élève à près de 400 ».

Ils n'oublièrent pas non plus les concierges des immeubles de la rue du Temple, dans lesquels les malheureux Audoniens avaient reçu l'hospitalité. On vota aux uns et aux autres, une gratification mensuelle de 50 francs.

Des secours en argent, représentant le prix de la viande, difficile déjà à se procurer, étaient donnés

---

[1]. Archives de la Mairie : *Délibérations*, Reg. IV, p. 149.

aux pauvres dont la misère fut constamment soulagée par l'autorité municipale.

« Les 16, 23, 30 novembre, 7, 14, 21 et 31 décembre 1870, il a été distribué à Paris, sous la surveillance de Bouchereau, par le citoyen Ferdinand Prat, membre du Conseil municipal, en présence de MM. Farcot, Bézelle, Sagot et Buisson, ses collègues, et M. Simon René, membre du Bureau de bienfaisance, différentes sommes en espèces, aux nécessiteux de la commune, à titre de remboursement du prix de viande par eux achetée directement aux boucheries municipales de Paris, qui s'élèvent à 3.254 fr. 40. Il a été, en outre, distribué les 15, 22, 31 décembre à Saint-Ouen, à ceux qui n'ont pas pu venir aux distributions de Paris, à cause de la fermeture des barrières, par le même citoyen Prat, aidé du citoyen Buisson, 167 fr. 70 [1]. »

En janvier 1871, le ministère de l'Agriculture et du commerce mit à la disposition du maire 1.300 kilos de riz, 180 kilos de haricots, 200 kilos de pois, 50 kilos d'oseille, 50 kilos de fromage, 100 kilos d'huile et 75 litres de vinaigre, avec la recommandation de faire durer ces aliments pendant deux mois [2]. On décida que ces derniers articles, dont l'utilité n'était pas absolue, seraient vendus. Avec le prix de leur vente, le maire devait donner des bons, destinés à acheter de la viande, laquelle, hélas! n'était pas toujours, tant s'en faut, de première qualité. Devant les réclamations des intéressés, il dut aban-

---

1. Archives de la Mairie : *Délibérations*, Reg. IV, p. 166.
2. *Ibid.*, p. 168.

donner cette idée et s'empressa de leur livrer l'oseille et autres produits susceptibles de se gâter par une plus longue attente. Les 21 et 22 janvier, le 10 février, il fut encore distribué aux malheureux de la commune, tant à Paris qu'à Saint-Ouen, par les soins de MM. Simon, Buisson, Sagot, sous la surveillance active de l'adjoint délégué, Ferdinand Prat, dont la bonne volonté ne faillit pas un instant, des secours en argent, lesquels atteignirent la somme de 2.257 francs, généreusement avancée par le citoyen Buisson, en attendant leur remboursement sur les 20.000 francs de la subvention accordée par le département, le 30 septembre 1870 [1].

Tout en distribuant des secours dans la plus large mesure possible, le Conseil se réunit deux fois en novembre, et dut s'occuper, sur les réclamations de conseillers, plus aptes à critiquer que savants à faire le bien, de certaines réformes communales, lesquelles ne devaient être mises à exécution que dans des temps meilleurs.

C'est ainsi qu'il émit un vote favorable, le 10 novembre, à une nouvelle dénomination de certaines rues, et à un nouveau mode de numérotage des maisons, en prenant comme point de départ, le rond-point de la mairie. Les frais de cette dernière opération devaient être supportés par les propriétaires [2].

Je renonce à faire cette nomenclature, dont la lecture serait aussi fastidieuse qu'est incompréhensible le travail accompli par le Conseil, dont le temps

---

1. Archives de la Mairie : *Délibérations*, Reg. IV, p. 170.
2. *Ibid.*, p. 155.

aurait pu être mieux employé qu'à modifier un état de choses que rien ne justifiait pour le moment.

En veine de futilités, le 12 novembre 1870, il charge le maire de demander à l'autorité compétente, la revision du territoire communal et d'aviser aux moyens de créer quatre nouveaux chemins.

Toutes ces réformes étaient destinées à rejoindre la précédente dans les cartons préfectoraux, où la plupart sont restées en compagnie des vœux émis sur la proposition du citoyen Lecat, relativement à l'élection du maire par le suffrage universel, à la désignation du président de chaque session municipale et au compte rendu des séances.

Pendant que le Conseil s'évertuait à formuler ces vœux stériles, sans trop se préoccuper par quels moyens ils deviendraient applicables, la ville de Saint-Ouen, abandonnée des habitants et des autorités civiles, avait reçu, dès le 14 septembre, la visite des marins de Cherbourg, qui bientôt formèrent avec ceux pris dans les ports de Brest et de Lorient, un effectif de 407 hommes.

L'autorité militaire établit une batterie d'artillerie dans la propriété Legentil, placée sous la direction de l'amiral de la Roncière, chargé par le gouvernement de la Défense nationale, de l'armement de la presqu'île de Gennevilliers et bientôt du commandement de l'armée de Saint-Denis [1].

Cette batterie, composée de quinze canons de marine de gros calibre, ne joua, en réalité, qu'un rôle assez effacé, dans la ligne de défense du secteur nord-

---

1. *Journal officiel*, 20 décembre 1870, p. 1588.

ouest, s'étendant du fort du Mont-Valérien au fort de la Briche.

Ces longues pièces d'artillerie, « capables d'envoyer des boulets de 100 livres à 8 ou 9 kilomètres, gravement allongées sur leurs affûts », avaient un champ d'action limité par les buttes environnantes, et n'eurent pas l'occasion de balayer avec leurs projectiles la plaine de Gennevilliers, par suite de l'abandon du plan du général Trochu, venu le 16 novembre visiter tous les travaux de défense [1].

Elles endommagèrent principalement l'église de la commune, grâce à leurs formidables détonations, qui firent voler en éclats tous les vitraux, et ébranlèrent fortement l'édifice, distant à peine de 60 mètres [2].

Elles ne furent pas d'un grand secours dans le combat d'Épinay du 30 novembre. Cependant, au soir de la bataille, l'une d'elles lança un projectile destiné à assombrir quelque peu l'ivresse de la victoire allemande, en tombant sur le château du prince-consort d'Espagne, où festoyaient déjà les officiers, dont plusieurs furent tués ou blessés.

La redoute de Saint-Ouen avait elle-même été sérieusement endommagée dans l'après-midi de cette malheureuse journée, par le feu convergent de trois batteries allemandes, installées sur les hauteurs d'Orgemont.

Les canonniers prussiens s'étaient enfin vengés de la « terrible batterie de Saint-Ouen », laquelle, depuis plusieurs jours, les avait sérieusement « inquié-

---

1. *Le Monde illustré*, novembre 1870, p. 337.
2. Archives de la Mairie : *Délibérations*, Reg. V, p. 76.

tés » par ses obus, détruisant sans cesse les travaux de retranchement qu'ils s'efforçaient d'exécuter sur la butte [1].

En prévision des événements auxquels il pourrait prendre part, le tir de la batterie de Saint-Ouen avait été préparé dès les premiers jours de septembre par le génie militaire et le génie civil.

Ces autorités firent abattre les arbres, grands et petits, de l'île Saint-Ouen-Saint-Denis, qu'elles dépouillèrent ainsi complètement de sa « luxuriante végétation ».

Elles brûlèrent encore les maisons et les meules de foin de la presqu'île de Gennevilliers, détruisirent, en un mot, tous les obstacles [2].

Le légendaire moulin de Cage lui-même, si pittoresque, si romantique, si admiré avec son enchevêtrement de poutres et sa grande roue, ne trouva pas grâce devant les exigences de la défense [3]. On y mit le feu et bientôt tout s'écroula dans les flots, sous la hache destructive des sapeurs du génie [4].

---

1. *Le Monde illustré*, novembre 1870, p. 343.
2. Le journal *le Monde illustré* a reproduit dans ses gravures la plupart de ces épisodes de la défense.
3. Une jolie estampe signée A. Taiée conservée à la Bibliothèque nationale, nous montre le moulin après sa destruction, et rappelle dans deux quatrains le petit événement qui fut si cruel à ses admirateurs.

> Le viel ami n'est plus. Quel mal avait-il fait,
> Notre pauvre moulin de Cage,
> Qui jadis à ce paysage
> Donnait un si riant effet ?
>
> Lors du blocus vandale : « Il gêne la défense »,
> Dit le sapeur qui le brûla.
> Dans le fleuve tout s'écroula...
> Cela n'a pas sauvé la France.

4. Voir dans *Saint-Ouen pendant la Révolution*, son rôle historique en 1792.

Le 12 septembre 1870, les ponts de l'île, reconstruits depuis quelques années seulement, furent coupés à leur tour, comme aussi celui bâti par la compagnie des Docks, sur le chemin de halage, à l'entrée du canal.

Les arbres eux-mêmes de la place de l'Église, ces vieux ormes qui, jadis, avaient été un objet de convoitise de la part d'un conseiller, furent en partie arrachés dans le courant de janvier 1871, sous le fallacieux prétexte qu'ils étaient prêts à mourir.

Ce dernier acte de vandalisme ne devait pas être plus efficace que ceux déjà accomplis en vue de la défense, puisque, quelques jours plus tard, le 29 janvier, après la signature de l'armistice, la batterie du parc se taisait.

Les intrépides marins se voyaient obligés de remettre tout leur matériel de guerre et de défense aux mains des ennemis, conformément aux conditions de l'armistice signé à Versailles, entre Bismarck et Jules Favre.

En se retirant du parc où ils avaient construit de formidables ouvrages de protection, les matelots eurent la précaution de démonter les pièces d'artillerie et ne laissèrent ainsi entre les mains des ennemis que des canons momentanément inutilisables.

Le détachement de la compagnie bavaroise à qui on venait de remettre la batterie, voulut opérer une reconnaissance dans la commune, contrairement au traité passé, et installa même un poste sur la place d'Armes.

Déjà, certaines maisons avaient été marquées à la craie pour recevoir leur contingent de militaires, quand, à la suite de réclamations énergiques, l'ordre fut donné aux soldats ennemis d'évacuer la commune et de n'en occuper que la partie concédée. Ils se retirèrent dans le parc Legentil, où ils campèrent jusqu'au 19 février [1].

En résumé, la commune fut plus heureuse que la ville voisine Saint-Denis, et ne demeura pas livrée comme cette dernière à la merci de la soldatesque allemande, laquelle cependant, en vertu du droit du plus fort, exerça des exactions sur le territoire communal, en pillant certaines propriétés.

Mais les déprédations commises furent, à vrai dire, peu nombreuses et peuvent, jusqu'à un certain point, s'expliquer par les lois de la guerre, contrairement à ce qui se passa en mars, avril et mai de cette année terrible.

Les rôles alors allaient être renversés et nos gardes nationaux fédérés, dont beaucoup étaient originaires de Saint-Ouen, devaient compléter l'œuvre de destruction commencée par les Allemands, et augmenter ainsi, par leur conduite inqualifiable, la note à payer, quand il faudra, en 1873, aviser aux moyens de réparer les dégâts de la guerre étrangère et de la guerre civile [2].

---

[1]. La ligne de démarcation des avant-postes prussiens devant Paris, sur le front ouest et nord, du Point-du-Jour à Aubervilliers, comprenait la Seine jusqu'à Saint-Ouen et ensuite une distance de 500 mètres en avant des ponts du canal, entre Saint-Denis et Aubervilliers.

[2]. L'état des dommages causés aux édifices communaux par suite de la guerre de 1870-1871, dressé par M. Michaël, architecte communal, le 3 août 1873, s'élevait à la somme de 58.864 francs 21 centimes comprenant :

Repavage au devant du port de Saint-Ouen 1.448
Travaux à exécuter à l'asile communal. 1.533.31

L'action criminelle des fédérés audoniens s'exerça principalement contre les propriétés de la princesse de Craon et du maire Bouchereau.

La première, dont on avait enlevé le mobilier et les objets d'art peu après la mort du prince Louis de Craon, avait déjà été mise à mal dans le courant de janvier, par un bataillon de mobiles, qui ne se contentèrent pas d'y trouver un gîte provisoire.

C'était au tour, maintenant, des gardes nationaux fédérés, d'achever l'œuvre de dévastation commencée par des Français plus turbulents que disciplinés.

Au nombre des violences stupidement exercées, il y a lieu de signaler la profanation de la sépulture du fils de la princesse, décédé accidentellement en 1869, et dont le corps reposait provisoirement dans la chapelle souterraine du château, en attendant son transfert dans la propriété de Craon.

Ils obligèrent un serrurier appelé Driancourt, à pratiquer des ouvertures dans le cercueil de plomb, avec l'espoir d'y découvrir de prétendues richesses. Le résultat ne répondit pas à leur attente ; alors, déçus et furieux, ils se vengèrent en barricadant dans la chapelle, le gardien qu'ils avaient réquisitionné et qui, dit-on, resta deux jours durant, abandonné à son malheureux sort.

Quelques mois plus tard, la princesse de Craon, jus-

Travaux à exécuter à la Mairie. 10.145
— aux Écoles. 4.945.50
— à l'Église 40.792.40

Le département alloua à la commune une somme de 10.000 francs, laquelle fut presque exclusivement employée aux réparations de la mairie.

Archives de la Mairie : *Délibérations*, Reg. IV, p. 342.

SAINT-OUEN DEPUIS LA RÉVOLUTION. 291

tement émue de ces scènes de violence, manifesta publiquement son mécontentement, en faisant apposer sur la grille extérieure du château une large planche, enlevée d'ailleurs rapidement par l'autorité civile, sur laquelle on pouvait lire cette inscription vengeresse :

« Propriété à vendre ou à louer, dévastée par des Français, en 1871 »[1].

La deuxième propriété contre laquelle s'exerça le terrorisme du jour, est celle de Bouchereau, située rue de Gennevilliers, 20, — aujourd'hui rue de Paris, 69.

En mai, elle fut d'abord « envahie, pillée et saccagée par des habitants de Saint-Ouen, armés, agissant à force ouverte », uniquement parce qu'il était maire, puis occupée par l'état-major des gardes nationaux fédérés, jusqu'à la fin de la Semaine sanglante[2].

Déjà, pendant la dernière quinzaine de mars, nos fédérés audoniens avaient envahi et dévalisé l'appartement de Bouchereau, place du Château-d'Eau, où avait été transféré le siège de la mairie.

Les papiers personnels du maire et certains documents officiels dont il avait la garde, furent emportés, dispersés, détruits.

Seul, le registre IV, servant aux Délibérations municipales, eut la chance d'échapper à cette destruction systématique. On l'apporta à la mairie de Saint-Ouen, le 8 avril 1871, pour être utilisé dans la séance

---

1. Ces détails m'ont été donnés par des personnes témoins des faits.
2. Archives de la Mairie : *Délibérations*, Reg. IV, p. 200.

de ce jour, à relater le procès-verbal d'installation du nouveau Conseil municipal insurrectionnel, élu le 2 avril 1871.

Ces élections avaient été motivées « par la fuite du citoyen maire et par la démission d'une grande partie des anciens conseillers ». Elles furent faites conformément à un arrêté de la commune de Paris, daté du 28 mars [1].

Ce nouveau Conseil, élu et installé pendant la période critique que traversait alors la ville de Paris, sous la dictature de Cluseret, ne devait être détenteur que provisoirement et pour quelques jours seulement, de l'autorité municipale.

Furent élus les citoyens :

Crétu, Guillaume; Torchebœuf, Paul; Dumas, Philibert; Sidot, Auguste; Vallet, Gabriel; Dumoutier, Eugène; Ducher, Jacques; Kermann, Eugène; Joly, Auguste; Bullier, Claude; Mouly, François; Charpentier, Émile; Dupuis; Bacquet; Lignereux, Félix; Séjourné, Fréjus; Duchemin, Mathieu; Béron, Antoine; Dieumegard, Louis-Augustin; Allard, Frédéric; Sauriac, Jules-André; Bailoz, Philippe; Prévost, Édouard-Constant [2].

Le vieux Guillaume Crétu, fils de G.-D., obtint le plus de suffrages dans ces élections municipales, auxquelles prirent part part un huitième seulement des citoyens inscrits. Elles furent forcément considérées comme valables.

Crétu, déclaré président de l'assemblée communale;

---

1. Archives de la Mairie : *Délibérations*, Reg. IV, p. 175-176.
2. *Ibid.*

remplit les fonctions de maire jusqu'au 2 juin, où il fut appelé à rendre des comptes.

Il commença par donner satisfaction à certains habitants qui, à deux reprises différentes, avaient réclamé d'urgence, mais en vain, des anciens conseillers, l'inscription sur la façade de la mairie de la nouvelle devise : Liberté—Égalité—Fraternité.

Crétu, maître absolu de la situation, n'abusa pas du pouvoir. Il s'occupa de réorganiser la plupart des services communaux et d'examiner le bien fondé des réclamations nombreuses dont il était assailli, et auxquelles il ne put pas toujours faire droit.

La réouverture des écoles communales eut lieu le 13 avril. Celle des filles fut installée dans la salle de perception de la mairie [1], en attendant la création d'une nouvelle école « dont la direction serait confiée à une dame laïque, pour affirmer ainsi la liberté de conscience, en permettant aux pères et mères de famille de choisir l'une des deux écoles », l'ancienne école demeurant toujours sous la direction des sœurs de Saint-Vincent-de-Paul.

Dans ce même mois d'avril on vota le retrait d'urgence des Archives, déposées au Tribunal de commerce, et on réinstalla le marché volant, à son endroit primitif, sur l'avenue des Batignolles, aux environs de la place de la mairie.

Le programme du président Crétu était à peine ébauché, les réformes à faire à peine envisagées, que brusquement ce pouvoir insurrectionnel prit fin par la rentrée des troupes dans Paris.

---

1. Archives de la Mairie : *Délibérations*, Reg. IV, p. 185.

Au nombre des événements locaux qui précédèrent cette entrée en se succédant coup sur coup, dans ce triste mois de mai 1871, je signalerai la présence à la barrière de Saint-Ouen, le 8 mai, d'une délégation du Conseil de Saint-Denis, venue avec une escorte de pompiers, pour recevoir et conduire au cimetière de leur ville, le corps d'un sergent de pompiers de la Plaine-Saint-Denis, qui avait eu les deux jambes coupées par un obus versaillais, en passant avenue de Wagram [1].

Le 22 mai, alors que le général prussien de Médem, commandant le corps d'occupation de Saint-Denis, inspectait les avant-postes de Saint-Ouen, il se trouva en présence du général communard Dombrowski, fortement contusionné, cherchant à fuir avec son état-major.

Confiant dans la lettre qu'il avait adressée à « M. le général commandant les armées impériales allemandes à Saint-Denis », et qui était restée sans réponse, il voulait traverser les lignes prussiennes pour fuir en Belgique, afin de ne pas tomber aux mains des troupes de Versailles [2].

Sur le refus inexorable qui lui fut opposé par l'autorité allemande et toute fuite paraissant impossible, il revint sur ses pas, rentra dans Paris, où il se fit tuer.

Le lendemain, 23 mai, à trois heures du matin, en vertu d'une convention conclue entre le gouvernement français et le prince de Saxe, autorisant l'armée de Versailles à franchir la zone neutre dont Saint-

---

[1]. H. Monin, *Histoire du siège et de l'occupation de Saint-Denis par les Allemands*, p. 278.
[2]. *Ibid.*, p. 289.

Ouen faisait partie, la division Montaudon déboucha par les ponts de l'île Saint-Denis, les seuls qui n'eussent pas été coupés, longea la berge, suivit la rue de Paris et l'avenue des Batignolles et pénétra dans Paris par la porte de Saint-Ouen [1].

Cette entrée rapide fut cause de l'abandon, dans l'avenue de Saint-Ouen, à quelques pas des fortifications, de plusieurs pièces de canon enlevées du parc Legentil par des gardes nationaux fédérés, malgré l'énergique opposition de Crétu.

Pendant plus d'un mois il fut loisible de voir ces grosses pièces d'artillerie gisantes abandonnées en bordure de l'avenue.

Les soldats de l'armée de Versailles, lors de leur passage dans la commune, pourchassèrent, sans trêve ni merci, partout où ils les rencontrèrent, les gardes nationaux fédérés.

Parmi les prisonniers de marque qu'ils emmenèrent, je signalerai l'adjoint Pautrat. Il fut «détenu préventivement, sous l'inculpation d'un crime qualifié » [2].

Ses collègues durent lui chercher un successeur, le 2 juin 1871, lors d'une curieuse réunion municipale dans laquelle des membres de l'ancien Conseil et du nouveau se trouvèrent en présence.

Cette séance fut présidée en partie par Bouchereau, dont la démission de maire n'avait pas été acceptée. Il désirait exposer au Conseil les violences dont il avait été victime, de façon à justifier sa demande de dommages-intérêts adressée à la commune.

---

1. H. Monin, *Loco citato*, p. 293.
2. Archives de la Mairie : *Délibérations*, Reg. IV, p. 194.

Le Conseil entendit sur cette question un éloquent plaidoyer de M. Farcot, dans lequel il énumérait les services que le maire et son adjoint Prat avaient rendus à la commune et aux habitants, jusqu'au 25 mars, « et qui, disait-il, n'avaient offert leur démission qu'à cause des scandaleuses persécutions qu'on leur a fait éprouver, pendant les deux derniers mois ».

Il affirmait que M. Bouchereau, en particulier, « a été dépouillé de tout son avoir mobilier et de ses titres, livres et papiers, par les envahisseurs de sa propriété pillée et saccagée, et tout cela seulement parce qu'il était maire de la commune de Saint-Ouen, et qu'il en remplissait les devoirs et les fonctions avec la plus grande impartialité et une louable énergie »[1].

Une commission fut nommée pour vérifier sur place les nombreuses vexations que M. Bouchereau se plaignait d'avoir subies, tant dans sa propriété de Saint-Ouen, occupée — et comment ! — par le prétendu état-major des gardes fédérés de la localité, que dans son appartement de la place du Château-d'Eau.

L'enquête démontra que sa propriété et son appartement « avaient été violés, dévastés, pillés par des habitants de Saint-Ouen. Une partie de son mobilier, de sa bibliothèque et de ses tableaux ont été pris, brisés ou brûlés. En outre, les titres, livres et papiers dont il était possesseur ont été détruits par la force majeure, sans que l'on puisse reprocher à M. Bouchereau aucune négligence ou imprudence[2]. »

La commission était, en conséquence, d'avis de

---

1. Archives de la Mairie : *Délibérations*, Reg. IV, p. 192.
2. *Ibid.*, p. 200.

« fixer à 12.000 francs la réparation du préjudice par lui éprouvé, à la fin de mars dernier, à Paris, et dans le courant de mai suivant, à Saint-Ouen, préjudice causé par des rassemblements armés d'habitants de Saint-Ouen, agissant à force ouverte ».

Ayant obtenu satisfaction morale et pécuniaire, Bouchereau songea à liquider la situation municipale depuis le jour où il avait assumé la lourde charge de présider aux destinées de la ville.

On entendit un rapport de M. Fontaine constatant que les bâtiments de la mairie sont en bon état, mais que les parquets ont besoin d'être rabotés, et que la plupart des clefs manquent.

On vérifia les registres de l'état civil et les actes administratifs, accomplis sous la présidence de M. Guillaume Crétu ayant exercé, par intérim, les fonctions de maire et d'officier ministériel.

On constata que les finances avaient été sauvées et que les bâtiments communaux, tels que l'église, les écoles et les salles d'asiles sont « en assez bon état »[1].

Toutes ces constatations furent faites le 20 juin, et le Conseil s'ajourna au 13 août, où Bouchereau déposa son bilan et offrit sa démission de maire de Saint-Ouen[2].

Il eut pour successeur Charpentier François-Émile, adjoint, qui fut élu maire par ses collègues, quoique absent de cette réunion.

Le souvenir de ce maire est encore trop récent pour

---

1. Archives de la Mairie : *Délibérations*, Reg. IV, p. 198.
2. Voir aux pièces justificatives la liste des maires de Saint-Ouen.

me permettre de juger, en toute indépendance et avec la franchise historique nécessaire, les actes municipaux de son administration, lesquels, à vrai dire, n'entrent pas dans les limites que je me suis tracées.

L'Année terrible finit en même temps que la Commune de Paris, laquelle eut sa répercussion dans la localité, comme j'ai essayé de le démontrer, avec son Conseil municipal insurrectionnel, ses épisodes de la guerre civile et son cortège de désordres plus ou moins graves, commis par nos gardes nationaux fédérés, aidés dans leur œuvre de destruction par une partie de la populace, celle, sans doute, qui avait été l'objet de la sollicitude municipale, pendant les rigueurs de la vie du siège.

Il faut cependant reconnaître que ces désordres n'allèrent pas jusqu'à l'effusion du sang, et que, si le Conseil né de l'émeute fut impuissant à les empêcher ou à les réprimer, il ne semble pas, cependant, y voir prêté un concours actif.

La mémoire de Crétu et de la plupart de ses collaborateurs municipaux occasionnels reste donc intacte et survit honnêtement à cette période troublée de notre histoire locale qui, à bien des points de vue, peut être comparée à la grande époque révolutionnaire.

Dans l'un et l'autre cas, les circonstances sont sans doute plus à incriminer que les hommes qui en furent les témoins et parfois les victimes.

Étrange destinée, tout de même que celle de la famille Crétu, dont le père et le fils, à un siècle presque d'intervalle, furent les séides de la révolution en marche ou menaçante, et qui, dans ces temps difficiles, surent, néanmoins, se tirer d'affaire, en alliant le maximum d'honnêteté politique à l'emballement des idées révolutionnaires du jour.

Ils furent des exaltés, certes, mais non des exploiteurs, ni même des calculateurs comme certains qui cachèrent leur jeu derrière la personnalité du maire Charpentier, excellent homme, dit-on, mais caractère en réalité sans grandeur.

Il accepta une suite d'affaires délicates et ne sut pas, ou ne voulut pas accorder à son prédécesseur légal, Bouchereau, homme faible mais probe, dont les services rendus à ses administrés, et les vexations qu'il avait subies auraient dû excuser certaines erreurs de comptabilité administrative, la grande part de justice à laquelle il avait droit.

On comprend que Charpentier, en 1871, supprimât les réjouissances populaires, accompagnant chaque année la fête communale du 24 août; le cœur ne devait guère être à l'allégresse au milieu des ruines de toutes sortes dont la commune était encombrée [1].

On comprend moins la suppression, le 22 août, de l'emploi du deuxième garde champêtre, mais on ne comprend pas du tout son refus d'apurer les comptes de l'administration Bouchereau, sous le prétexte d' « irrégularités graves », découvertes par la commission municipale chargée de les vérifier [2].

Ces irrégularités, que les circonstances pouvaient expliquer, à mon avis, se réduisirent à constater, comme le démontra le minutieux contrôle préfec-

---

1. Archives de la Mairie : *Délibérations*, Reg. IV, p. 207.
2. *Ibid.*, p. 210.

toral, « que l'encaisse est inférieure aux fonds spéciaux de 5.084 fr. 38 ».

Il semble vraiment que, dans les temps difficiles, les pouvoirs publics éprouvent parfois un malin plaisir à exercer leur droit de contrôle, et à faire table rase des services rendus.

L'adjoint Prat, que nous avons vu, en compagnie de Bouchereau, se prodiguer pour secourir toutes les infortunes, devait être victime, comme le maire, des mêmes errements administratifs.

Lui aussi eut des comptes à débrouiller avec l'administration préfectorale, au sujet de la vente, faite sous sa responsabilité, de « matériaux provenant de la batterie Legentil, en juin et juillet 1871 ». Cette vente avait produit la somme de 5.494 fr. 35 que l'État, qui ne perd jamais ses droits, réclamait à la commune le 11 décembre 1872 [1].

Dans ce dernier cas encore le Conseil, guidé peut-être par des raisons politiques, ne voulut rien savoir et refusa d'endosser les dettes de l'adjoint, comme il avait refusé, l'année précédente, d'apurer les comptes du maire.

Pour en finir avec l'Année terrible, je rappellerai un fait plus glorieux, que le maire Charpentier mit en pleine lumière le 29 décembre 1871, en demandant à son Conseil l'autorisation « pour payer des bons de pain et de viande distribués aux indigents » de prélever une somme de 3.000 francs sur les 10.000 francs, encore intacts, offerts généreusement à la commune par une société anglaise « dite des amis » [2].

---

1. Archives de la Mairie : *Délibérations*, Reg. IV, p. 325-326.
2. *Ibid.*, p. 247.

Cette société philanthropique donna ainsi une première preuve manifeste de l'entente cordiale que des événements politiques devaient, par la suite, rendre plus intime. Elle renouvela le geste secourable et profondément humain, que l'Angleterre, pourtant si égoïste à l'ordinaire, avait accompli dès les premiers jours de l'armistice, en envoyant à Paris des wagons pleins de toutes sortes de provisions pour ravitailler la capitale, décimée par la famine, et dont les habitants de Saint-Ouen avaient, comme tant d'autres, éprouvé la cruelle étreinte.

Ces sombres jours étaient finis.

Il devenait maintenant nécessaire et urgent de se mettre au travail, afin de réparer les ruines trop nombreuses que la guerre étrangère et la guerre civile avaient laissées de leur passage, et dont j'ai essayé de montrer une image bien imparfaite dans ces quelques pages.

Telle est l'Histoire de Saint-Ouen pendant près de trois quarts de siècle, histoire singulière s'il en fut jamais, commençant et finissant dans les misères de la guerre, pour le plus grand dam des habitants, mais histoire conforme au passé de la commune et à sa situation topographique.

On aurait pu supposer ce passé fratricide à jamais disparu de nos annales communales, avec les progrès de la civilisation, si les faits n'étaient pas là pour nous apprendre que la vie des peuples, subordonnée à l'ambition des hommes qui les gouvernent, n'est, en réalité, qu'un perpétuel recommencement

PIÈCES JUSTIFICATIVES

ARCHIVES DE LA MAIRIE

Délibérations Reg. I.

RÈGLEMENT SCOLAIRE.

Aujourd'hui dix frimaire, l'an treize, à cinq heures du soir les membres du Conseil Municipal assemblés en la Salle ordinaire de leurs séances en la Salle communale, sur la convocation faite par le Maire en exécution de l'Arrêté du sous-Préfet de l'Arrondissement de Saint-Denis et approuvée par le Préfet de la Seine. . . . .
. . . .

RÈGLEMENT SUR LA TENUE
ET L'ORGANISATION DES ÉCOLES.

ART. PREMIER. — Conformément à la loi du 11 floréal précitée, il sera admis gratuitement dans lesdites Écoles les enfants dont le Conseil Municipal exemptera, le Maire fera le relevé de la liste de l'Instituteur présentant le nombre d'enfants qui fréquentent cette École et le nombre des enfants qui seront instruits gratuitement n'excédera pas le cinquième du total, et cette liste sera renouvelée tous les 3 mois.

Il n'en sera admis gratuitement que dans la classe indigente et au-dessous de l'âge de 14 ans, à moins qu'il ne soit infirme et que du sexe masculin.

Art. 2. — Madame Suzanne Mandeville, son épouse, enseignera les enfants du sexe féminin, dans une salle séparée, sous la surveillance de son mary, elle renverra les filles au moins 5 minutes avant les garçons.

Art. 3. — L'École sera ouverte tous les jours le matin à huit heures précises jusqu'à onze heures et depuis une heure après-midi, jusqu'à quatre, excepté les Dimanches et fêtes reconnues par le Gouvernement et l'après-midy des Jeudis de chaque semaine, qui seront pris pour jour de récréation et de repos; quand il y aura d'autres fêtes dans la semaine l'Instituteur ouvrira son école le Jeudy toute la journée.

Art. 4. — On enseignera à lire, écrire, les éléments de la langue française et les principes de l'arithmétique.

Art. 5. — L'École sera, au surplus, sous la surveillance des Maire et adjoints, qui se chargent de l'Exécution du présent.

Art. 6. — La présente délibération sera soumise à l'approbation du sous-préfet de l'arrondissement de Saint-Denis.

Approuvé : mots rayés nuls.

Et ont signé, excepté François Bourdin

Vallet,	Lebert,	J.-N. Varlet,	Vaillant,
	Henry,	J.-B^{te} Poirié.	

ARCHIVES DE LA MAIRIE

Délibérations Reg. I.

Budget communal.

L'An mil huit Cent six, le Samedi, dix mai, deux heures de relevée, sur l'invitation faite par le Maire, les membres composant le Conseil Municipal de la commune de Saint-Ouen se sont réunis en exécution des lois et arrêtés du Gouvernement en la Salle Communale, présent ledit M. Poirié, Maire, lequel après que chacun des membres a eu pris place au Bureau, a donné lecture de la lettre de M. le Sous-Préfet de Saint-Denis, en date du avril dernier, instructive sur les objets sur lesquels les Conseils Municipaux ont à délibérer dans leur session.

Le Maire président l'Assemblée, le Conseil a désigné par voie de scrutin, le sieur Denis Compoint, l'un de ses membres pour remplir les fonctions de Secrétaire pendant la session.

. . . .

. . . .

Le Conseil Municipal s'est occupé de suite de dresser l'état des recettes et à présenter celui des dépenses urgentes à faire pour la Commune en 1807.

Recette :

Produit des centimes additionnels d'après les Rôles des Contributions :

CHAPITRE PREMIER

1º Produit de cinq centimes par franc
 sur la contribution foncière de 1806

y compris les 100 jours de l'An quatorze. 727,56
2° Mobilière et somptuaire— id   74,49   802,05

CHAPITRE DEUX

1 dixième des Patentes.   29,43   29,43

CHAPITRE TROIS

1° Le produit des biens Communaux
(dont le terme échoira le 11 novembre
prochain, mais exigible par avance)
offre, déduction faite des impositions
un Revenu de. 1 441,30

Total des Revenus de 1806. . .   2 272,78

Enfin qu'il est dû par différents locataires pour arrérages des loyers de ces derniers biens, une somme de . .

Le Conseil Municipal s'est ensuite occupé de dresser l'État des dépenses par aperçu pour l'année 1807, ainsi qu'il suit :

Dépense :

CHAPITRE PREMIER

Frais d'administration.

1° Location de la Maison Commune. .   120
2° Abonnement au Bulletin des Lois. .   6
3° Registres de l'État Civil.   70
4° Frais de Mairie, y compris le Secrétaire.   450
5° Afficheur et Tambour   60   706

CHAPITRE DEUX

Dépenses locales ordinaires.

1º Entretien des Compagnies de Réserve à ½ C pour.	11,37	
2º Contribution foncière des Biens Communaux	300	
3º Remises au Receveur Municipal sur le produit des biens communaux (centimes additionnels exceptés).	86,50	
4º Logement de l'Instituteur et de l'Institutrice	200	
5º Entretien des Chemins, Rues, abreuvoirs, pavés et plantations sur les places publiques.	200	
6º Montage et Entretien de l'Horloge. .	75	
7º Pour le son de la cloche, le matin, à midi et le soir	75	947,87

CHAPITRE TROIS

1º Supplément de traitement au desservant.	100	
2º Logement de ce dernier à la charge par lui de fournir dans son presbytère une salle pour sacristie	300	
3º Pour acquisition des différents objets nécessaires au service du culte et différentes réparations déjà faites . . .	200	600
Total de la dépense		2 253,87

Sera le présent état tourni à l'approbation des autorités supérieures avec prière d'y faire droit.

Et attendu qu'il est sept heures du soir, le Conseil a

ajourné la séance périodique au douze de ce mois, à trois heures du soir et ont les membres signé :

J.-B. Lebert, L. Compoint, Denis Compoint, Vallet, J.-N. Varlet, Sébastien de la Croix, Henry.

Approuvé, mots rayés nuls : J.-B. Poirié.

DÉCLARATION DE SAINT-OUEN

« Louis, par la grâce de Dieu, roi de France et de Navarre, à tous ceux qui ces présentes verront ; salut !

« Rappelé par l'amour de notre peuple au trône de nos pères, éclairé par les malheurs de la nation que nous sommes destiné à gouverner, notre première pensée est d'invoquer cette confiance mutuelle, si nécessaire à notre repos et à son bonheur.

« Après avoir lu attentivement le plan de constitution proposé par le Sénat, dans sa séance du 6 avril dernier, nous avons reconnu que les bases en étaient bonnes, mais qu'un grand nombre d'articles portant l'empreinte de la précipitation avec laquelle ils ont été rédigés, ne peuvent, dans leur forme actuelle, devenir lois fondamentales de l'État.

« Résolu d'adopter une constitution libérale, voulant qu'elle soit sagement combinée, et ne pouvant en accepter une qu'il est indispensable de rectifier, nous convoquons pour le 10 du mois de juin de la présente année, le Sénat et le Corps législatif, nous engageant à mettre sous leurs yeux le travail que nous aurons fait avec une commission choisie dans le sein de ces deux corps, et à donner pour base, à cette, constitution, les garanties suivantes :

« Le gouvernement représentatif sera maintenu tel qu'il existe aujourd'hui, divisé en deux corps, savoir :

« Le Sénat et la Chambre, composée des députés des départements.

« L'impôt sera librement consenti,

« La liberté publique et individuelle assurée,

« La liberté de la presse respectée, sauf les précautions nécessaires à la tranquillité publique,

« La liberté des cultes garantie.

« Les propriétés seront inviolables et sacrées, la vente des biens nationaux restera irrévocable.

« Les ministres responsables pourront être poursuivis par une des Chambres législatives et jugés par l'autre.

« Les juges seront inamovibles, et le pouvoir judiciaire indépendant.

« La dette publique sera garantie; les pensions, grades, honneurs militaires, seront conservés, ainsi que l'ancienne et la nouvelle noblesse.

« La Légion d'honneur, dont nous déterminerons la décoration, sera maintenue.

« Tout Français sera admissible aux emplois civils et militaires.

« Enfin, nul individu ne pourra être inquiété pour ses opinions et ses votes.

« Fait à Saint-Ouen le 2 mai 1814.

« Louis »

ARCHIVES DE LA MAIRIE

Procès-verbaux, Reg. I.

Conseil de discipline de la garde nationale.

L'an mil huit cent dix huit, le vingt six janvier à six heures du soir, après avoir été dûment convoqués les membres du Conseil de discipline se sont réunis au lieu ordinaire de leurs séances sous la présidence de M. le Maire. MM. Bonvallet, capitaine commandant la Garde Nationale; Courtois, sous-lieutenant; Bourdin, 1er sergent; Louis Augustin Compoint, 1er caporal; Benard, officier rapporteur, et Henry, sergent-major, étaient présents.

Il a été donné lecture d'une lettre adressée à M. Bonvallet, capitaine, par M. Crétu, lieutenant, en date de ce jour, de laquelle lecture après en avoir médité le contenu, le Conseil a décidé qu'elle serait transcrite sur le Registre des délibérations, littéralement et ainsi qu'il suit :

A Monsieur le Capitaine Bonvallet.

« Monsieur. Jay reçu votre lettre d'hyer par laquelle vous m'invités de me trouver ce soire à 6 heures à la mairie comme membre du Conseille de discipline.

« Des affaires indispensable mapelle a paris cest ce qui moblige de ne pouvoir me randre à votre invitation.

« J'orois crüe que Monsieur Laugier vous aurois fait recevoir par les membres du Conseille avant que vous ne les apellier de votre chef

« plusieurs garde nationnaux ont manqué à leur garde et notamant les personnes attaché au service de Monsieur Ternot quoique appellé par billiet donc les rapports ont été remie à Monsieur Laugier sur les quelle il na point été fait drois.

« J'orois déziré scavoir de lui cy ont donnera suite à tous ces feulle ou quelle resteron en oublie avant quil soit pris de nouvelles délibération. »

Je suis avec considération

Monsieur G.-D. Crétu, lieutenant.

« De Saint-Ouen, ce 28 janvier 1818. »

Après quoi, le Conseil convaincu que M. Crétu ne se présenterait pas à l'Assemblée, il s'est organisé provisoirement et toujours en présence de M. le Maire, de la manière suivante :

MM. Bonvallet, capitaine Président.
Courtois, sous lieutenant Vice-Président.
Dautry, sous-lieutenant.
Bourdin J.-Nicolas, premier sergent.
Compoint Louis Augustin, premier Caporal.
Benard, officier rapporteur.
Henry François Joseph, serg^t major secrétaire.

Quant au sieur Bourdin, soldat-sapeur, était absent pour cause de maladie.

Le Conseil ainsi organisé, il a été fait le dépôt sur le bureau d'une liste de 36 gardes nationaux qui le 21 Janvier courant ont manqué d'assister au service de sa Majesté Louis 16, ainsi qu'à l'appel qui a eu lieu immédiatement après, quoique dûment avertis au son de caisse et plusieurs fois réitérés.

Le Capitaine président a dit qu'il les a fait tous avertir pour qu'ils aient à répondre sur les questions qui leur seront faites pour faute de non comparution et à se trouver à ce jour, lieu et heure ou presque tous se sont rendus.

Il a été fait l'appel de chacun d'eux séparement et ils ont été interrogés également sur les motifs qui les ont empêchés de se trouver au service et à l'appel.

Après avoir entendu de chacun les réponses, et les conclusions de Mʳ l'Officier rapporteur :

Le Conseil a décidé sur chacun d'eux ainsi qu'il suit :

1⁰ Henry J.-Bᵗᵉ et Henry fils attendu que leur demeure est isolée du Village, qu'ils peuvent bien ne pas avoir été avertis, ne sont pas tenus à l'amende.

2⁰ Lacroix Louis François et Raget Nˢ. Philippe, attendu qu'ils sont militaires en retraite, ne sont pas assujettis à aucun service et par conséquent pas à l'amende.

3⁰ Buquet Étienne, Legrand Gaspard Martin et Guénot Jⁿ Bᵗᵉ Étienne, n'ayant pas encore été portés sur le contrôle de la Garde Nationale avant le dit jour 21 Janvier courant, il est possible qu'ils n'eussent pas été suffisamment prévenus, n'ont pas encouru l'amende.

4⁰ Maury Jⁿ Louis, Wibaille Alexandre, Courbe Sébastien et Fruchot Louis attendu qu'ils ont exposé des motifs puissants qui leur ont empêché de paraître on a pensé devoir les exempter d'amende.

5⁰ Et quant aux dénommés ci-après, le Conseil a décidé qu'il y avait lieu à faire payer ainsi qu'il suit :

Savoir :

Père Jean Marie.	0 fr. 75
Duval Nicolas Charles	1 franc.
Varlet Jⁿ Nicolas	1 »
Compoint Jⁿ Pierre.	1 »
Buisson Edme	1 »
Lemaitre Claude Nicolas	1 »
Trezel Jⁿ Bᵗᵉ fils.	1 »

Michon Pierre	1 franc.
Barth Joseph	1 »
Lorée Jⁿ· Bᵗᵉ	1 »
Baroche Augustin	1 »
Pierre fˢ	1 »
Coqueret Remy	1 »
Chevalier Sébastien	1 »
Chevalier Antoine	1 »
Compoint Hipolite Simon	1 »
Cornier Joseph	1 »
Buchette fˢ	1 »
Daunay Thomas	1 »
Compoint Jⁿ Louis	1 »
Dodé Jⁿ	1 »
Crétu Gabriel Nicolas	1 »
Malenfant Adrien	1 »
Lagoutte Charles	1 »
Andrieux Joseph Clément	1 »

Pour le motif que si ces gardes nationaux ne se sont pas présentés, c'était par insouciance ou objet de spéculation. Et attendu qu'il ne s'est plus rien trouvé à délibérer le Président a déclaré la séance levée et ont les membres signé :

Cap. BONVALLET, HENRY, L.-A. COMPOINT, DAUTRY, BOURDIN, COURTOIS.

ARCHIVES DE LA MAIRIE

Procès-verbaux Reg. I, p. 55.

État des Chemins Vicinaux de la commune de Saint-Ouen arrêté par le Conseil municipal assemblé conformément a l'Instruction de M. le Sous-Préfet de Saint-Denis, en date du 18 septembre 1829.

1 Chemin du port, dit des Bateliers.
2 De Clichy, dit du Landy.
3 Delacroix au Comte, dit de la Croix Blanche.
4 De Montmartre.
5 Des Rosiers, dit de la Glacière.
6 De la Chapelle.
7 Du Landy.
8 Des Poissonniers.
9 Des Épinettes, dit des Éguillons.
10 De la Folie.
11 Des Carreaux, dit de Monceaux.
12 De l'orme aux Bœufs.
13 De Saint-Denis.
14 De la Côte.

Dressé le présent tableau par nous, maire de la Commune de Saint-Ouen, conformément à l'Instruction de M. le maître des Requêtes sous-préfet de Saint-Denis.

Saint-Ouen ce vingt-cinq septembre mil huit cent vingt-neuf. Arrêté par nous membres du Conseil municipal de la Commune de Saint-Ouen, dans notre séance du vingt-cinq septembre mil·huit cent vingt-neuf.

ARCHIVES DE LA MAIRIE

Procès-verbaux Reg. I, p. 10-11.

ÉTABLISSEMENT PROVISOIRE DE LA GARDE NATIONALE.
ORGANISÉE LE JEUDI 29 JUILLET 1830.

Messieurs

Louis-Nicolas Vallet,	capitaine commandant.
Gabriel Dorothée Crétu	lieutenant.
Jean Nicolas Bourdin,	lieutenant.
Gabriel Vallet,	sergent-major.

1re *Subdivision.*

N^{as} Bourdin (Leg^d Bourdin),	sergent.
Pierre, chef de Lavoir,	caporal.
Lorée,	caporal.
Adrien Danger, fils de Cadet	fusilier.
Jⁿ L^{is} Compoint (m^d de vins),	id.
Boutenot,	id.
Fournier,	id.
N^{as} Raget,	id.
Michel Froidure,	id.
Hip. Simon Compoint,	id.
André Messier,	id.
Pierre Jean Chevalier,	id.

2e *Subdivision.*

Lejosne,	sergent.
de Glatigny,	caporal.
N^{as} Jⁿ Compoint (pêcheur),	caporal.

Messieurs

Chatin,	fusilier.
Guill. Marie Crétu (cultiv.),	id.
Vacheron,	id.
L^{is} Cornier,	id.
J^n Baroche,	id.
Baniés, Mauger,	id.
P^{re} Courbe,	id.
N^{as} F^{rois} Dumoutier,	id.
J^n Marie Dodé,	id.

3e Subdivision.

Ch^{es} Duval, fils,	sergent.
L^{is} Dumontier,	caporal.
Masseret,	caporal.
Dom. Hugret,	fusilier.
Aug. Legrand,	id.
Michel Compoint,	id.
F^{ois} Lebert,	id.
J^n Baptiste Poirier,	id.
Vertu Daunay,	id.
L^{is} Aug^{in} Compoint,	id.
L^{is} Thomas Daunay (chez M^{de} de Guibert),	id.
J^n Bap^{te} Daunay,	id.

4e Subdivision.

L^{is} Guérard, menuisier,	sergent.
F^{ois} Bénard, bedeau,	caporal.
Gab. N^{as} Crétu, serrurier,	caporal.
L^{is} Duval,	fusilier.
Hauton,	id.
Christi,	id.
Bon. P^{ierre} Compoint,	id.

Messieurs
Matalliey,	fusilier.
Alex. Martin,	id.
Buquet,	id.
Vincent Bourdin,	id.
Ch^{es} Descoins,	id.

5ᵉ *Subdivision.*

Thomas Daunay,	sergent.
Lamotte,	caporal.
Bilaudé,	caporal.
Vivarais, maréchal,	fusilier.
Le Prince de Craon,	id.
Athanas Daunay,	id.
Malenfant,	id.
Bon Compoint,	id.
P^{re} Paul Raget,	id.
Grindel,	id.
Pommereau,	id.
P^{re} N^{as} Lemaître,	id.

6ᵉ *Subdivision.*

Michel Séb. Delacroix,	sergent.
Claude Vaillant,	caporal.
N^{as} Roussel,	caporal.
Jⁿ Jacques Compoint,	fusilier.
Guignard,	id.
Legrand, Imprimeur,	id.
Jacques Ch^{es} Compoint,	id.
Michel Jérôme Guerard,	id.
Guill. Compoint,	id.
Danger, fils aîné,	id.
P^{er} Martin Danger,	id.
Jⁿ B^{re} Delacroix,	id.

7ᵉ *Subdivision.*

Messieurs

Pierre Daunay,	sergent.
Nᵃˢ Sébastien Cornier,	caporal.
Jⁿ Marie Liouville,	caporal.
Hⁱ Descoins,	fusilier.
Edme Bourdin fils,	id.
Jⁿ Jqᵘᵉˢ Compoint, gendre de Legrand,	id.
Michel Lemaître,	id.
Jⁿ Pʳᵉ Compoint,	id.
Fred. Coqueret,	id.
Guill. Legrand, fils aîné,	id.
Cheron, maréchal,	id.
Pʳᵉ Forquignon,	id.

8ᵉ *Subdivision.*

Jʰ Cornier,	sergent.
Alex. Thomas,	caporal.
Ant. Chevalier,	caporal.
Ouen Compoint,	fusilier.
Aug. Baroche,	id.
Constant Barbe,	id.
Fᵒⁱˢ Barrot,	id.
Fⁱˣ Armand,	id.
Chᵉˢ Compoint,	id.
Jⁿ Lⁱˢ Lebert,	id.
Michel Lacroix fils,	id.
Abel David,	id.

9ᵉ *Subdivision.*

Gab. Vallet,	sergent.
Jⁿ Nᵃˢ Compoint,	caporal.
Hipp. Fᵒⁱˢ Compoint (Legᵈ Hipp),	caporal.
Roussel (Mᵈ de Vin),	fusilier.

Messieurs

J^ques Benoist,	fusilier.
N^as Roche,	id.
Ferbach,	id.
F^ois Daunay,	id.
Buchette (M^d de vins),	id.
Teintellier,	id.
Casimir Letourneur,	id.
J^n L^is Chevalier, gendre de Ch. Compoint,	id.

10e Subdivision, au Port.

Charlemagne Dumont,	officier Commandant la garde du port.
Fradier,	sergent.
Laville,	caporal.
Journet,	fusilier.
Jaminet,	id.
Guibert,	id.
Gérard,	id.
Massif,	id.
Hénon,	id.
Barthelémy,	caporal.
Varin,	fusilier.
Emery,	id.
Georges,	id.
Hébert,	id.
Varennes,	id.
Leroy, paveur,	id.

Total : 16 hommes.

ARCHIVES DE LA SEINE

Administration communale

Carton M³

LISTE DES ÉLECTEURS COMMUNAUX OU CENSITAIRES DRESSÉE PAR APPLICATION DE LA LOI DU 21 MARS 1831.

Arrondissement de Saint-Denis.
Commune de Saint-Ouen.
Population neuf cent quatre-vingt-douze âmes

1. Hennecart Hyacinthe. — 2. Ardoin Anne. — 3. Legentil Charles. — 4. Barot François. — 5. Delacroix Michel. — 6. Faber Alfred. — 7. Vallet Louis-Nicolas. — 8. Lachaume. — 9. Compoint L.-Nicolas. — 10. Bourdin Nicolas. — 11. Benard François. — 12. Lebert J.-J.-F. — 13. Crétu Guillaume. — 14. Du Planty Louis. — 15. Crétu Nicolas-Gabriel. — 16. Thomas Alexandre. — 17. Thomas Louis. — 18. Raget Pierre-Paul. — 19. Compoint Hy.-F^{ois}. — 20. Cuvier Georges. — 21. Ganneron Victor. — 22. Compoint Jean-Louis. — 23. Vallet Gabriel. — 24. Compoint Hyp.-Simon. — 25. Dodé Jean-Marie. — 26. Caillé François. — 27. Bourdin Edme. — 28. Sollier. — 29. Leclerc Ouen-Gabriel. — 30. Cottin Auguste. — 31. Compoint Ouen. — 32. Chatin Jean-Denis. — 33. Delaborde Guillaume. — 34. Lejosne Pierre. — 35. Courbe Pierre. — 36. Denos J.-Nicolas. — 37. Bourdin J.-Nicolas. — 38. Compoint Bon-Pierre. — 39. Daunay Athanase. — 40. Cottin J.-Baptiste. — 41. Mataillon André. — 42. Hallard Pierre. — 43. Desdomaines fils. — 44. Coupy Jean-Baptiste. — 45. Legrand Auguste. — 46. Compoint Jean-Jacques. — 47. Vollereau F^{ois}-

SAINT-OUEN DEPUIS LA RÉVOLUTION.

Victor. — 48. Calon Eugène-Nicolas. — 49. Danger Pierre-Martin. — 50. Descoins Jean-Nicolas. — 51. Maugé Claude. — 52. Lebert Frédéric. — 53. Bourgeois Pierre. — 54. Portefaix, Louis-Pierre. — 55. Compoint Guillaume. — 56. Compoint Jacques-Charles. — 57. Compoint Jean. — 58. Compoint Louis-Michel. — 59. Benoît Jacques. — 60. Compoint Jean-François. — 61. Plancon P.-F^{ois}. — 62. Buguet Étienne. — 63. Leclerc Jean-Gabriel. — 64. Perrier d'Hortenville. — 65. Guérard L.-Michel. — 66. Vallet Thomas-Gabriel. — 67. Percheron Alexandre. — 68. Guérard Michel-Isidore. — 69. Lebert Ouen-Gabriel. — 70. Daunay Thomas. — 71. Beaugrand Germain. — 72. Borache Jean. — 73. Bugret Dominique. — 74. Danger Pierre-Thomas. — 75. Poirier Olivier. — 76. Martin Alexandre. — 77. Barlié Constant. — 78. Martin Barthélemi. — 79. Daunay Louis-Thomas. —. 80. Journée Pierre. — 81. Massier Antoine. — 82. Froidure Michel. — 83. Stepler Joseph. — 84. Anget Thomas-Philippe. — 85. Compoint Louis-Nicolas. — 86. Compoint J.-Michel. — 87. Duval Joseph-Louis. — 88. Loyer Auguste. — 89. Leroy Jean-Louis. — 90. Compoint Pierre, fils. — 91. Treuillard Isidore. — 92. Malanfant, Adrien. — 93. Cottin Louis. — 94. Tintellier Louis-Antoine. — 95. Daunay Augustin. — 96. Lebert Claude. — 97. Bourdin Claude-Eustache. — 98. Daunay Vertu. — 99. Maugilard Claude.

ARCHIVES DE LA SEINE

Administration communale

Série O:

Liste des Maires de Saint-Ouen
qui ont administré la commune depuis la Révolution

1º Compoint François, laboureur, nommé maire en 1787, élu le 14 avril 1790—avril 1792.

2º Boudier Jacques-François-Sébastien, cultivateur, nommé en mai 1792, renommé d'office le 8 messidor an III—13 vendémiaire an IV.

3º Poirié Jean-Baptiste, maître maçon, 1748-1828, élu agent municipal 15 brumaire an IV, maire en l'an VIII—20 octobre 1825.

4º Lachaume Séraci, ancien chirurgien des armées, chevalier de la Légion d'honneur, 1776-1854, nommé le 18 mars 1826—1831.

5º Crétu Gabriel-Dorothée, maître serrurier, nommé le 2 décembre 1831—décédé en fonctions, le 11 mai 1832.

6º Compoint Louis-Nicolas, propriétaire, nommé le 29 juin 1832—21 juin 1840.

7º Du Planty Louis-Joseph, docteur en médecine, chevalier de la Légion d'honneur, 1808-1876, nommé le 8 août 1840—renommé le 19 juillet 1843—révoqué le 8 août 1851.

8º Delacroix Michel-Sébastien, propriétaire, 1785-1857, nommé le 26 août 1851—1857.

9° Godillot Alexis, industriel, chevalier de la Légion d'honneur, 1816-1893, nommé le 20 juin 1857—août 1870.

10° Bouchereau André-Éloi, agent d'affaires, nommé le 6 septembre 1870 — avec interruption en avril et mai, démissionnaire le 13 août 1871.

11° Crétu Guillaume-Marie, cultivateur, élu président de l'assemblée communale 8 avril 1871—2 juin 1871.

12° Charpentier François-Émile, industriel, élu le 13 août 1871—octobre 1876.

13° Dieumegard Louis-Auguste, marchand de bois, élu le 8 octobre 1876—décédé en fonctions le 28 juin 1880.

14° Lignereux Félix-Maximin, épicier, élu le 15 août 1880.

15° Basset, Léonce-Léonard, docteur en médecine, élu le 22 janvier 1881, démissionnaire.

16° Berthould Eugène, industriel, chevalier de la Légion d'honneur, élu le 26 novembre 1881, réélu le 17 mai 1884, démissionnaire le 21 juin 1884, réélu le 11 août—1887.

17° Basset, élu le 30 avril 1887, révoqué le 31 août 1887, réélu le 22 octobre, n'accepte pas.

18° Labre Joseph, journalier, élu le 22 octobre 1887, démissionnaire.

19° Pernin Jean, ouvrier forgeron, élu le 3 novembre 1887.

20° Basset, élu le 19 mai 1888.

21° Pernin, élu le 11 mai 1889, réélu le 5 septembre 1891, n'accepte pas.

22° Guinot Claude, ouvrier mécanicien, élu le 5 septembre 1891, réélu le 24 mai 1892—1896.

23° Basset, élu le 16 mai 1896, démissionnaire le 26 mai 1898.

24° Palouzié Eugène-Albert, chef d'expédition au *Petit Journal*, chevalier de la Légion d'honneur, élu le 16 juillet 1898, réélu le 19 mai 1900—1904—1908, décédé en fonctions le 28 janvier 1912.

25° Dain Louis, ouvrier mécanicien, élu le 25 mai 1912.

TABLE DES GRAVURES[1]

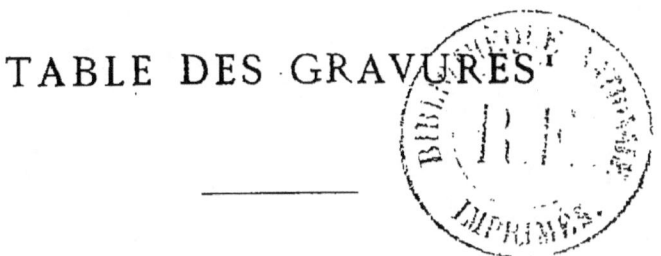

Blason de la ville de Saint-Ouen.
La traversée de la Seine a Saint-Ouen en 1823.
Le chateau de Mme du Cayla.
Séraci Lachaume, maire.
Le Moulin de la Cage.
Louis-Joseph Godart, marquis du Planty, maire.
Le chateau et le parc du baron Ternaux.
Façade et clocher de l'église Saint-Ouen.
Michel-Sébastien Delacroix, maire.
Le pont Vernier.
Alexis Godillot, maire.
La batterie de Saint-Ouen en 1870.

---

1. Je dois à l'obligeance de M. Borrelly, successeur de M. Sudan, éditeur de *Saint-Ouen historique*, en cartes postales, la communication de clichés que j'ai utilisés pour reproduire certaines gravures. Je suis heureux de l'en remercier et de l'assurer de toute ma reconnaissance.

TABLE DES MATIÈRES

                                                Pages.

PRÉFACE   v

CHAPITRE PREMIER. — Belles maisons de Saint-Ouen. — Leurs hôtes. — J.-B. Poirié. — Vente de la propriété Necker. — Bornages des terrains. — Bachotage. — Presbytère. — Écoles. — Question scolaire. — Budget. — Vaine Pâture. — Protestation Crétu. — Réparations communales. — Cimetière. — Proposition Thierry. — Garde champêtre. — Taxes municipales. — Cadastre. — Maison d'arrêt.   1

CHAPITRE II. — 1814. — Combat des Batignolles. — Louis XVIII. — Son arrivée. — Ses réceptions. — La Déclaration de Saint-Ouen. — Son départ. — Le cortège. — Séjour des alliés. — Les Brunswickois. — La note à payer. — Dénuement des habitants. — Garde nationale. — Lettre de Poirié. — Questions municipales. — Restauration de l'église. — Présent royal. — Fêtes à l'occasion du baptême du duc de Bordeaux. — La poste. — Revision des biens communaux   25

CHAPITRE III. — Acquisition par Louis XVIII du parc et du château de Saint-Ouen. — Pose de la première pierre du nouveau « pavillon ». — Madame du

Cayla. — Fête donnée à l'occasion de l'inauguration du tableau de Gérard. — Visites de Louis XVIII à la Favorite. — Les générosités du Roi. — Testament de Madame du Cayla. — Son rôle politique et local   57

CHAPITRE IV. — Séraci Lachaume. — État de la vicinalité. — La maison commune. — Proposition Ardoin, Hubbard et Cie. — L'île Saint-Ouen. — Projet d'une nouvelle délimitation territoriale. — La cloche. — Projet d'un octroi. — Création des distributions de prix. — Nouveaux projets. — Acquisition de la maison Poirié, — de la maison Valois. — L'escalier de la ravine. — Indications des rues. — Numérotage des maisons. — Ancien usage. — État civil. — Vaccination. — Taxes mortuaires. .   79

CHAPITRE V. — 1830. — La garde nationale. — Différends politico-religieux. — Correspondance à ce sujet. — Élections du maire, des adjoints, des conseillers. — Les deux listes. — Résultat du scrutin. — Installation du Conseil. — Réformes administratives. — Fêtes de juillet 1831. — Recensement de la population. — Arrêtés du maire. — Ses difficultés avec la Préfecture. — Nouvelles élections.   107

CHAPITRE VI. — G.-D. Crétu, maire. — Ses premiers actes. — Épidémie de choléra en 1832. — Réunion du Conseil à ce sujet. — Lettre du Dr du Planty. — Demande d'un aide. — Victimes de l'épidémie. — Statistique. — Mesures prophylactiques. — Mort de Crétu. — Rapports administratifs   139

CHAPITRE VII. — L.-N. Compoint, maire. — Mort du baron Ternaux. — Poids et mesures. — Comité de l'instruction publique. — Demande Albrecht. — Sollicitude du maire pour ses administrés. — Sa vigilance. — Contrôle préfectoral. — Projet d'Hérouville. — Travaux communaux. — L'horloge. — État civil. — La garde nationale. — Vols en 1837. — Réparations à l'Église. — Police municipale. — Rejet de différentes demandes 157

CHAPITRE VIII. — Nouveaux conseillers. — Étaiement du fronton de l'Église. — Pose de la première pierre. — Le maire du Planty. — Le curé Lestrade. — Différend avec l'ancien curé. — Découverte de statuettes. — L'île Saint-Ouen. — Le passage des cendres de Napoléon Ier. — Nouvelles taxes. — Hygiène communale. — Lettres de Madame du Cayla. — Droits de voirie. — La pompe à incendie. — La visite de M. Stoffer. — Augmentation des revenus financiers. — Vente d'une parcelle de terrain. 181

CHAPITRE IX. — Suite de l'administration du Planty. — Accident de chemin de fer. — Projet d'une nouvelle mairie. — Désaffectation du cimetière. — Industries communales. — Le budget. — Projet de rues nouvelles. — Révolution de 1848. — Désordres locaux. — Conduite du maire. — Fêtes civiques. — Nouveaux tarifs. — Choléra de 1849. — Service de voitures publiques. — Travaux municipaux. — Révocation du maire 207

CHAPITRE X. — Descente de police dans le quartier de la gare. — Le maire M. S. Delacroix et son Conseil. — Éclairage public. — Construction d'un pont. — Auguste de Châtillon. — Contribution conditionnelle. — Sociétés de secours mutuels. — Subvention patriotique. — Taxe sur les chiens. . 233

CHAPITRE XI. — Premiers travaux d'Alexis Godillot, maire. — Règlement de police. — Création d'un octroi. — Excavation sous le Grippot. — Pont-passerelle. — Revision du plan communal. — Asile de la gare. — Enseignement privé. — Funérailles de M. Lestrade. — Nouvelles rues. — Population. — Visite du S.-P. — La nouvelle mairie. — Éclairage au gaz. — Inauguration des docks. — Port de commerce. — Avenue des Batignolles. — Abords de la mairie. — Difficultés avec Madame de Craon. — Agrandissement du cimetière. — Histoire. — Armoiries. — Caisse communale. — Élections d'août 1870. 245

CHAPITRE XII. — 1870. — Séance du 4 septembre. — Mesures administratives. — Départ des habitants. — Séjour à Paris. — Distribution de secours aux nécessiteux pendant le siège. — Réformes communales. — Les marins à Saint-Ouen. — La batterie du parc. — Destruction des ponts. — L'armistice. — L'ennemi. — La Commune. — Épisodes de la Commune. — Le président Crétu. — Son administration. — Bouchereau. — Vexations qu'il eut à subir. — Ses comptes. — Charpentier. — Les comptes Prat. — Le geste anglais. — Conclusion 275

PIÈCES JUSTIFICATIVES 303

LISTE DES MAIRES 322

IMPRIMÉ

PAR

PHILIPPE RENOUARD

19, rue des Saints-Pères

PARIS

www.ingramcontent.com/pod-product-compliance
Lightning Source LLC
Chambersburg PA
CBHW050154230526
45470CB00001B/90